从中华民族伟大复兴战略全局看，民族要复兴，乡村必振兴。从世界百年未有之大变局看，稳住农业基本盘、守好“三农”基础是应变局、开新局的“压舱石”。构建新发展格局，把战略基点放在扩大内需上，农村有巨大空间，可以大有作为。

——**习近平**

张建美

1967年12月生于山西省昔阳县。1992年毕业于郑州轻工业学院精细化工专业，本科学历。先后做轻化工科研工作、报刊记者，于杂志社总编辑岗位退休。近十多年来，奔走于大江南北中国农村，致力于村庄发展方式研究，发表文章近百万字。以工科思维做记者工作为其最大享受，做专家型记者为其职业追求。

王小芬

中国农业大学农学院教授，博导。以微生物发酵关键技术创新为核心，通过堆肥、沼气、农用酵素等技术应用途径，开展农业废弃物资源化利用产品研制与有机农业技术体系研发。在山西灵丘、沁源、长子等地形成了依靠微生物工程技术全过程解决农业系统废弃物污染与资源循环高效利用的研究及应用的特色示范。

胡跃高

中国农业大学农学院教授，山西农业大学兼职教授，西北农林科技大学上合组织农业基地现代农业发展研究院专家咨询委员会专家，中国系统工程学会草业系统工程专业委员会副主任，食品工业学会杂粮工作委员会副理事长，上海交通大学钱学森图书馆钱学森学术委员会委员，国杰研究院乡村振兴战略研究中心主任，心·田计划公益项目发起人。在农作物栽培耕作技术、草业工程、防治荒漠化工程、全域有机农业建设、区域农业可持续发展、全球农业可持续发展、第六次产业革命领域有研究积累。

乡村振兴之路理论与实践研究丛书
县域乡村振兴道路探索

灵丘全域有机农业建设10年纪实报告

A 10-Year Report on the Construction of Holistic Organic Agriculture in Lingqiu County

张建美 王小芬 胡跃高◎著

中国農業大學出版社
China Agricultural University Press
·北京·

内 容 简 介

在国家乡村振兴战略体系结构中，县级结构是基础单元，是战略前线，“县委书记是前线总指挥”，开辟县域乡村振兴道路是当前的重要任务。山西省大同市灵丘县原是国家扶贫开发工作重点县，也是老区县。2013 年，中国农业大学与灵丘县正式开始合作，围绕脱贫攻坚与乡村振兴任务，以钱学森地理科学和第六次产业革命理论为指导，理论联系实际，闯出了一条全域有机农业建设的道路，提前完成全县脱贫攻坚任务，同时顺利转向乡村振兴战略建设方向，取得了大量理论与实践成果。本报告由主要建设者介绍亲身经历与体会，尽力复盘主要建设过程与建设进展，以多视角、多领域的呈现方式，勾画出波澜壮阔的全域有机农业建设“车河模式”与灵丘实践全貌。

乡村振兴是包括产业振兴、人才振兴、文化振兴、生态振兴、组织振兴的全面振兴。灵丘全域有机农业实践与理论的探索只是其中的一部分工作，诚挚期望以本报告会友，共同推动乡村振兴与生态文明战略建设的发展。

图书在版编目(CIP)数据

灵丘全域有机农业建设 10 年纪实报告/张建美，王小芬，胡跃高著. --北京：中国农业大学出版社，2023.7

ISBN 978-7-5655-3025-8

Ⅰ.①灵… Ⅱ.①张…②王…③胡… Ⅲ.①有机农业-农业建设-研究报告-灵丘县 Ⅳ.①F327.254

中国国家版本馆 CIP 数据核字(2023)第 121351 号

书　　名　灵丘全域有机农业建设 10 年纪实报告
Lingqiu Quanyu Youji Nongye Jianshe 10 nian Jishi Baogao

作　　者　张建美　王小芬　胡跃高　著

策划编辑　何美文　　**责任编辑**　何美文　刘彦龙
封面设计　李尘工作室
出版发行　中国农业大学出版社
社　　址　北京市海淀区圆明园西路 2 号　　**邮政编码**　100193
电　　话　发行部 010-62733489，1190　　读者服务部 010-62732336
编辑部 010-62732617，2618　　出　版　部 010-62733440
网　　址　http://www.caupress.cn　　**E-mail** cbsszs@cau.edu.cn
经　　销　新华书店
印　　刷　涿州市星河印刷有限公司
版　　次　2023 年 7 月第 1 版　　2023 年 7 月第 1 次印刷
规　　格　170 mm×240 mm　16 开本　18 印张　355 千字　插页 1
定　　价　59.00 元

序

这本《灵丘全域有机农业建设10年纪实报告》将2013年以来灵丘县全域有机农业建设的历程一幕幕地展示开来。用一本书概括10年中涉及成千上万人的县域有机农业建设工作与生活，系统地分块分层，详细阐述，可谓尽心尽力。但我们依然感到，要深入认识与把握县域乡村振兴的道路，仍需要在今天的工作基础上，做更多的调查研究与实践。

尽管如此，读者在轻松阅读这幅10年长卷的故事时能够清晰地俯瞰县域有机农业建设的整体结构与运动机制，仍然是本报告的宗旨。马克·布洛赫曾经说过："一个探险者在钻入茂密的丛林之前，总要简略地环顾四周，一旦钻入密林后，他的视野就再也不会开阔了。"在这里谨提供12个观察点，供读者参阅。

1. 用地理系统观点观察认识县域乡村振兴任务

钱学森曾经指出，21世纪是地理系统建设的时代。

那么，什么是地理系统呢？地理系统指地球表层中所有地理要素构成的时间、空间动态整体。地球表层系统的概念是由苏联学者勃罗乌诺夫(1910)与格里高里耶夫(1932)提出的，是指上界以对流层的高度为限[(极地上空约8公里(千米)，赤道上空约17公里，平均10公里)]，下界包括岩石圈的上部(陆地上深5～6公里，海洋下平均深4公里)之间的部分，即平均厚度为15公里的壳体部分。

根据地球半径约为6371.004公里计算，地理系统的厚度相当于地球半径的1/425。这就是说，如果把地球比作一枚"鸡蛋"，地理系统就相当于"鸡蛋壳"。联系到钱学森的预测，21世纪人类社会的任务就是把地球这枚"鸡蛋"的"壳"先建设好。

21世纪的今天，国家结构仍然是世界社会经济运动的基本结构单元，也就是说，全球地理系统的基本结构单元是国家地理系统，国家地理系统的基本结构单元是县域地理系统。因此，国家地理系统建设的任务必然地体现在县域地理系统建设中。县域地理系统除去考虑本县域整体任务外，还必须承担自身对地区、省、国家和全球地理系统的责任与义务。县域乡村振兴任务属于县域地理系统建设任务，这是当代县域乡村振兴任务的系统定位。

2. 县域地理系统任务的"一体两元六部"结构

作为相对统一的基本运动整体(一体)，完整的县域地理系统在其内部结构上可分为乡村地理系统单元与城市地理系统单元两部分(两元)。其中,乡村地理系统单元简称乡村单元,又分为农业生产系统、乡村社会系统、乡村社区系统三部分;城市地理系统单元简称城市单元,又分为工业生产系统、城市社会系统、城市社区系统三部分。合起来就是完整的县域地理系统建设的“一体两元六部”。

这样的县域地理系统结构划分可以与人们通常的县域认识相对应:乡村单元中的农业生产系统与农业相对应,乡村社会系统与农民相对应,乡村社区系统与农村相对应,这就是我们常说的“三农”问题。同理,工业生产系统与工业对应,城市社会系统与市民对应,城市社区系统与城市市政基础设施对应。

在国家制定的面向乡村振兴的建设任务中,产业兴旺、生活富裕属于农业生产系统建设内容,生态宜居属于乡村社区系统建设内容,乡风文明、治理有效基本属于乡村社会系统建设内容。同样的道理,在产业振兴、人才振兴、文化振兴、生态振兴与组织振兴的建设行动方面,产业振兴属于农业生产系统,人才振兴、文化振兴与组织振兴属于乡村社会系统,生态振兴属于乡村社区系统。县域地理“一体两元六部”的系统结构分析方法可为乡村振兴建设提供相对简洁明确的整体认识工具,也可与习惯认识正常对接。

在上述意义上,乡村振兴建设内容与行动统一于乡村单元三部分系统的运动。这样的运动还与城市单元的另外三部分系统交叉,形成城乡互作的动力系统,并且以此为基础,与县域外系统互动,构成了丰富多彩的县域乡村振兴建设运动的结构性活动。

3.县域乡村振兴面临五项建设任务

现实的国家乡村地理系统存在五大安全问题。

①粮食安全问题。如何解决我国接近20%的粮食长期依赖进口的问题?如何才能让我们的饭碗永远不受制于人?

②食品安全问题。即每个人、每顿饭吃什么,才能保障国民的身体健康?

③乡村社会安全问题。乡村逐步萎缩,“三留守”问题严重,农业生产后继乏人;城市面临着严重的产业结构升级调整,优势劳动力不足,而普通劳动力就业不足。我们将如何打破这种城乡间互为问题因果,解决问题上互为锁钥的局面?

④生态环境安全问题。乡村水资源、土壤资源的质量、数量问题严重,生物资源萎缩,长期发展形势严峻,如何破解这种危机?

⑤国际农业安全问题。周边农产品出口国、其他发展中国家的农业问题不容乐观,中国进口农产品渠道狭窄,受主要农产品出口国控制。如何在战略上布局力量,化解近20年来形成的这一结构性问题?

国家乡村地理系统面临的上述五大安全问题反过来就是国家乡村振兴的五项战略性任务,即国家乡村振兴战略目标就是要保障国家的食品安全、粮食安全、乡村社会安全、生态环境安全,以及国际农业安全。

县域地理系统与国家地理系统的所属关系决定了国家乡村地理系统的战略任务必然是县域乡村地理系统的战略任务——县域乡村地理系统必须超强度地完成其责任范围内相应的五项战略性任务，其中包括了乡村地理系统与城市地理系统的积极互动，以及对域外地理系统承担的必要的责任与义务。因此，必须明确地认识到，县域乡村振兴必须完成的任务是五项农业安全任务。县域单元只有在这样的建设基础上，才能够进一步承担城乡和谐、生态文明建设的重任。

4. 全域有机农业是生态文明建设的第一本质规定

全域有机农业是指一定地理单元内的每一块土地、每一户人家、每一项生产都实现了有机化。全域有机农业在必要时也可以由“全域有机社会”或“全域有机社区”指代。全域有机农业与现行有机农业内涵不同：现行有机农业是以有机生产为唯一内容的，而全域有机农业既包括有机生产，还包括有机社区（这里社区指承载有机生活的区域，区别于习惯上的 community 的译意）与有机社会，是三位一体、同步建设的形态。如果现行有机农业是经验型农业的产物，那么全域有机农业就是从实践到理论、再到实践的过程，是经历了从感性认识到理性认识过程的运动产物。

全域有机农业能够“一箭五雕”同时解决食品安全、粮食安全、乡村社会安全、生态环境安全与国际农业安全五方面问题。这样那样的原因导致其他的农业类型只能解决其中的 1 个或几个农业安全问题，不能独当重任。例如，常规现代农业至多只能解决粮食安全 1 个问题，不能解决其余 4 个问题；生物动力农业能够解决食品安全问题与生态环境安全 2 个问题，不能解决其余 3 个问题，等等。实施全域有机农业建设既可以避免人们在现实工作与生产中对农业安全问题不分属性、不分类别、不讲究针对性，眉毛胡子一把抓，囫囵吞枣，以简单粗暴的方式方法解决乡村问题，又能避免以“一好遮百丑”的方式方法，只抓一点或两点，不及其余，致使久拖不决，陷入困境。以上两种方法均为常见的工业文明现象。其思想基础或是轻视与忽视问题对象，或是只抓局部，不及整体，顾头不顾脚，到头来只能造成严重后果。建设全域有机农业能够为生态文明筑牢基础，为乡村整体发展铺就底色。全域有机农业就是通向生态文明时代的光明大道，是生态文明建设的第一本质特征。

5. 合作社是生态文明建设的第二本质规定

村庄是乡村地理系统的基础结构单元。如同分子是物质的基本功能单位、细胞是生物的基本功能单位一样，村庄是整个乡村社会经济与生态系统的细胞，是乡村地理系统的基本功能单位，也是千百年来形成的地理系统的基层组织结构。因此，我们只要能解决一个又一个村庄意义上的农业建设问题，整个社会经济与生态建设就将步入全新发展状态。因此，村庄就是打开乡村振兴建设新局面的战略突破口。

村庄的本质就是合作。远亲不如近邻，指的就是在农业生产活动、村庄建设与乡村社会生活方面的互助、协作与合作。工业文明时期，突出强调农业生产功能，无视乡村社会存在，抛弃村庄社区，杀鸡取卵，是当下乡村 5 个农业安全问题同时暴发的根本原因。要彻底解决乡村振兴的农业安全问题，必须反其道而行之，务必用合作社的方式加强合作。与本质上割裂的公司化是工业文明的基本特征相反，合作与合作社是生态文明时代乡村建设在全域有机农业之外的第二本质特征。

6. 有机合作社是乡村振兴的时代先锋

我们已经明确地认识到，全域有机农业是生态文明时代乡村建设的第一本质特征，合作社是第二本质特征。全域有机农业是时代发展的本质要求，是基本内容；合作社是时代发展的本质要求，也是基本形式。有机合作社是生态文明建设内容与形式的统一，也是本质统一性的体现。有机合作社是乡村振兴的时代先锋，一个又一个的有机合作社，最终将组成乡村振兴的时代先锋队。

有机合作是全域有机农业建设的灵魂。在乡村部分，如果只搞有机生产，不搞合作社，最多只能建设自视清高，实际是可怜巴巴的"有机孤岛""有机孤舟"；如果只搞合作社，不搞有机生产，就会成为"贫血合作社""空壳合作社"与"假合作社"。只有依靠有机生产合作社，乡村集体经济才能建立在真正健康安全可靠的基础上。另外，在城市部分，如果只搞有机产品消费，不搞合作，就只能是小资情怀，私心私意，时断时续；如果只搞合作消费，不搞有机产品消费，仍然只能如无根草一般，晃来晃去，难得心安。只有建立有机消费合作社，才能凝聚起强大的乡村建设主导拉动力量，城市支持乡村才有了真正的桥梁。乡村振兴，乡村为主体，城市为主导，有机合作是灵魂。

我们必须明确地认识到，对于乡村振兴与生态文明建设而言，全域有机农业与合作社是新型"能源"与"发动机"的关系，在生态文明建设中，两者缺一不可！

有机合作社的时代重要性首先决定了在工业文明向生态文明跃迁过程中，传统村庄将向有机村庄方向发展的必然性；其次决定了另一种必然性，即涉农企业将与有机合作社结合，或诚心诚意地服务于有机合作社，然后二者一起成长为有机联合体、有机合作联社或有机综合企业。实践中应注意结合实际，因势利导，推进乡村振兴建设与生态文明进步。

7. 有机合作社采用"五统一分"的组织机制

具体的"五统"为统一规划、统一标准、统一生资购买、统一农时农事、统一产品销售，"一分"为分户生产。这是结合改革开放前 30 年乡村集体经济建设经验与后 40 年改革开放联产承包责任制实践检验而创造的组织形式，原创于山西省永济市的蒲韩合作社，是多点试验获得成功的宝贵经验。现阶段，这样的有机合作社既具有统一合作力量大的优势，又能够保障农户的积极性。灵丘实践已经在此基础上有了新进展，灵丘县田脊梁合作社在实践"五统"的同时，将"一分"赋予了分组合作的内涵，几年运行结果良好。北京平人农场灵丘生产基地是外来企业在灵丘当地建立的生产体系,依靠技术优势、资金优势与市场基础,在100亩基地上进行有机生产,质量有保障,与北京市场对接顺畅,天长日久,与周边农户或村庄建立了互信关系,发展出了多种合作生产形式。

8.村民是全域有机农业建设的主人

这是社会主义新时代乡村振兴的大是大非问题。工业文明时代的特点是以资本为本,生态文明时代的特点是以民众为本,以广大民众的利益为本。乡村振兴的主体是乡村,主人是村民。许多人在这个问题上搞不清楚,栽了跟头,主要是由于工业文明时代的惯性思维在作怪,认为村民就是劳动力,内心里不服气,暗地里仍然在以谁的钱多谁就是主人为标准行事。用这样的思维指导实践,一定会遭遇挫折。灵丘全域有机农业的实践证明,村民才是乡村振兴真正的主人,管理干部是勤勤恳恳的管家,企业家是忠实的公仆,科技人员是自觉自愿的勤务兵、侦察兵、探路尖兵、站岗哨兵与攻克难关的狙击手,是大家的参谋,公益人士是尊贵的客人。实践中要注意摆正位置,认真做好各自的工作。

9.县域乡村振兴,县城为主导,乡村为主体

工业文明的生产方式是城乡二元结构形成的基本原因。2022年,我国城镇人口占全国人口的比重(城镇化率)为65.22%,即使是一个西部地区的县,其城镇人口规模也已经超过50%。在现行城乡二元结构中,由于城市具有人才、资金、科技、金融、政策、资源优势,如果没有城市百分之百的支持,乡村振兴建设工作终将步履维艰。因此,乡村振兴必须从战略高度对县城板块进行系统的、持续的、从思想到行动的动员与准备工作。全域有机农业建设者必须清醒地认识到,县域乡村振兴,城市为主导,乡村为主体,注意掌握两者间互为前后方的辩证关系,从容指导建设实践。县域是国家地理结构的基础单元,县域城乡联合体建设是国家城乡和谐建设的前线。近年来,中国农业大学农臻团队在灵丘有机生产合作基础上,启动城市有机消费合作,取得了重要经验,证明积极利用县城对乡村的优势,激活城市资源,然后启动乡村振兴,能够事半功倍。从这一意义上推测,全域有机农业的发展将在宏观上逐步呈现出乡村有机生产合作,推动城市有机消费合作,在城乡板块间推动形成有机合作的良性互动机制,然后由一地走向多地,走向全国,乃至影响世界的发展局面,由此从根本上稳步推动生态文明时代的到来。

10.认真区分两种文明性质的有机农业道路与合作社道路

从文明发展的进程看,工业文明的成长是对农耕文明的否定,其结果是工业文明胜利了,农耕文明遭受了创伤。戏剧性的情况是,由于工业文明的发展是以农耕文明的存在为基础与前提的,所以近百年来,尽管有同期科学技术的发展支撑,最终乡村衰落,导致人类文明陷入危机,工业文明败落下来。今日生态文明的成长必然是对工业文明进行扬弃,即生态文明将对工业文明时代的一切存在进行继承与抛弃的取舍,并在此基础上创新成长发展,完成自己的历史使命!

1840年清政府被迫开放，时至今日只有不到200年时间，我国大规模的工业化也只有40多年时间。相比农业文明数千年的历史跨度，我国工业文明的历史相当短促。从全部历史看，在我国社会文化意识中，关于工业文明的总体印象不深，处在刚刚接触阶段，表现为新鲜感强，多有良好印象，特别是部分既得利益者，本身得到了工业文明的利益，而对其弊端感觉不深，因而人们更多地青睐工业文明。坐在工业文明的末班车上，去迎接生态文明时代的到来，既是我们面对的历史现实，也是今日必须迎接的挑战。

现实中的有机农业起源于欧美，脱胎于工业文明时代，天然地带有工业文明的痕迹。它基本以有机农业生产为唯一内容或核心内容，同时向生态环境安全目标方向推进。面向生态文明时代的全域有机农业，在原有生产基本内容的基础上，要求我们同时积极地向有机生产、有机社区、有机社会三位一体、同步建设、城乡和谐的方向进行拓展。

在组织形式方面，国际国内现行农业生产基本组织方式为家庭农场、民营公司。这是工业文明时代的农业基本方式，以农业产业集中度高、物质生产内容简化、经济利益高为基本特征或典型特征。这样的生产结果最终导致了激烈的竞争，甚至是斗争，导致世界农业总体陷入混乱局面。生态文明时代的到来，要求在地理系统意义上实现社会、经济和生态的统一、综合、全面发展，从而对乡村地理系统建设、对乡村振兴提出整体统一发展的内在要求，乡村板块趋向于农业生产、乡村社区与乡村社会分块建设、三位一体的整体系统。以此为基础，乡村板块与城市板块形成新型合作、和谐发展体系结构及其相应的运作机制，向综合性合作社、合作联社和合作集团的方向升级发展。

没有生态文明的思想意识，便没有生态文明的建设现实。我们是在工业文明势力依然强大的背景下启动生态文明建设的，在未来实践中，我们要在思想意识领域时刻保持清醒的认识，严格区分工业文明意义上的有机农业与生态文明意义上的全域有机农业，健康稳步地推进全域有机农业建设。

11.党组织是基层建设的战斗堡垒

我国乡村振兴战略是国家生态文明建设的核心环节，是涉及我国社会主义事业兴衰成败的长远大计。全域有机农业是乡村振兴的基本路径。我们应不忘初心，牢记使命，时刻谨记中国共产党领导与中国乡村振兴是不可分割的整体。乡村振兴要全心全意依靠基层组织，并通过基层党组织建设，发展建设骨干，领导有机合作社建设，为城乡和谐发展、生态文明建设奠定坚实可靠的基础，从根本上保障实现乡村振兴战略目标。反过来看，党的基层组织通过全域有机农业建设，实现乡村振兴，将大大加强党组织的基层战斗力，发挥战斗堡垒的作用。车河有机社区的案例说明了党支部的核心作用。

12.“车河模式”、灵丘实践与全域有机农业理论

全域有机农业理论来源于国内外农业实践与理论研究成果，基本理论框架

形成于2013年灵丘有机农业园区规划过程，众多研究者做出了重要贡献。如朱启臻提出的“家庭农场就是不雇佣劳动，自己生产、经营的新型农业经营主体”，朱安妮提出的“中国有机农业的特征是‘有机好吃不减产’”，胡霞提出的“灵丘有机农业要建立‘合作社＋公司’的组织结构模式”，贺建增提出的“灵丘有机农业建设的基础方式是有机农业的乡村社会可持续发展模式”。规划课题组由此形成了“有机生产、有机社区、有机社会三位一体、同步建设”的方针，用于指导灵丘有机农业建设，这部分内容随后总结形成了“三驾马车”理论、“三O[①]理论”。这是“灵丘理论”的核心内容。

2017年9月，在近5年实践、认识、研究与理论提炼的基础上，我们正式将灵丘有机农业定名为全域有机农业，并归纳、提炼出其基本模式与道路。

近10年来，灵丘全域有机农业试验示范工作，在“车河模式”与灵丘实践一点一面结合中推动。县域地理系统是一个高度开放的系统，其间灵丘县作为国家扶贫开发工作重点县，提前完成了脱贫攻坚任务。灵丘的全域有机农业就是在这样的背景下推进的，灵丘县干部群众付出了巨大努力。本报告重点对车河有机社区、田脊梁种养专业合作社、北京平人农场灵丘生产基地等多个生产体系进行了多视角展示与纪实介绍。

从总体情况看，全域有机农业意义上的“车河模式”与灵丘实践，进入了建设发展第一阶段——发起建设阶段的后期，开始向巩固发展阶段转化。在灵丘实践中，全域有机农业的功能刚刚开始绽放，干部群众的信心已经稳步建立起来，更高水平的建设在蓄势待发，更加伟大的建设成就将在未来显现出来。

迄今为止，工业文明的发展有了大约400年的演化历史。其先行者英国，目前70%左右日常鲜活农产品需要输入，城乡发展失衡。工业文明最发达的美国，其国民食物平均要走约2000公里路程，才能从农场到达消费者盘中。美国30亿亩耕地的农业体系养活不了3亿多人口！它每年需要进口18%左右的消费食物。20世纪60年代，日本经济腾飞，乡村萎缩，随即进行了农业建设方面的系列调整。半个多世纪过去了，其60%～70%的消费农产品依赖进口的事实表明，日本的乡村建设并不成功。韩国在20世纪70年代开展新村建设运动，今日韩国消费农产品进口比重与日本不相上下，表明韩国的新村建设运动也不是一个成功的范例。

2012年11月，中国共产党第十八次全国代表大会将生态文明建设确定为国家战略。5年之后的2017年10月，党的十九大将乡村振兴确定为国家战略。2020年10月，中国共产党第十九届中央委员会第五次全体会议对2035年之前的乡村振兴战略工作进行了部署。2022年10月，党的二十大会议上确定了用中国式现代化实现中华民族伟大复兴的战略指导思想，同时明确指出：全面建设社

---

① “O”是organic的缩写，具体指有机生产、有机社区、有机社会三项内容。

会主义现代化国家，实现中华民族伟大复兴，最艰巨最繁重的任务依然在农村，最广泛、最深厚的基础依然在农村。乡村振兴是国家现代化建设、民族复兴、生态文明建设的基础性建设任务。

我国从秦代开始实行郡县制，迄今有2000多年的历史。郡县治，天下安。这句话显示出县域建设在国家建设中的基础地位。县域乡村振兴是国家乡村振兴的关键环节。习近平总书记在2020年12月召开的中央农村工作会议上指出："县委书记要把主要精力放在'三农'工作上，当好乡村振兴的'一线总指挥'。要选优配强乡镇领导班子、村"两委"成员特别是村党支部书记……要建设一支政治过硬、本领过硬、作风过硬的乡村振兴干部队伍，选派一批优秀干部到乡村振兴一线岗位，把乡村振兴作为培养锻炼干部的广阔舞台。"这表明了中央对县级乡村振兴工作的高度重视，探索县域乡村振兴的道路意义重大。

从历史发展角度看，我国正在展开的乡村振兴战略行动是在全球范围内，面向生态文明时代，中国人用自己的力量进行的第一场具有重大历史转折意义的国家基础性建设。国家意义上的乡村振兴战略建设任务，自然而然会落实到县域建设之中，而县域建设工作的关键在村级。2021年2月25日，在全国脱贫攻坚总结表彰大会上，灵丘县车河村党支部书记兼村委会主任王春荣获"全国脱贫攻坚先进个人"称号，中国农业大学农学院获得"全国脱贫攻坚先进集体"荣誉。2022年10月，王春书记作为山西省代表参加了党的二十大会议，2023年灵丘县被确定为全国首批有机产品基地县。上述荣誉鼓舞着灵丘继续进行县域乡村振兴道路的探索。

面向新的历史时期，面对已经开启的国家县域乡村振兴建设工作，我们盼望全域有机农业能够在灵丘社会经济与生态建设领域建功立业，能够为国家乡村振兴与生态文明建设做出贡献！祝愿灵丘的明天更加美好！祝愿乡村的明天更加美好！祝愿国家城乡和谐！祝愿祖国繁荣昌盛！祝愿人类命运共同体前途光明！

胡跃高

2023年2月18日

导 言

确定这本书的表述方式曾是一件艰难的事。

先看习近平总书记这一句提纲挈领的话:“粮食多一点少一点是战术问题,粮食安全是战略问题。”“要牢牢把住粮食安全主动权。”山西省灵丘县10年如一日做的,就是这等大事!从另一个角度看,它提前完成精准扶贫划时代工程,有效衔接乡村振兴大时代战略!面对小县壮举,我们曾经苦思冥想,如何用最恰当的方式,去表达如此波澜壮阔的灵丘全域有机农业建设创新实践?试过论文体、说明文体,都自我否定了。最后选择了纪实文体,以方便综合应用叙述、议论、说明等手段,去立体地、形象地反映真实事件,所以大部分内容是真人口述——真实的,有时比虚构的要精彩得多。本书脉络勾画如下:

立意:总结、提炼全域有机农业建设灵丘创新实践经验,一为灵丘实践升级提供更加科学的思路、方法,二为其他地区乡村振兴战略实施提供借鉴途径、方式。

线索:一条是灵丘全域有机农业建设历程,即“有机生产、有机社区、有机社会三位一体、同步建设”,贯穿始终;另一条是生态保护、高质量发展。

结构:先分后总,即先个人实践,再区域实践,后延伸解读、点评。

主要内容:以“车河模式”为核心,以灵丘实践为主体,反映灵丘10年全域有机农业建设实况、成果、经验、不足及改进思路。主要内容一是“车河模式”,二是上北泉方式,三是创业者带头方式,四是灵丘实践解读,五是全域有机农业是乡村振兴的有效途径,六是灵丘民间艺术与全域有机农业建设。

有一点小意外。灵丘实践叙述完成之后,本书紧接着作了一些外延思考。作者跳出灵丘县,跳出当代,跳出有机农业,将灵丘实践放到哲学高地上去打量,放到乡村社会变革历史规律的大盘子里去赏析,竟然毫无违和感。我们的认识是,轰轰烈烈大有作为之中、之后,一定要静下心来思考,为实践溯源归位、合并同类项,看其整体、本质、规律和走向,从而形成更加成熟的思想体系,让实践以更加科学的方式方法,以更小成本、更高效率,继续支撑改革创新和乡村振兴大业。

本书尊重现实,强调党政主导、改革创新、技术支撑、方法适宜、文化助力、人才关键。

本书内容略多，但结构简单，很容易看懂。只是它的构思历程较长，有8年多的积累过程。历程包括参与推进工作，与灵丘人面对面交流，向专家学者请教，听取灵丘之外有机生产者意见，以及潜心总结、归纳、提炼。其间一直关注国家“三农”大政方针走向及乡村发展大势，因为灵丘实践并不是追求特立独行，它与中国精准扶贫、乡村振兴、生态保护、高质量发展同脉搏、共方向——正确的导向是本书应担当的责任之一。

本书动笔于2020年初。一开始，自然而然就朝着论文方向去写，两个月后突然发觉表达方式太过方正、硬朗。于是急刹车，细思量：论文是专家教授们惯用体裁，因为读者也是专家教授，起码是业内人士；而本书，不应局限于业内，它应该面向全国乡村、多层级、多行业——要么是农民，看到一条增收的好路子；要么是领导者，看到乡村振兴战略落地的好抓手；要么是投资者，看到乡村振兴的好商机；要么是创业者，看到投身有机农业产业链的好环节；要么是专家学者，看到知识、智慧服务的好对象、好成果；要么是技术持有者，看到技术转化的好项目；要么是消费者，看到获取有机农产品的好途径……总之，本书是开放的，无障碍的！那么就不应是硬朗的论文体。险些误入歧途！真是后怕。

那么，面向大众，就得通俗。用平实的语言，把小事、常理说深刻了，把深处、高处说浅显了，才是目的。如果把灵丘实践写成故事讲给人听，那是最好不过的通俗。但是，寻寻觅觅，难能找到可将灵丘10年实践按时间顺序严谨叙述出来的人，也没有人能将多头并进的事情按时间顺序厘清。怎么办？退一步海阔天空。回到起点处思考：如果让参与灵丘实践的代表人物们，各自叙述经历、做法，再用主线把它们串起来，也可以反映事情的全貌。而且，以口述方式表达，真实、生动、通俗、平易近人。正是踏破铁鞋无觅处，得来全不费工夫！

重新起笔，已到2020年6月，全国乡村振兴出征战鼓已经擂动，催人奋进。时间有限，心中暗自加油，反复几次到灵丘到地头，听取各式代表人物讲他们的有机故事。于是，读本书，可以从头到尾看全程，也可以任取一篇看个例，都是完整的，差别在于大局与小体。另外，这也是面对现实：如今的人们，生活工作节奏快，或者心急事繁，或者习惯于吃网络文字快餐，总之是大多数人没有大块时间坐下来，去静静细细品读一本纸质书，所以将这块灵丘有机大饼，割成数十小块，为忙碌的读者提供一重或多重的选择。

本书定调于纪实文体，是实打实的纪实，真实得触手可及，真实得能听到述说者的呼吸声。虽然纪实文学允许在真实的基础上有一点虚构成分，但本书决不掺假，铁了心地以真实为灵魂，这是我们一开始就确定的基调。因为它是对真实的灵丘实践、“灵丘理论”的总结，也是为他人提供案例、借鉴，它必须坚持真实的原则，对灵丘负责，对历史负责，对他人负责。敢于真实，不仅因为责任感，还因为底气——灵丘有底气，各位建设主体有底气，有机农业有底气！只有面对现实，才能知足、知不足，才能更上一层楼！这便是真实的力量。

本书注重方法论，有较多的条款，一二三，不厌其烦，只为予人以方法；本书注重逻辑性，以理工思维展开调研、纪实，只为保证科学性。

本书受作者水平等方面的局限，无疑会有许多不周全甚至不当之处，万望读者积极批评、指正，给予知错改错、学习提升的机会，不胜感激！

本书受到灵丘县委县政府等多方支持，万分感谢！

张建美

2023 年 1 月 1 日

目 录

第一部分 觉醒

第二部分 灵丘

第三部分 从“车河模式”说起

第四部分 上北泉方式

第五部分 创业者带头方式

第六部分　解读灵丘实践

第七部分　全域有机农业建设——乡村振兴有效途径

第八部分　灵丘民间艺术与全域有机农业建设

第一部分
觉　醒

人类与大自然本是一块完整的木板，无论缺了哪一角，都是木板的悲哀。

所幸有先行者已在修补缺口。

觉　醒

人类，能争得地球统治者的地位，凭的是大脑的进化优势。随着大脑越来越发达，其统治的花样越来越斑斓，一任身体在地球上纵横驰骋，左右捭阖，看似所向无敌。人类对地球的统治行为有益的有之，无益的有之，有害的还有之。经年积累，有害的行为变本加厉、多如蝇蚤：废水废气、农药除草剂疯狂直排，砍伐盗猎、爆破拆建无时消停！生活中不时耳闻目睹，大自然的巨婴们，又在以为害母亲的方式换取自己的一时行乐！还想以此为常态——有时候，人类似乎完全忘记了自己来自大自然，至今仍在大自然襁褓中生存的事实。

终于，有一天，人类中一群先行觉悟者突然发现：为害大自然，就是为害自己！狂风、沙漠、洪水、泥石流肆虐，就是大自然的呻吟，就是大自然的本能反抗！而人类的性命正在此间损耗、丢失！这难道就是所向无敌？想到这里，这群先行觉悟者倒吸一口凉气：长此以往，后果将不受人类控制啊！其中的勇者纷纷跳将起来，向全人类振臂急呼：快快停手！错了错了！我们得改变统治方式！然后，他们坐而论道：人类从来就是大自然之子，母子血脉相连，气息相通，一荣俱荣，一损俱损，根本分不开彼此——保护大自然就是保护自己！行动起来吧！彼时，熊猫与考拉窃窃私语：毕竟，人类的智力还是地球第一，尚能自救，为时不晚……

顾不得熊猫们的窃窃私语，这群勇者果然树起了生态大旗，成立了保护组织，确定了生态战略，制定了环保机制，抛弃了杀鸡取卵法术，从有机农业切入，恢复健康食品，恢复青山绿水，一万种发展方式总以生态发展、高质量发展为准则。同时，他们心照不宣地取得共识：敬畏大自然，并非消极顺从、被动接受，而是科学予取，主动创新，追求人与自然两全其美。

得道多助。在中国，有机农业道法自然，并合乎人道，合乎商道，合乎“三农”发展之道，所以有机农业的旗帜一经树起，呼啦啦，猎猎飘扬，应者云集，声势日渐浩大。有农民愿意放弃几十年的常规生产方式学习有机农业生产，有合作社愿以 10 年投入一试有机农业生产，有社会资本愿担利润风险跟进有机农业建设；有创业人 才积极靠拢，有技术人才主动攻关，有专家学者踊跃奉献；更有政策激励支持，论坛“推波助澜”……眼看着中国有机农业就要成气候——这时候，必须讲一讲，发生在地球东经 113°53′～114°38′、北纬 39°03′～39°38′处的中国山西省灵丘县，十年磨一剑，在地球上首先雄起全域有机农业建设的故事。

第二部分
灵　丘

一方水土养一方人，一方人筑一方城。

灵　丘

山西省北部，雁门关外，大同市有一县叫灵丘。在主流说法中，灵为赵武灵王之灵，丘为墓，灵丘即赵武灵王之墓。确实，位于灵丘县新华西街西段，有一尊赵武灵王“胡服骑射”的雕像，其背后便是山西省重点文物保护单位赵武灵王墓，墓冢周长 220 米，高 10 米。1984 年，当地政府于赵武灵王墓四周筑围墙以保护，保护面积为 10900 平方米。如今，墓园内树木繁盛，墓冢上绿草葱茏，气象不同寻常。

赵武灵王（谥号），名雍，赵国第六代国君，公元前 325—前 299 年在位。他革新图强，实行“胡服骑射”国策，为赵国开疆拓土，是一位颇有建树的政治家、军事家。汉高祖十一年（前 196 年）筑城设县，因有赵武灵王墓冢，命名“灵丘”。1959 年中华书局出版的《史记 · 赵世家》中，有 8 处“灵丘”称谓，与以上记载吻合。清雍正三年（1725 年），因避孔丘讳改为灵邱县。1980 年，国家进行第一次全国地名普查，之后灵邱县的标准称谓是灵丘县。

灵丘县位于晋北东缘，为 7 县交汇之地：东、南与河北省涞源、蔚县、阜平三县相接，西、北与本省繁峙、浑源、广灵三县毗邻；其南北长 90 公里，东西宽 61 公里，总面积 2732 平方公里。其西北至大同市 147 公里，西南抵省会太原市 320 公里，东北至北京市 308 公里。灵丘辖 12 乡镇，人口约 24.5 万，属温带半干旱大陆性季风气候，春季干旱多风，夏季雨量集中，秋季短暂凉爽，冬季漫长高寒少雪，年均气温 6.9 ℃，降水量 432 毫米，无霜期 150 天左右，日照 2800 小时，昼夜平均温差近 16 ℃。昼夜温差大，正是灵丘农产品口感好的一个重要原因。

灵丘县为改革创新之地。赵雍即位时，赵国国力并不强，常受中原大国的欺侮，西北有林胡、楼烦等游牧民族不时骚扰，就连楔在本国中部的中山小国也时常进犯。赵武灵王二十四年（前 302 年），赵国于邯郸丛台发起了“胡服骑射”的划时代改革。彼时，灵丘已是规模宏大的“赵国城”，又为赵雍游猎场所，于是它成了赵国“胡服骑射”后开疆扩土的起点。赵雍率将士攻击匈奴，得胜；又在阴山筑赵长城以抵御胡人，还吞并了中山国。然而，改革绝非行云流水般顺畅，因为它不是单纯的军事改革，而是综合改革。在全国推行“胡服骑射”国策之前，赵雍先后攻克了两件难事：一是在赵国北部先搞试点，总结出行之高效的经验做法；二是说服因害怕失去权力而竭力阻止改革的赵氏宗族接纳改革。以一人之力撬动庞大宗族利益集团,怎一个"难"字了得!但赵雍就是乐此不疲,三番五次从赵国国情、地形、人文等现实出发,力陈"胡服骑射"对国家增强竞争力、结束分裂、实现统一的好处,最终赢得宗族支持。改革成功!其实,不止"胡服骑射"改革,赵雍做的是系统工程,他还对赵国的政治、军事、经济、文化领域进行了一系列配套大改革。赵国终于从外形到精神真正统一起来了,一跃成为当时的超级强国,与秦国共同担纲战国后期争霸战中的主角,而赵雍竟亲自立了秦昭王与燕昭王两位国君,在国际政治中成为举足轻重的一代霸主。在灵丘人心目中,从那个时代盘马弯弓走来的赵武灵王,就是这个高原山城的精神图腾。

灵丘也是平型关大捷高地。1937 年 9 月 25 日凌晨,林彪率领八路军第 115 师主力,在灵丘县城西南 30 公里处,平型关东侧的乔沟一带伏击大举进犯太原的日军。经过 6 个多小时的血战,115 师歼灭日寇 1000 余人,缴获大批军用物资,这就是震惊中外的平型关大捷。它打破了"日军不可战胜"的神话,提高了中国共产党和八路军的威信和地位。1970 年,北京军区和山西省在乔沟南侧约 1 公里处修建平型关大捷纪念馆,不久关闭。后又于 20 世纪 90 年代开放,并于 2007 年进行改扩建和重新布展。如今,纪念馆大门正对的 115 级台阶纪念八路军 115 师,林彪、聂荣臻等 10 位参战将领的雕塑刚劲、威风。80 多年后的今天,前往纪念馆回顾抗战历史的中华儿女络绎不绝,平型关大捷将灵丘与中国近代史紧密地联系在一起。

平型关大捷纪念馆(灵丘县广播电视台供图)

唐河为灵丘的母亲河。唐河,海河水系大清河一级支流,为灵丘县最大河流,被当地人誉为母亲河。它由浑源县王庄堡进入灵丘,西东走向横贯灵丘盆地,最后从门头峪折向东南,经红石塄乡下北泉村进入河北省涞源县,往南注入唐县西大洋水库,汇归大清河。唐河流经灵丘县南山区 5 个乡镇,境内主流河长 58 公里,流域面积 1611 平方公里,如果加上赵北河等 6 条支流,流域面积达 2071

平方公里，唐河流域面积占比超过75%，灵丘母亲河的美誉实至名归。唐河大峡谷，实为十里风光画廊，唐河于谷底悠然流淌，两侧壁立千仞，山形奇异，犹如鬼斧神工，惊为神仙所在。唐河两岸，草木繁盛，庄稼茁壮，空气温润，自然景观密集，人文古迹耐人寻味。唐河飞狐道、北魏觉山寺砖塔，无一不是时代变迁的烙印与国家兴衰的符号。唐河也是雄安新区的饮水源地，受到国家与地方的多重保护。

灵丘觉山寺砖塔（靳巧云摄影　灵丘县广播电视台供图）

那么，这些历史与地理，与灵丘县全域有机农业建设事业有什么关系呢？

十分有关系。按理，生活在崇山峻岭间的人们，常与封闭、顽固紧密关联。可是，大部分灵丘人思想开放、心胸开阔，善于交流，敢于表达自己，敢于包容外人，敢于接纳新生事物，敢于面对困难，他们在有奈无奈之间，都秉承一种生存发展态度：坚持！这难免令人惊讶：怎么做到的？还是回头看看他们的历史与地理渊源。

“胡服骑射”奠基。重要历史进程会成就某种地域基因，形成一种地方禀性。赵武灵王无论如何也想不到，他的“胡服骑射”改革壮举不但成就了赵国的一段霸业，还为今日灵丘县留下了改革创新的底蕴。这是中国全域有机农业建设事业首先扎根于灵丘的“土壤”。

英雄精神常伴。从平型关大捷纪念馆设计，能看到灵丘人敬仰英雄的性格。共同的英雄榜样，造就了一方人共同的价值观，勇敢、拼搏已固化为灵丘人的群体精神。这就是全域有机农业建设事业历经10年探索，虽未获全胜，却仍然势不可挡的“养分”。

地理位置成全。灵丘虽处深山，却在七县交汇要塞，距首都比到省城还近，见过世面的灵丘人，与土气无关，穿着时尚，举止有范儿，即便深夜，县城大街上的寥寥行人，仍按红绿灯节奏行止（源于作者的多次观察）。此外，大同与内蒙古自治区交界，历史上是汉族和少数民族杂居的地方，尽管各民族之间也曾因为此疆彼界，兵戎相见，但更多的是和睦相处，商贸相助，民族大融合的盛景延续至今。接纳、融合，正是灵丘县的深层修养与魅力。于是，出现了当今的火热场面：国内外专家学者、学生、企业家、创业者群英会于灵丘，争相为全域有机农业建设出智慧、出技术、出农资、出资金。这是灵丘全域有机农业建设事业的"家底"。

山水相隔相通。唐河大峡谷两侧雄伟的山体，将灵丘县南山区5乡镇与外界蜿蜒隔绝，这恰恰符合有机农业生产的硬环境高要求。而纯净的唐河之水却将灵丘与外界连通，一年四季，河水淙淙，将南山区滋养为黄土高坡上的"小江南"，富锶水稻犹如奇迹一般就长在上关村。这是灵丘全域有机农业建设事业的"风水"。

实践者多情怀。投身于有机农业的企业家、返乡创业者、合作社带头人、村干部和村民，都是全域有机农业建设的实践者。前些年，他们一手果实累累，另一手却效益微薄，在最困难、最容易放弃却又最值得坚守时期，选择了矢志不渝忠于有机农业，并成功越过了"七年之痒"风险期。很多人问，凭啥能？创业者们纷纷笑骂自己是"疯子""傻子"，更多的人不约而同地回答："情怀！"其实他们都是赤子——大地赤子的情怀就是爱自然、爱农业、爱家乡、爱生命，这是自信的情怀——相信方向正确，相信未来可期；这是拼搏的情怀——为自己拼一拼，为家乡搏一搏。英雄的本色是一样的，他们不只爆发于乔沟电闪雷鸣与枪林弹雨中，也埋头生长于纵横阡陌上。阡陌英雄不用鞭策，纷纷主动成长。他们是全域有机农业建设事业的"主体"。

领导者真开放。灵丘县五大领导班子成员，包含了很多县外人，前几届，县外人甚至占到80%。接纳、开放，本是灵丘的优势属性：接纳，让新思想、新技术、新人才、新项目向灵丘靠拢；开放，让领导者心中有大局，胸中有方略，改革有方向。于是，灵丘越发敢于舍弃饮鸩止渴的矿业，越发有胆量选择前途远大的有机农业，越发有能力将好山好水好资源融会贯通运转起来，去成就不凡的选择。当然，全域有机农业建设是灵丘县的"一把手工程"，"一把手"也是"操盘者"。这是全域有机农业建设事业强有力的"政治保障"。

凡此种种，缺一不可，而权重最大的是最后一条：领导者真开放。没有这一条，其他都难以大方释放角色能量。

凡此种种，融合起来，恰是全域有机农业建设灵丘实践取得不凡成果的密码。

第三部分

从“车河模式”说起

变革创新是推动人类社会向前发展的根本动力，而变革创新的豪迈本质，终须化作万千琐碎，才能浇灌给根苗。

第一篇 “灵丘理论”

然而故事还不能展开。毕竟,全域有机农业建设是新生事物,相关概念、原理大多面生,不作注释,难以下咽。

20 世纪 70 年代末,“化工农业”开始在中国抬头,也就是化肥、农药、除草剂等人工合成化学投入品进入中国农田,用以增产、省力。在之后的几十年间,“化工农业”可谓赚足风头,以排山倒海、迅雷不及掩耳之势全面覆盖中国大江南北山川大地、河流湖泊,将中华民族世世代代经久传承的自然农业体系几乎彻底消灭,不留痕迹。二三十年后,土地板结、草木枯萎、河流污染、蚯蚓难觅、麻雀遁迹已成肉眼可见的事实,农业几乎要从大自然体系中剥离出来,仿佛要与人类、化学品重建农业体系。可是它终究难成体系,不可持续,因为人类逐渐认清真相,进而受不了了!

1990 年,浙江省临安县东坑村茶园获得 SKAL(荷兰有机产品检测机构)的有机食品认证,这是中国大陆的第一次有机认证,它拉开了中国有机农业的序幕。之后,有机农业的星星之火在中国呈燎原之势持续发展。

到 2020 年,中国有机农业走过了 30 年历程,其分量与日俱增,慢是慢了点,却也在规律中,所谓“从善如登,从恶如崩”嘛。不过,最近 10 年,有机农业增量提速,“化工农业”的霸主地位开始动摇。

这实际上是一场此消彼长的斗争,一场乡村生态文明与乡村工业文明的斗争,一场先行觉悟的勇者与追逐利润的“入侵者”的斗争。这场斗争的胜利者应当是勇者。但是现阶段,勇者与胜利高地之间还有好几道弯、好几座山的距离,他们仍然需要跋涉好一阵子。

请注意,以上所述,都停留在有机农业生产领域。起码在中国有机农业 30 多年中,前 22 年都在单纯地搞有机农业生产,而国际有机农业也是如此。

就在 2013 年!就在中国山西省灵丘县!全域有机农业建设理论诞生!此论即“灵丘理论”。

全域有机农业建设并非有机农业生产那么单纯,它是整合乡村一切资源——人、物、资金、组织、技术,等等,重建生态农业系统。这是一个有机生产、有机社区、有机社会三位一体运行的系统,它可能就是先行觉悟的勇者们稳当、快捷地跨过那几道弯、那几座山,到达胜利高地的有效途径。

有机农业是一种能维护土壤、生态系统和人类健康的生产体系，它遵从当地的生态节律、生物多样性和自然循环，而不依赖会带来不利影响的投入物质。有机农业是传统农业、创新思维和科学技术的结合，有利于保护我们所共享的生存环境，也有利于促进包括人类在内的自然界的公平与和谐共生。这是2008年国际有机农业联盟形成的概念。用发展的眼光看，这是有机农业百年发展史上具有重要意义的经验总结成果。

全域有机农业是指由从事有机农业活动的人、农事资料、农事过程与其承载自然地理系统共同构成的、可持续发展的有机统一体。

如果这样看起来费劲，不急，请分别理解以下6个概念，然后就能看清其脉络了。

①从事有机农业活动的人。包括4类人群：农牧民群众（土地承包户、家庭农场主、合作社员、新农民），农业管理工作者（从村干部到农业农村部部长、农产品市场管理工作者、乡村NGO管理工作者），农业科技工作者（农业科学家、农技推广人员、农业院校教师），涉农企业家（合作社带头人以及农业生产、加工、贸易、金融、信息、科技服务、乡村文化从业者）。

②农事资料。指种子、肥料、农业机械及相关人工基础服务设施、设备等有机生产必需品。

③农事过程。包括从农产品生产到加工，再到市场的全过程；从农业生产者到农产品消费者，从田间到舌尖的过程；从自然态的水土气到农业态的水土气，再到自然态水土气的过程；从农业的昨天到今天，再到明天的全过程。

④自然地理系统。指在地理系统中，除去人类社会系统以外的所有内容，包括大气圈及其运动、土壤圈及其运动、水圈及其运动、生物圈及其运动、岩石圈及其运动、地球表层场及其运动，以及由上述诸部分组合而成的地球生态圈及其运动。

⑤可持续发展。指经济可持续发展、社会可持续发展、地理资源环境可持续发展，三者合而成为地理系统可持续发展。

⑥有机统一体。指生产者与经营者、消费者的统一体，人类社会与产业、地理系统的统一体，地理系统局部与国家、全球系统的统一体，时间与空间的统一体，以及历史、现在与未来的统一体。通俗地讲，有机统一体就是与农业沾亲带故的所有人、物、事，不相害，互敬重，共促进，同发展，融合而成一个健康的、具有旺盛生命力的、可持续发展的大家庭。

全域有机农业的全貌是这样的：有机生产＋有机社区＋有机社会。

有机生产：指对一定地理系统单元内所有的农业生产活动的有机化建设。即不用人工合成的化肥、农药、杀虫剂及转基因种子等农资，而使用有机肥等有益无害的农资进行种植、养殖、生产、加工、贮藏、运输等农事生产活动。

有机社区：指与人们生产、生活关联的自然地理系统。具体来说，就是人们赖以生存的物理环境，包括山川大地、河流湖泊、道路房屋、花草树木、动物与微生物等乡村内容，这些内容形成科学搭配、协同运行、节能节物、方便舒适的良性循环系统。

有机社会：指全域有机农业范围内保证每个人、每个机构都得到关爱的社会关系总和，就是人与人、人与组织机构之间形成相互关爱、相互帮助、共同进步的关系。

"全域"一词有两重含义：一是某个区域内（比如县域）所有乡村全部进行有机农业建设，二是某个村庄全方位进行有机农业建设，建设的战略目标是进行生态保护，完成精准扶贫、乡村振兴任务，实现乡村系统生态保护、高质量发展、可持续发展，为城乡一体和谐发展奠定基础。

全域有机农业建设致力于解决五大问题：食品安全问题、粮食安全问题、乡村社会安全问题、生态环境安全问题与国际农业安全问题。

因全域有机农业首先以理论的形式在灵丘面世，然后指导灵丘实践，并取得巨大成就，故称为"灵丘理论"。

"灵丘理论"，即全域有机农业建设理论，就是进行有机生产、有机社区和有机社会三位一体建设的理论。总的建设原则是：以有机社会建设为核心，驾大辕，把握方向，保持行进平稳；以有机生产建设为抓手，拉左套，负责速度，把握快慢进程；以有机社区建设为保障，拉右套，相机推进，保障中长期发展后劲，保持内力。这也是全域有机农业建设的"三驾马车"理论——一个民族要走在时代前列，就一刻不能没有理论思维，一刻不能没有正确思想指引。

何为三位一体？有机生产建设，去除农药、化肥、除草剂，科学配置有机肥、生物肥、矿物肥，让粮食回归小时候的味道，让大自然恢复亘古的本色，让人类与大自然一起健康成长。有机社区建设，让新房子采光好、保温好、水电气好，让乡村居民生活舒适健康；让生产路把卡车送到地头，让乡村生产方便、高效、利益更大化；让村路直通省道、国道、高速路口，让乡村形成健康的生产-生活内循环系统。有机社会建设，让乡村居民个体素质提高，让乡村内外相关人物、组织机构和谐共事，你好我好大家都好。乡村系统虽然纷繁复杂，但生产、社区、社会三方面是高度提炼出来的概念，几乎概括了乡村的所有内容。有机生产、有机社区、有机社会三位一体建设就是乡村全方位的有机化建设。三位一体建设可构建乡村的生态高质量发展系统，可从根本上保障有机农业生产发展的软件需求，可从根本上保障有机社区建设所需的经济、人力、组织支持，也可从根本上保障有机社会建设所需的经济、福利等条件。

全域有机农业建设虽讲究三位一体，是系统性、综合性工程，但不是眉毛胡子一把抓，可以先启动条件成熟的一驾马车，为后两驾马车启动创造条件，然后三驾齐驱。

需要说明一点，"三驾马车"分别行进，只是性质上的划分，以方便研究、规划、布置。在实践中，“三驾马车”常常交织行进，无法区分。比如，灵丘县上北泉村实景剧的成功演出属于有机社会建设成果；它会吸引众多游客进村，村民的有机农产品销量大增，有机农业产量随之大增，这是有机生产建设的事；它还会吸引到投资，村庄基础设施建设更加完善，这是有机社区建设的事。三方虽然在内容上交融，你中有我，我中有你，难分你我，但在性质上却可清晰分辨彼此。领导者可从性质上入手，明确分类，理清思路，分别布局，而在实践中总体把控，让三方建设充分交融，取得共振效果。

有机农业生产在全世界遍地开花，为什么说全域有机农业建设是创新性的？我们先来作一个比较。二者相同点为都搞有机农业生产；不同点为前者单纯搞有机生产，发展乡村局部经济，而后者是同时搞有机生产、有机社区、有机社会三位一体建设，最终建设成一个全方位健康发展的乡村系统，从而实现整村发展，而这也正是乡村振兴的目标。

更具体地看，有机生产与全域有机农业建设中的有机生产大不相同。一是主体不同：前者主体为一家一户或一个企业等组织单干，目标单纯——生产有机粮食，增加农业收入；后者则以县、乡、村或其他一定区域为单元，主体为村集体、合作社、合作联社等团体，搞乡村全范围的有机农业生产，其目标综合——建设有机社会。二是过程不同：前者过程简单——有机生产、加工、运输、销售；后者却过程复杂，把有机生产放在三位一体建设系统中推进，即有机生产建设既与有机社区建设互相促进，又与有机社会建设互相促进，因此它既有内力供应保障，又有方向正确保证，实力强于前者。

从中国农业发展历史的轨迹看，从自然农业、“化工农业”，到有机农业，再到全域有机农业的变迁，体现从农业领域到“三农”领域整体发展的变革，体现了“三农”变革的总方向——更符合生态环境保护，更符合人类健康生存，更符合人类社会可持续发展，更符合人与自然和谐统一，体现你侬我侬白头到老的美好愿景。总之，它更符合生态保护、高质量发展的国家发展大脉搏、主旋律。

生产、社区、社会大约就是乡村系统内容的纲。纲举目张，全域有机农业建设是实现从精准扶贫走向乡村振兴的有效途径，甚至是高效途径。

灵丘是世界上第一个贡献全域有机农业建设理论的地方。

灵丘是世界上第一个建起有机社区的地方。

灵丘是世界上第一个搞乡村有机社会建设的地方。

灵丘是中国第一个以全域有机农业建设为根本途径去接续精准扶贫、乡村振兴战略实施的地方。

2022 年 4 月 1 日，《求是》杂志第 7 期发表了习近平总书记的重要文章《坚持把解决好“三农”问题作为全党工作重中之重 举全党全社会之力推动乡村振兴》。文章指出，要全面推进乡村振兴落地见效。全面实施乡村振兴战略的深度、广度、难度都不亚于脱贫攻坚，必须加强顶层设计，以更有力的举措、汇聚更强大的力量来推进。一是加快发展乡村产业，二是加强社会主义精神文明建设，三是加强农村生态文明建设，四是深化农村改革，五是实施乡村建设行动，六是推动城乡融合发展见实效，七是加强和改进乡村治理。

“上下用心，惟农是务也。”顶层设计如此用心，地方党政、人民何为？一方面领会精神，另一方面将绝大部分力量用于探索具体有效路径、方法上。那么灵丘的路径在哪里？方法是什么？请看“车河模式”。

第二篇　“车河模式”

2020 年 12 月 28—29 日，在中央农村工作会议上，习近平总书记发表重要讲话，其中几段，与灵丘县关联很深。

“地方各级党委和政府要扛起粮食安全的政治责任，实行党政同责，‘米袋子’省长要负责，书记也要负责。”

“要深化农村改革，加快推进农村重点领域和关键环节改革，激发农村资源要素活力，完善农业支持保护制度，尊重基层和群众创造，推动改革不断取得新突破。”

“要把县域作为城乡融合发展的重要切入点，赋予县级更多资源整合使用的自主权，强化县城综合服务能力。”

“要加强党对‘三农’工作的全面领导。各级党委要扛起政治责任，落实农业农村优先发展的方针，以更大力度推动乡村振兴。”

“县委书记要把主要精力放在‘三农’工作上，当好乡村振兴的‘一线总指挥’。要选优配强乡镇领导班子、村‘两委’成员特别是村党支部书记。”

这些掷地有声的话语，仿佛是专门讲给灵丘人听的；反过来看，是灵丘实践与此内容大面积契合——究竟是怎样的契合？且看“车河模式”。

“车河模式”包含三项内容：“车河做法”“车河机制”“车河现象”，均在“灵丘理论”指导下形成。

“车河做法”具体包括：

①县委县政府制定有机农业发展规划；

②村庄成立合作社，村民全入社；

③村集体（由村委会代行职能）、社员把村庄资源流转给合作社；

④县委县政府选择、引导优秀投资企业入驻乡村，即工商资本进村；

⑤村集体与企业成立股份制农业企业；

⑥合作社把村庄资源经营权流转给农业企业；

⑦农业企业激活乡村资源，让资源变资产，资产变股份，农民变股东；

⑧农业企业授权合作社耕种土地、自主经营农业生产项目；

⑨农业企业经营其余村庄资源，按股比给村集体分红，村集体按持股份比例给村民分红；

⑩村民(社员)到农业企业务工,成为产业工人。村民保有四重收入:流转性收入、财产性收入、务工性收入、分红性收入。借此,村民利益得到最大程度的保障。

以上十连环“车河做法”实质为:党政主导,规划先行,产业支撑,市场运作,社会参与,共同富裕。

依照“车河做法”,建设县域更多有机社区,实现全域有机农业建设,实现村庄全面脱贫、乡村全面振兴的战略目标。

“车河机制”:村社一体、村企融合。村民全部加入有机合作社;村集体、合作社与企业分工合作,各尽所能,融合发展乡村。

“车河现象”:村民回流,生态恢复,产业成长,提前完成脱贫攻坚任务,形成乡村振兴新格局、新机制,乡村活力明显增强。

“车河现象”是“车河做法”落地效果的一种佐证。

为真实呈现“车河模式”、灵丘实践,作者用4年时间,行走于灵丘大地的田间地头、农户小院进行调研,参加论坛会议,获得大量第一手资料。之后内容,多为接受访问者的亲口陈述。

第三篇 车河试点的那些事
——王春说

王春，党的二十大代表、2021年“全国脱贫攻坚先进个人”、车河村党支部书记兼村委会主任、车河有机农业综合开发有限公司副总经理、灵丘县新道自然有机农业专业合作联合社理事长、灵丘县道自然有机农业合作社理事长。正是他，于2013年，奋不顾身为车河村抢到了彻底改变命运的机会——灵丘县全域有机农业建设试点，结果迎来了超前脱贫、整村振兴的理想结果。他当时不会知道，他抢到手的，不只是全域有机农业建设灵丘第一试点，也是山西第一试点，中国第一试点，世界第一试点！当然，他把自己投入其中，至今不能自拔……车河试点的有机事，请听王春一一道来。

车河村党支部书记兼
村委会主任　王春

为什么是车河

2013年前，上车河村、下车河村都是灵丘县南山区红石塄乡的建制村，它们隐居在唐河西岸的深山里，被南面观音山、东面大黄岭、西面巍山三面包围。三山海拔都在1300米以上，村庄海拔约1000米。俩村合起来27平方公里，户籍81户173口人，人均耕地4.64亩。外出打工71人，平均年龄45岁，占村总人口的41%；留守务农55人，平均年龄65岁，占总人数的32%。

2013年以前，这些留守老人，分散在27平方公里的不同山坳里，要多孤单有多孤单，户帮不上户，人见不到人，车进不去，水上不去，各自住着祖辈传下来的破房子，种着百年不变的玉米，苦哈哈的，谁看了都觉得可怜。后来雪上加霜，村小学被撤，小小孩童都得到乡里、县里住校上学。那还守这个山旮旯干什么?!

年轻父母们也都卷铺盖走人，有的随孩子到乡里、县里租房住，有的带孩子远走他乡以打工为生，让孩子成了城里学校的插班生。上车河村、下车河村空心了，更破败了！我知道，这只是我国农村在城镇化冲击下衰败的一个例子而已，但我不甘心。

我原来是下车河村党支部书记。虽不知道乡村空心化何时是个头，但我相信，总会有头。所以我日日栽树，天天盯新闻，从海量时事新闻中寻找彻底改变村庄命运的机会。2013 年，我终于抓住了这个机会，车河迎来了天翻地覆的改变。

2013 年，灵丘县确定按照《山西灵丘有机农业园区实施规划(2013—2030)》行动，上车河村、下车河村合并为车河村，并成为灵丘县有机农业建设第一个试点；山西金地集团公司入村，与车河村集体共同成立灵丘县车河有机农业综合开发有限公司(以下称车河农业公司)。

2014 年，车河有机社区成立灵丘县道自然有机农业合作社(以下称灵丘道自然合作社)，村民、村集体将 1213 亩耕地经营权及其他所有村庄资源经营权流转给道自然合作社。同年，灵丘道自然合作社将村里资源经营权流转给车河农业公司。这一年，中国·灵丘国际有机农业论坛在车河开起来了！

2015 年，全体村民拎包入住车河有机社区新居民区。按规划，车河村全域有机农业建设优先启动新居民区住房建设。车河农业公司建了第一期 65 套新民居，给每户分配一套 135 平方米的二层小楼，一层村民自居，二层为民宿备用。

2016 年，车河村真正的有机粮食、有机羊、有机鸡、有机猪上市了，有机农业旅游也做起来了。

2020 年，“车河模式”闻名国内外，红石塄乡成为灵丘县全域有机农业建设示范乡，灵丘县开始在全县推广全域有机农业建设工程，山西省全域有机农业产业创新联盟成立。

2022 年 8 月，第九届中国·大同国际有机农业论坛召开，回顾、总结了车河村乃至灵丘县 10 年全域有机农业建设历程、经验，为中国乡村振兴提供借鉴途径。

以上是车河作为中国乃至世界的第一个实施有机生产、有机社区、有机社会三位一体建设的农村社区发展的大致过程。其实它的创新故事不可能太平淡，细节太多了，我愿意一个一个说出来。

2012 年底，张强书记(时任，现为大同市委副书记、大同市市长)来到灵丘县工作，他先把灵丘的山山水水走了个遍。后来，他和中国农业大学的胡跃高老师，还有李波老师建议我说：“你搞有机农业吧！”这话我喜欢，这就意味着，我的争取有了结果。争取什么？说来话长。

以前，灵丘县以开矿为主，铜铁锌锰金，要啥有啥。可开矿不是个长远的事，现在我们吃了子孙后代的饭，让后代吃什么？可怜的孩子们可能连一块平整的院子都没有了。这是张强书记教给我的道理,他想关了矿,恢复生态,搞有机农业建设。

灵丘县要发展全域有机农业,必须找一个试点,摸出路子再全面发展——而这个试点是要被彻底改造的。当张书记去邻村考察了五六趟的时候,我才听人说起。我脑中马上有了灵感,赶紧跟红石塄乡时任党委书记张秀丽(现为灵丘副县长)说,请把县委书记领到我们村看看吧。

有一天,张秀丽书记当真领着县委张强书记和专家们进村了。那会儿,我正领着村民修水渠,一手泥、一手水的,却和县委书记面对面地说开了。没想到,我们相当投缘,事情一说就通,一拍即合。

张强书记了解到,车河村人口不多,相对封闭,先在这里下手,如果可行,再向全乡、全县推广,风险不大。事实证明,他是对的。我们村小,花钱少,我这个村党支部书记积极性很高,思想上能跟他对接,这一点好像更重要,更合他的心意。后来就有了张强书记和专家们建议我搞有机农业的事。

事情到了这一步,是不是试点项目马上就要落到我们村了?不是不是,八字才有了一撇,我不能高兴得太早。

有一天,我去县里开会。会上,张强书记对企业家李卫国(山西金地集团公司董事长)说:"你先说说吧。"李卫国站起来,只说了一句话:"我不准备往车河村投资。"我马上接住这句很打击人的话,说:"李总,您千万不要这样说。您看我的心是特别诚的,我个人给您交个底,当年村里让承包荒山荒坡的时候,数我承包得多,数我治理得好。现在山上全都是树,因为我是个有决心、有恒心的人。当时村里规定,那些山地,同样的价格,优先村民承包,村干部靠后。没人要的山坡地我承包了,前半生我都在栽树,我认定的事会坚持下去。栽到现在,树都没地可栽了。县里因为这表扬了我,还发给 500 元奖金。您有钱就投给我们,没有钱,我们一分也不要!"李总听完我这一箩筐话,马上就坐下了,什么也没说。我的理解是,他多半是让我给说服了。张强书记当时就笑了。于是才有了八字那一捺。

我开始拼命了,积极支持公司在村里投资,积极为村民谋划、争取利益最大化……

有机社区的那些事

2013 年,山西金地集团公司带着资本进村后,以车河农业公司为主体,对村庄资源进行经营。经过一番规划,首先启动了车河村新居民区建设工程,因为这事最大。

建新需要拆旧。那些旧窑洞、旧房子、旧院子,有的村民有 3 套。我们的办法是一家有三个儿子,只给一套新房,再给两三千元,老院子归村集体所有。你说做这个工作我难不难！这可是老祖宗留给子孙的遗产，是留传了几代的、有感情的院子哪！我们两三千元就要收走，乡亲们能愿意吗？可是咱们条件有限，我只能舍着老脸上了！不然，我为村庄谋了几十年的发展大事就干不成了。村民最后都看在我的老脸上，拆了，迁了。所以，直至现在，我还欠好多乡亲的情。但我知道，最终不能让乡亲们吃亏。

对于在外工作，在村还有老院子的人，我说："这是个时机，错过，人家企业就把钱投到别的村去了，车河一辈子就是这个破样子了！咱们谁也好过不了！可能过几年，村里一个人都没有了！如果现在配合搬迁，将来你退休了，双手欢迎你回来，免费给你找住处；如果因为你一时想不开，让咱这个项目没干成，你就是车河的'千古罪人'了！"……他们最终都会想开，说："那些破房子，利用它就是个家，不利用就是个房子嘛，没用！"我趁热打铁，进一步承诺，将来村里盖养老院，把他们都安排到养老院里生活，有机食品、好空气管饱！我说这话是真诚的，我会向这个目标努力，可那时候真怕自己撒了谎，对不起支持我工作的乡亲们。现在咱养老院真的盖起来了，就是因为那些承诺。

对于一家有好几个子女的村民，我说，你们的父亲只分到一套房，你们没分到，很难过，这我知道，但是咱们得先把试点项目落到咱村里，有人给咱们投资，咱们会逐步发展好的，还可以盖二期、三期新房，到那时，就有你们的了。我想，村民当时不可能相信我，一期都不一定能弄成呢，还要看二期、三期！再说了，村民的习惯是你今天说的话，最迟明天就兑现。好在，后来二期新房建起来了，我兑现了对大家的承诺。

对于铁了心死守老院子的六七家人，我就得正面硬攻。毛主席说过，世上无难事，只怕有心人。我不停地给他们做工作，从大年初二就开始串户，最多的一家我跑了7趟。一次做不成，过两天我又去，隔两天我再去，直到成功。村民最终还是为了大家，舍了小家，我永远感谢乡亲们！

上车河村搬迁，我也去做工作了。上车河村党支部书记原来由一位乡干部兼任，还有一个大学生村官协助，可他们都不是村里人，好多麻烦事，上级还是让我去处理。这不，一户村民不签字不按手印，坚决不到车河有机社区住新房。这是影响大局的事，村民将来会吃亏。乡党委书记找到我，我就去找那位村民，然后我俩"大战三个回合"！

我去的那天，那位村民正在半山腰干活，我叫他名字，向他靠近，结果人家一言不发，到山顶上去了。这是第一个回合，我败了。

第二个回合，我没追他，而是到他家门口去等。等啊等啊，等到晚上天黑得啥也看不见时，人家回来了，还是没理我，直接进家。我又败了。

第三个回合，我忍不住大声叫他："你站住！从个人关系来说，你对我没看法吧？"他说："没有。""好！你听我说完，认为没道理，你可以这样对待我；认为我说得有道理，你可以签字吧？"然后，我说了1个多小时，从前说到后，从外说到里，从左说到右，把道理掰开来，揉碎了，摊在桌面上，再糅合成整体来说，一直说，一直说，反正就是终于给他讲明白，为了现在的好房子、今后的大利益，他应该签字允许拆旧房子。"咱这个村如果不火的话，你在这里住 20 间房也没用！山西与河北交界处有一个村，原先有一个兵工厂，高楼大厦那么多，人那么多，农民把东西卖给职工，收入很好。后来人家兵工厂搬走了，大楼都给村里留下了，那得有多少间房子啊！咋村里反倒不发财了？因为光有房子没人气，没用！想发财，得有人气！大家都搬到新居民区了，村里只剩下你，你怎么发财！但如果你为村里的长远利益暂时牺牲了自己的利益，大家都知道的，什么时候也不能忘了你的好！"当我说到这里时，他突然说："需要我签字的东西在哪里？"我赶紧说："天天在我身上揣着呢！"我马上把合同往出一掏，他说："赶快签字！看我后悔了。"这个回合，我俩双赢。其实是全体村民、上下车河村都赢了，是全域有机农业建设试点赢了。

从那村民家一出来，我就给乡党委书记打电话说："搞通了！"书记那个高兴呀！说，明天再给咱们干点啥吧。我说："明天休息！"因为我嘴干得连唾沫星子都没有了！话都说不响了！我就要瘫倒在地上了！

从 2013 年到 2015 年，我是天天这样拼命干，这 3 年，我跟没睡过觉一样，还因劳累过度得了脑梗，不过这两年好一点了。

车河村新貌(灵丘县广播电视台供图)

这搬迁的事，真是透支了我几十年积攒的诚信，将来如果实现了我对大家的诺言，我的诚信还在；如果没实现，我的诚信何在？我一辈子都欠大家的——农村工作太难做了！如果不追求做好，那村干部谁都能当。我做成了这一点事情，觉得没有白活。

当我跟张强书记说起这事时，他说："当年要不是你那股子劲，车河就做不成这个事！"

后来，县政府投资整修村里的道路小桥，铺设天燃气管道，引天然气进户；又建设污水处理系统和垃圾收集环保设施，修建国学馆、敬老院、卫生室、有机餐厅、旅游接待中心、民俗博物馆等公共设施。车河村从头到脚变了个样！

2015 年，张强书记又来看我们村，感叹说："没想到！"我知道，他指的是，最难做的拆迁我们做到了，泼出去的水又收回来了（承包出去的土地经营权又集中起来），当时我心里真是冒出来好多滋味。张强书记还带了一些村书记和乡镇党委书记来村里，当时就在会上宣布："可以复制车河了！"

2019 年正月，李卫国说："幸亏是跟王春打交道，如果是跟别人，我可能早就干不下去了。"

2020 年，虽然受新冠病毒感染疫情影响，3 月以前没人来旅游，我们搞的滑雪、滑冰项目也泡了汤，但自从 4 月放开旅游，你看看，每天人山人海的，这是乡村旅游业做起来了呀！我可以自豪地跟你说，我们这里的每一块石头都是值钱的！如果人气没有聚起来，这里就是放着金子也没用。

发展是发展了，但是我们不能关起门来做大事业。2021 年 4 月灵丘县新道自然有机农业专业合作联合社成立。2022 年，我在谋划面向全国做有机农业联合社。

有机生产的那些事

2017 年 5 月，习近平总书记视察山西，鼓励搞有机旱作农业，并让它成为我国现代农业的重要品牌。作为灵丘全域有机农业建设试点，从 2014 年开始，车河村就让有机与旱作融合起来了。从"化工农业"到有机旱作农业，车河村起码解决好了 3 个大问题，才让有机旱作农业真正发展起来。这三个问题是：怎样做好有机生产？怎样管理人与地？怎样平衡村集体、企业、村民三方利益？

如果任何一个问题没有解决好，这 10 年的车河全域有机农业建设是坚持不下来的。一把锁子，总有多把钥匙开，车河至少找到了适合自己的那一把。

①认识有机生产。我对有机农业的认识是从 2013 年张强书记走进车河村那一天开始的。他和一群专家告诉我，有机农业就是空气、水、土壤三个条件必须达到硬性指标，如果有一个达不到，种出来的就不是有机农产品。你看咱们村前面这条河，流的是山泉水，上游无人住、无厂房，土地、水怎么被污染？你看我们的山，全是绿树花草；空气，你现在闻一闻，也是好得不得了！我们是专做有机农业的，肯定不用化肥、农药、杀虫剂，绝不能砸了自己的招牌！

我觉得有机生产就是核桃树下养鸡，树供给鸡虫子吃，鸡给树施肥，松土是顺便赠送的，双方互相帮助健康成长。如果树上有了虫害，可能住在树上的一种鸟就能吃掉，树给了鸟一个家，鸟给了树一个安宁。它们是真正的一家子，大家都好活。在有机生产中，人与大自然也应该是这样的一家子。实际上，国家让保护青山绿水、野生动物，就是为了维护这个生态平衡。

我知道这些知识了，经常召开村民大会，不停地念叨，村民也都知道了。

②流转土地。按照规划，我们村成立灵丘道自然合作社，村民全部入社变成社员，并将自己的承包田经营权流转给合作社，合作社再流转给车河农业公司。

车河农业公司每年每亩地给社员付流转费 500 元，到现在也是。当初确定这个数字，我们是详细算过账的：按玉米每斤 1 元算，村民种玉米每亩连 400 元都落不下，这还没刨去人工费，如果刨去，大家都是赔钱。而 500 元流转费则是纯收入，是除了人工费净落的。我就是要让流转费高于 400 元，为大家争取到 500 元，也是为公司赢得全体村民的支持。

有的人家有多块地，一块种着，另一块荒了，原来的政策是，荒地一分钱都不付流转费。后来在县里开会，我说，荒地可以给每亩 100 元，因为 100 元对村民是管用的。所以，不少人家又增加了荒地流转收入。

③高标准改造有机耕地。一共改造了 759 亩，同时整修田间生产路 13 公里，架桥 10 座，配套了水利设施，种植有机杂粮、有机蔬菜等作物 700 亩，养殖有机鸡 3 万只、有机羊 5000 只。

④耕地反包给合作社。一开始，车河农业公司主导有机生产，雇用社员去种植，日工资为 60～100 元，要依社员体力、能力来定；社员分成小组进行生产，每月开工资，每天记工，有专人安排干活。村民得到的工资都是净收入，没有风险，如果一家有两口人，全家工资性年收入能有 5 万元。其实，仅一个劳力一年就能挣 4 万元工资。如果全中国农村都能像这样，我们国家就更厉害了！这种方式是不错，只是公司人搞农业太吃力，成本也高，这是拿自己的短处去做事，村民干活也是你安排什么我干什么，个人积极性没有发挥出来。2021 年，车河农业公司开始将农业生产这一块反包给合作社，规定合作社交多少粮，超产的公司付多少钱。当年，社员们积极性就高了，在原来基础上，重新规划一部分，什么地块种什么，社员心里清楚。我还带领社员们开垦出 20 多亩荒坡地，种下土豆，收成挺好，收入归合作社。

⑤因地制宜。搞有机农业讲究的是尊重大自然、发展生态农业。在大黄岭海拔 1100～1200 米的地方，有机农田有 170 来亩。那里虽然地势高却很耐旱，种的是土豆、谷子、黍子和豆子。一般是山下旱得不行了，山上却不旱。重要的是，山上少有病虫害，产量还挺高，比山下的更好吃。大黄岭山脚的地方海拔约 1000 米，以种植玉米为主，还有水稻、小麦、蔬菜，产量也不错。山上、山下小气候“性格”不一样，适合种植的作物也不一样，各有各的好，因为这些作物都是自己小生态环境的组成部分，天生就适应长在那里，这就是生态农业，这就是有机旱作农业吧！

⑥纯粹有机生产。种庄稼不用农药、化肥、除草剂，这是有机生产的大前提，3 年转换期结束，让专业机构检测车河的空气、土壤、水，完全合格，我就开始正式搞有机生产了。搞有机生产我们是认真的，种植全部用有机肥、菌肥、矿物肥，有

机农业专家和中国农业大学的学生经过试验，给我们摸出了这三种肥混合的配方。有机肥由县里提供，我们自己也搞农家肥。秋天收割前，有机农产品认证机构会派专人来抽检我们的产品，所有指标合格才是有机产品，以后就按标准去做。不用说，车河的有机农产品全部通过有机认证！北京六合神州生物工程技术有限公司的朱安妮老师在车河连续住了 3 年，给我们当技术指导，怎么种，怎么制发酵肥，怎样用菌肥，都教给我们了。我还记得她教的制发酵肥口诀：一层秸秆一层土，温度 60～70 ℃；隔一星期翻一次，翻三五次就够了；有机肥料腐熟了，田里少发病虫害。

⑦有机生产技术保障。种子不能有毛病，买好品种，育出秧苗，怎样栽，怎样锄，社员一教就会，比较省力。这是有机旱作，不用水灌溉。施用有机肥技术含量高，有中国农业大学的胡教授和学生们指导，比如，硕士研究生高永，通过试验为我们调整了有机玉米种植的有机肥配比、用量。用人工锄草，以前，村民本来就不用除草剂。山里人嘛，宁愿费力也不愿花钱，所以耕地没受到过大的化学伤害。

⑧社员管理。分组管理，每个小组每天干什么，由我安排，都是早晨就安排下去一天的活。当然有人想偷懒，如果由了他们，结果就是干多干少，工资一样，时间长了，谁都不想干活只想挣钱了。我的体会是不管做什么，对人的管理要跟上，不能让人的思想跑偏，所以我们用四个办法激励社员积极性。

一是责任明确。车河农业公司把地耕好，并提供肥料后，就交给合作社了。合作社再把地承包给社员种植、管理、收割，最后由公司回购。工作量是一定的，责任是明摆的，偷懒就挣不下奖励。大家都赶时间完成任务，然后一身轻松数钱。

二是定产加奖励。我们给每亩杂粮田定产 500 斤(250 公斤)。达到 500 斤，每亩付给承包人 700 元；每超过 100 斤，除正常收购外，再奖励 50 斤的钱，以此类推。每亩玉米，原来产量是 900～1000 斤，我们定产为 700 斤，收购价格按市场价，奖励办法同杂粮。

三是增加收入。有机生产占不了社员的全部时间，剩余时间可以安排他们到车河农业公司干活。公司优先用社员，如果车河没有技术人员，才从外面聘用。这样，不仅解决了吃大锅饭的问题，还增加了收入，村民的干活积极性那叫一个高！

从流转费、定产奖励、日工资，我都为社员争取到目前条件下的最大利益。大家明白也好，不明白也好，我都不在意——其实村民都明白。你看他们对价格有多敏感，在玉米每斤 0.8 元时就不卖，等啊等，等半年，等到 0.81 元时，就高高兴兴地卖了。

⑨村企分红三七开。车河农业公司，村集体占股 30%，山西金地集团公司占股 70%。公司经营村庄资源，给村集体分红，村集体再给村民分红，都是三七开，也就是说，公司给村集体分红 30%，村集体再拿出其中的 70%给村民分红，留下

30%,作为村集体资金积累。

⑩外村种植羊肚菌。看看我们的羊肚菌吧,15 个大棚,还有 1 个白灵菇棚。车河的土地有限,这些羊肚菌大棚建在车河农业公司流转上沿河村的石滩地上,上面垫土,下面全部是干石子,种粮食作物、蔬菜都不会有多少产量。选择这里,是想利用它的生产条件:水塔、变压器和大空间。羊肚菌收完后,就要种灵芝了。

原来想的没这么好,一个大棚 0.7 亩使用面积,计划羊肚菌产量 300 斤,现在却能产 500 斤。这 16 个棚能增产多少啊!而且只用两三人管理就行。一位技术员常在,负责管理大棚,早上 8:00,收起帘子,下午放下帘子后,17:30 可以离开。每个大棚里都放一盆水,为的是提高大棚温度,白天把它晒热,晚上它就会散热。这是我们参观过很多地方后,选择的最简单、最有效的保温技术。化妆的人不能进大棚,气味会影响羊肚菌生长。

2020 年 9 月中旬,在第七届中国·大同车河国际有机农业论坛召开期间,嘉宾们都来参观。那时,羊肚菌已收了,接茬的灵芝已冒出 10 厘米高,个个套着白纸袋。嘉宾们看后没有不说好的,别忘了,他们个个都是行家里手啊!

⑪销售。三条路子:车河有机餐厅和有机食品超市、红石塄乡共享大订单、高端会员订制。

之前,我们最难的事就是找销路,因为没宣传,有机产品没卖出去,都给村民分了,当然也要收一点成本。最近二三年,我们的有机好东西不愁卖了,因为有了有机餐厅、有机食品超市,游客不断,买卖就不断。没想到,车河有机粮食的名声一下子传到北京了。2015 年,北京一个超市要跟我签订一个合同,要我每周供 4 吨有机鸡蛋。哎呀,这哪敢跟人家签呀!没有那么大产量啊!看来,有机农产品不是没销路,是我们的规模跟不上市场需要。

后来,红石塄成了全域有机农业示范乡,全乡禁化肥、农药、除草剂,它自然就成了一个大一统的有机粮食生产区。也就是说,各村都搞有机生产,搞联合销售——如果一村签下一个销售大合同,本村产品不充足,全乡各村都可以供货,这样就拉动了全乡的有机生产发展。比如,荞麦面在车河村销售得好,如果来了一大批游客,不够卖,已跟我签过合同的桃花沟村就可以供货。那里的空气和水跟我们一样好,有机农产品一样是严格把关的。再比如,上北泉村、下北泉村的苹果、虹鳟鱼都非常好,也可以给车河村供货。可能,今后全乡的有机农产品会有更多的融合。产品融合了,乡村旅游也可以融合,一村的游客也是另一村的客源。这实际上是红石塄乡全域有机农业建设的一个实质性成果。

2020 年,车河开始搞高端会员制。车河农业公司吸纳高端会员,会员每年交 3 万~5 万元,公司全年为会员全家提供有机食品,包括粮食、羊肉、鸡蛋、蔬菜,有啥给啥,快递寄。如果会员到村里小住,吃住行我们全包。这也是一种销售方法。

我们会在地里安装设备,可以直播种植全过程,高端会员通过网络可以看到生产全程。我们也有全程逆溯程序,会员、顾客都可以追到产品在哪块地里出产，责任人是谁。

⑫产量与利润。我们的有机生产非常成功。刚开始，大家认为不用化肥、农药，产量肯定不行！但是我们不动摇，要把有机生产做到底。以前，每亩玉米产量 900 斤左右，现在的有机产量跟这差不多。

有机生产减产是大家最担心的问题。但朱安妮老师的口号是："有机好吃不减产！"她认为，减产的原因可能是没有严格按要求去施用有机肥。后来，我们就严格按她的要求做了，结果很好。看这些数字：

以前谷子亩产 700 斤，普通小米，每斤价格 1.5 元左右，亩毛收入 1000 元左右；减去投入成本 600 元，亩纯收入 400 元左右——其实也不是纯收入，如果刨去劳动力成本，实打实赔钱了。

现在搞有机种植，亩产 600 斤绿小米，每斤 18 元，每亩成本约 1300 元，刨去人力成本，每亩纯利润 500 元。

一个 300 元，含人力成本；一个 500 元，纯收入，结果就对比出来了。

有机社会的那些事

由车河村民、车河村集体、灵丘道自然合作社、车河农业公司组成了车河有机社区，这几方人马是怎样和谐共事振兴村庄的？

①成立车河党总支。车河村党员、公司党员可以坐到一起商量事情。

②村民关系不如过去紧密。这是实话实说。各家住在小二楼里，相对独立，不用借农具，端着碗串门不方便，村民交往的机会自然少了，心的距离就远了。怀念小时候，村里人特别亲近，一家有红白事，全村人都帮忙。一家孩子得重病，全村人都要去看一看，哪怕只有一两颗鸡蛋的能力，都要去。这种"村亲"，现在的人们没有感悟，但我们这代人还有，老一代人传给我们的，好像传到我们这一代给断档了，有点难过。

③弥补乡亲关系。乡情让小二楼给隔开了，这不是我们想要的，得想办法弥补。比如，小二楼第二层，相邻两户的露台只有半截隔墙，两家人还可以面对面聊天。再比如，支持公共文体娱乐活动，村民每天定时定点跳广场舞，家长里短还可以互相说说。增加村庄文化活动，增加村民在一起的机会。过年过节，我带领全村人互相走动走动。红白事都通过红白理事会操办，大家聚在那里互相帮忙，也能增进感情。

④做公益项目。凡是挣钱项目都是村里出资源，车河农业公司投资经营。村集体、村民之间按三七开比例分红，村集体留下的 30％积累，大多用于公益项目。比如，上了年纪的人、有大灾大难的家庭，我们要照顾。开村民代表大会，向大家募捐一些，村委会拿积累资助一些，帮他们渡过难关。我还有一个想法，过几年给村民盖一个社员食堂，全村人今天挣 100 元，拿出 10 元积累到食堂，到六

七十岁，干不动活时，都到食堂吃饭，不用掏钱。有的小地块一分二分的，村民懒得种，由合作社种起来，产出的粮食，拿到食堂大家吃。

⑤为村民交两险费。每个村民都是道自然合作社社员。社员的养老保险、合作医疗保险，自己应缴的部分，合作社都给交了，包含合作医疗每人每年 250 元，养老保险每人每年 200 元，共 450 元。

⑥关心弱势村民。2020 年，灵丘道自然合作社在山上放养了黑猪、大青背羊，饲养方法就和 20 世纪 70 年代一样。有一位体力不行的村民，跟别人比着干体力活，他肯定吃不饱饭。我把他派到山上去养猪，有吃有喝有住，一个月还挣 2000 元工资，他的老婆去给他做饭，日子过得挺好。这样照顾老弱病残的例子还有很多。这么关心村民，他们还能和村干部、村两委、合作社关系不好？

⑦引导新生活方式。我们社区有事就开村民大会，本来人就不多，凡是家里有人能出门的，我就喊他们开会，商量着办事。开完会，我就教他们新的生活理念、生活方式。尤其是上车河的人，从山里头搬下来，什么都陌生，得有耐心引导他们。以前村民屋里非常脏，后来慢慢就整洁了。你看看咱村里，哪个人不是干鞋净袜的，还知道主动跟游客打招呼呢，素质大大提高了。

⑧也要唱黑脸。为了维护社区和谐，我也要唱几回黑脸。比如，原上车河村的一个妇女，她丈夫去世后，就改嫁到外村去了，但那边的丈夫又去世了，她就回到了现在的车河村。我赶快跟车河农业公司说，这位老太太，有孩子，但都不在跟前，给她找点活干吧。公司当下就同意，公共卫生间就让她来管理，没有多少事，每月挣 600 元工资，这在农村也不少了，我想她应该是心怀感激的。突然，有一天，她找驻村工作队员闹事去了！原来，她嫌 2019 年给她的分红 8000 元太少了，因为 2018 年给她的分红是 1 万元。而有一家人，男劳力因脑出血，治病把家里的钱财掏空了，村里给他分红就多了些，她就跟这家人攀比起来。我找到她说：“你是个能自理的人，而他不能自理，给他多一点钱，这是村里的一种关心，是上会研究过的。再说，你已经离开车河村了，你一回来，村里就给你找活干，你拿着工资，再给你分着红，你不但不领情，还要闹事！像话吗？我们村就是这样，过年过节，都要考虑给孤寡老人多分一点钱，帮帮他们，但这不是瞎闹，都要上会通过的！你知道吗，不管是什么人，来了都是为车河发展做贡献的，而你给车河做什么贡献了？给国家做什么贡献了？你的卫生间管理出什么水平了！”那位老太太哭着说，以后再也不提这事了！我说：“看你行动！”这其实也是给所有村民上了一课，一定要像一家人一样，都为这个家做贡献，都来照顾弱者，这个家就会发达起来。而我们村干部，要尽量做到公平。

⑨拒绝懒惰颓废。我们村人不打麻将，我管着他们不做国家不允许的事，赶着他们一有空就去做挣钱的事。

⑩传承乡村文化。车河农业公司先后建设了灵丘文化名人邓云乡纪念馆、传统农具馆、传统手工艺馆，还有铁匠铺、酒坊、油坊、豆腐坊等传统作坊，为人们

记得住乡愁提供真东西。2018 年春节，中央电视台《东西南北贺新春》栏目在这些地方录制专场。所以呀，这块展览区现在成了乡村旅游的打卡地。

乡村旅游的那些事

乡村旅游业与有机社会建设是“亲戚”关系，你知道吗？哈哈，一不小心，我们把干河滩做成了渔场；一不小心，我们的有机生产、有机社区把乡村旅游业带起来了；乡村旅游业又给有机社会建设升了级。

你看村西头山脚下这一排 19 孔的向阳窑洞，门前的 10 多个养鱼池，绿水清潾潾的，虹鳟鱼、金鳟鱼在里头游着多好看！鱼池两岸都是绿油油的山，影子映在水里头，映着红鱼金鱼，咋看咋美，是吧？这是我们村的一大风景。

大家都住进了好房子，日子好过了，可大北方的冬季，生产的事根本不能做，所以人们基本上是闲着，有力气也没地方挣钱。我想，不如把河道北侧以前做买卖的小作坊改成餐厅，让村民向游客卖灵丘特色饭菜。然后我设计了 19 孔窑洞，精装修一下，更美了。我们又在窑洞门前的干河滩上修了这 10 多个鱼池，按有机方式养殖虹鳟鱼、金鳟鱼，这是上好的风景，也是好买卖，好看好吃——从鱼塘捞起鱼来，一步就迈到窑洞餐厅，现做现吃，前后不到半小时，鲜美鱼肉就进了游客的嘴里。这是我专门去深圳学的。我看人家从海里捞出鱼，马上就在海边餐厅做了给游客吃，真好！回来我们就照做了。我们的虹鳟鱼、金鳟鱼，平时每斤卖 20～40 元。

2015 年前，村庄脸前这条沟是干河滩。后来我们给它分段筑坝，把山泉水引过来，泉水顺着河滩向东流，每跳下一道河坝就形成一个小瀑布，从西到东，这么多瀑布层层叠叠的，一眼望去，是不是非常美？水最后汇到村东口的有机水稻田了。河滩北侧，种的是有机蔬菜，看那豆角、生菜长得多好！灌溉太方便了。顺着河道，向上向西走，直到山脚下，都是稀奇古怪的石头，石头间长的是杏树，一堆一堆的，春天的时候，白白的杏花、哗啦啦的流水、奇异的石头合在一起，好看、好闻、好听、好景色……

王春说，车河把干河滩变成了渔场

车河有机食品展厅面向游客开放

这样不大不小的项目，车河每年都要做成二三个。七八年过来，积累在一起，效果就看出来了，直接把村庄变成了景区。

听说村民住上了两层楼，连窗帘都挂好了，地里庄稼不用化肥，店里有机食品是小时候的味道，还有杏花、有清泉水、有鱼、有餐厅，四邻八村人、县城人、大同市人、太原人，甚至北京人都来了，乡村旅游业就做起来了，挡也挡不住。有了人气，什么土特产卖不出去？啥好事情做不起来？我们真是好活了！

现在，游人一年比一年来得多，2018—2019 年，最多的一天接待游客 1 万人次。这我们还没大力宣传呢，只是口口相传。2020 年至今，虽然旅游业不断受到疫情影响，人们却没有忘记车河村的有机好吃产品，只要上头允许，还是会进村解馋。

旅游的事可以做的文章还有很多。村里随便哪里都是大石头，都像天外来客一样突然冒出来，形状奇特，像饱含故事的样子，完全可以成为车河景区的另一大奇观，只需打扮一下，起个名字，这些石头就会说话了，都是宝贝。你看这块叫蛤蟆石，老人们流传下来叫鹰嘴石，可我们有养鸡场呢，还能叫鹰住在村里？我给它改了个名，叫蛤蟆石。不要不信，北宋当年在怀仁打仗，那里有个两郎山，结果杨家将败得很惨。哈哈！

很早的时候，我找不到村庄大发展路子的时候，就把路两边都栽上了树。现在游人多了，路显得窄，我想再拓宽路，却舍不得毁了这些树。所以，我已经跟县交通局协调好了，在河道对面再修一条路，咱也来个单行道，这面进，那面出，方便了游客，有机社区质量也更高了。

村里这条主干道，是柏油路，县政府投资建的，村外能通到唐河大峡谷的旅游路，村内从东到西，穿过全村，一直到巍山脚下才停住。可我不想让它停住，要把它修到巍山顶上，那里有空中草原，风景更好，更能吸引人。快了。

车河农业公司投资 1000 万元，建起集丛林拓展、探险娱乐、健身休闲于一体的“梦幽谷”，于 2018 年 8 月开门迎客，冬季冰雪世界项目于 12 月底开放。

不过，车河的旅游业还没做到最好。它的专业性比较强，应该由专业的人来经营。我们曾从北京聘请了一位旅游专业的人，他干得挺好的。可到 2020 年，人家不干啦，说收入太少：一个月没有 15 万元没办法生活！我们现在显然不能满足他，给他股份还是不行。我跟张强书记说，最起码，这个人的思想超前，做出来的事不受人贬。张书记说，是的，但留不住人家也没办法。2020 年，车河农业公司派一位副总接着干。

民宿实行统一管理。车河有机社区已经建好 93 套住房（一期 65 套，二期 28 套），除了村民居住，剩余的接待游客。村民家里的第二层也接待游客。如有游客住，车河农业公司统一安排住民宿，吃喝打扫都是公司派人做。车河农业公司每个月按比例给合作社、村民分这部分利润。公司对接待游客的村民做培训，礼貌、规范待客，是最基本的。二层的小露台，夏天支一个阳伞，一家人跟游客坐在一起，吃烧烤，喝啤酒，聊天，打牌，真够味的！这样，村民与村外的人，不仅建立了业务关系，还成了朋友，村民见识面宽了，思想也开放多了。以前，村民难以接受新东西，看起来是因为农村发展不快造成的，其实都是人的思想造成的。现在，乡村旅游业让村民思想转变了，接受新东西很快。

毫无疑问，乡村旅游业促进了有机社会建设，而有机社会建设反过来让乡村旅游业发展得更好。

中国·大同车河国际有机农业论坛也促进了有机社会建设。论坛嘉宾都认可“车河模式”，还给提供好技术，他们成了车河人的好朋友。我们感谢他们，年年热情接待他们，希望论坛越办越火。

村企合作的那些事

山西金地集团公司董事长李卫国，本是灵丘人，太原理工大学毕业。他能来车河投资，是县里做了工作。李董事长原来在灵丘开矿，国家号召企业转型，县里不允许继续挖矿了，他就转型投资农业农村。

灵丘县好多村引进了投资企业，但是发展都没车河这么快，我们是飞速发展，我总结出了这几个经验。

①平衡村企利益。当初，李董事长想了两种办法：一种是公司用村里资源挣钱，按比例给村里分成；另一种是公司不管挣多少钱，每年都给村里定额分钱。最后，他选择了前一种。具体办法是山西金地集团投资占股70%，车河村里出生产资源占股30%，双方共同组成股份制车河农业公司；车河农业公司主导经营村庄资源，挣下钱双方按三七开分红。我想，总得让企业挣钱，才能给村里分钱吧，所以我支持企业挣钱。实际上，很多企业和村庄是合不到一起的，因为有利益之争。利益没有平衡好，企业在村里不可能干成什么事业。我看过很多不成功的村企合作，大多是因为企业没把村民当回事。事实就是这样，如果企业光图利益，不讲人情，不平衡利益，是干不下去的。

②成立联合党总支。车河村与车河农业公司成立联合党总支。有事，通过党总支开会决定。比如，村里要引进索道项目，首先要开党总支会议，看看可行不可行，投多少钱，村、企各自做什么事。大事小事都由党总支全体党员开会商定。

③不要亏了村民。车河全体村民都是合作社社员，社员都是公司职工。凡是有干活能力的村民，公司都要给活儿干。村里有二三十个劳力长期在车河农业公司干活。

④村企负责人关系要搞好。村企关系的和谐需要一个前提——村企两个主要负责人的关系要融洽，也就是我和李卫国要搞好个人关系。如果我俩搞不好关系，村企合作就搞不成。这是最重要的一点。

说具体点，我俩是互相看得上对方的。如果我爱财，把好处都留给自己和亲朋好友，李董事长就看不上我。他跟张强书记说过，在灵丘幸亏是跟王春打交道，跟其他人，可能早就不干了，这说明他是认可我的。同时，我也认可他，欣赏他做事有大智慧。比如，山西金地集团进村一开始根本不挣钱，却先建起新居民区，要先把村民安置好，按李卫国的话说就是："不管我挣钱不挣钱，先让村民有钱。"这样的老板少，他有大智慧！有个事很有意思，李卫国是开矿的，很会挣钱的，却是我见过的老板中看钱最淡的一位。恰好，我也是把钱看得很淡。这是我们的共同点，两好合一好，占尽了天时、地利、人和，所以就能合力做成大事。

⑤顾全大局。村庄需要投资，企业需要转型，这是村企合作的大前提。但双方态度都要端正，明白是互相需要，不是谁在施舍谁。

一开始合作，山西金地集团公司也没细算账。李董事长的心态是只要发展就好，10 年后不赔钱就行。这样的心态是对的，因为搞有机农业解决的是吃健康饭的问题，它本来就不是挣大钱的产业。但它能带动起其他产业挣大钱，比如，旅游业，只是时间要长一点。现在，有机农业建设已经拉动起车河的康养业、旅游业。这两个产业一旦做起来，利润可观。

实际上，如果不是企业投资整个村庄，全方位搞有机生产、有机社区、有机社会三项建设，就没有那么大的影响力，乡村旅游业就带不起来，也就没有国内外那么多专家学者跑来支持我们。全国搞一二百亩有机生产的村庄太多了，却不一定都能带起旅游业。企业投资的是有机农业建设，得来的却是旅游业的利润，企业反过来拿旅游业利润去发展有机农业建设，这样就形成了一个良性循环。如果不是形成这样的循环，企业投资了农业，马上就要挣农业的钱，就会干杀鸡取卵的事，不定会咋样毁坏村庄资源，这个我们车河村是不答应的。

村企合作的细节太多，每个细节都要有分寸，都有一个宗旨：算大账，不要纠结小账。

说小账要模糊一点，也不要怀疑我在偏向企业，道理是这样的：有些小东西弄不清楚，村民利益就大；一定要弄清楚，企业就不投资了，村民就没利益了。这是我一步一步走过来，摸出来的规律。

村企合作这事，弹性很大，要做，就有做不完的事；要不做，也没事的。这就如同一个家庭，如果你今天不去做那件事，也能过得去；如果做了，家里光景就会更好。只是做和不做活法不一样。比如，我勤劳，今年给家里置办一个衣柜，明年又一台电脑，家里财产越来越多，日子会过得越来越好。如果我不置办，几年下来，虽然也还活着，但家庭状况比别人家落后许多。村企合作的事，有些事是非做不可的，如果你今天不做，没事；明天不做，还没事。但天天不做，迟早会出大事的。等到村企合作走向失败，你想挡都挡不住了。

一般人对企业进村，首先会从这方面猜想：会不会套"三农"的钱？现在，政府给村里的每一笔钱，都会标明是什么专项用款。我就对企业说，这个钱数额太大，我村里没能力干，是你来干，还是我从外面招标？企业有时会干，也有不干的。我就是尽量先把话说到位，让企业自己选择做与不做。关系每天都得保持好。

但有一点要明白，政府给村里的专项款，不是全款，谁要做，都得继续投资。比如，村里要引进天然气，国家正好在环保方面有政策，可以扶持 100 万元，但资金还差很多，企业接了这个项目，就得补足资金才能做成。污水处理项目也是这样。再比如，一套新民居，建设成本 30 万元左右。县里会综合使用国家的移民搬迁、危房改造等多种项目资金，去补助新民居建设，大概每套能补 4 万元。这部分钱，县里补给村里，村里转给企业，企业用来造房子，每套房成本还差 26 万元，就由企业补足。如果不是整合使用政府、企业的款项，而是由村里单独使用每一项政府资金，那就干不成大事，就撒了胡椒面。实际上，国家扶持就是给我们一点肯定、一些信心，大钱还得由企业出。

车河村旧民居

车河村 130 平方米两层新民居

关键是企业愿意补足这些投资，这就涉及村企关系的事了。我们得用心把村企关系搞好，让企业投资气顺，即使挣不到钱，也愿意投。人就是活一口气，不管是谁，气一顺，信心就足，干劲就大。如果两家人各自端着一口气，合作干事永远不成。

从这类事上，我突然明白了一个道理：钱不是问题！农村其实不缺钱！

有人说农村缺钱，啥都干不成！有人说，拿钱来，不然农村不能发展！实际上，这些说法都是站不住脚的——是自己事先没做好事情，尤其是没搞好关系，挡了钱路。我的感悟是，当人和人完全融合的时候，钱就不是问题了，也就是说，你把事干了，把钱路铺好了，钱自然而然就流过来了，这就叫水到渠成吧。比如，20 多年前，我只顾着沿路栽树，没跟上级领导汇报，树坑都挖好了，但树苗弄不回来，我这才打乡党委书记的电话。书记说，干什么不早说！书记一下子就跟县里协调到 2000 多株树苗。看看，你先把事做了，路铺好了，后面的事基本能成。有的人是非得把钱放在桌上,亲眼看到了,亲手摸到了,才想做事。有的人是先不提条件,提前就干开了。你说领导把钱投到谁身上最放心?付出才有收获。要让投你的人对你有信心。村企合作正是这个理。

假如公司决定要动用村里的资源,我就要参与规划。考虑问题一会儿以企业副总的身份,一会儿以村干部的身份,挺累的,但不管以什么身份做事,都要对得起这四边的人:村民、企业、乡党委乡政府、县委县政府。我是一根线,把这四方串联起来了——不这样不行嘛。

加时三问:

一问:现在很多专家呼吁,城镇化太过了,反对乡村大拆大建,您那么拼命成全拆旧村建新居,不怕犯错?

王春:我们不是乡村破坏者。有人对我们的大拆大建有质疑:农村要保留,而不是消灭。这话很有道理、有深度,可要具体问题具体分析。只是拿普遍规律来套我们车河的特殊情况,不科学!

我们村是这样的情况:几十户人家分散在山上的20多个居住点,有价值的古建筑和人文历史遗迹真的没有。而且后来,学校也被撤销了,小孩子、年轻的父母都跑到城里了。稍微有点能力的人也都到城里去了。他们在城里买房、租房居住,这就是说,村里的大钱都投到城镇去了,把我们小村掏空了呀!村庄更是发展不起来了。

我们必须找到彻底改变村庄命运的机会!20多年来,我一直在为这件事做着准备,一直在寻找机会。当机会真的到来时,我马上就抓住了,马上就干起来,那就得大拆大建!也就是说,我必须抓住灵丘县全域有机农业建设试点项目的机会,必须配合企业把资金投到我们村,必须配合县委县政府把有机农业建设的事干出个样板来,干出个模式来,才能真正改变车河的命运。反正我就是千方百计要做成这个事,大拆大建才能把流失的村民再吸引回来。

这样的路子走得很正,所以我不怕犯错误。你不知道我当年那个劲有多足,生怕事情弄不成,对不起我们的村庄、村民,对不起我们的领导,对不起我们的党。张强书记表扬我时说:"我的思想也顶不住王春的思想!"没干过农村干部的,他可能不能理解这话的内涵。

25年前,我对村民说,等咱这个村搞好了,石头也是值钱的。村民说,你净瞎说!痴心妄想!现在开会,村民说:"你那时跟咱们说的那话,现在真的落地了!"我说:"那可不!没理想就做不成实事、大事!人人想发展,就得有理想!有理想才敢承接大事。"

2016年,车河有两个大学生村官,我问他们:"你们说说,我是不是个神经病?"他们说:"要不是你这样'发神经',大事难成!"你曾问我,做成这件大事什么最重要,我现在告诉你:'神经病'最重要!"

村在景中,车河的石头也是值钱的

二问:一位合作社理事长刘锦林说:“搞有机农业,能坚持这8年,我就是个傻子!”你俩一个是“傻子”,一个是“神经病”,算不算一类人?

王春:算一类人,都是不要命的人。我这“神经病”一时半会儿还治不好。

今年(2020年)我已经57岁了,实在是太累了,干不动了。上届选举的时候,我对老村民说,赶紧往回叫你们的子女,我干不动了!

可是,我还是没有找到左膀右臂。公司的领导、乡政府领导都在说,赶快找几个人吧。我说,村里找不下人呀!村外的人跟咱村里没感情,只靠高工资留人,最终还是不行的。所以我下定决心要把村里的年轻人叫回来,趁早培养年轻一代的“神经病”。

2019年,我们建起二期28套新房,产权是村集体的。如果年轻的两口子肯回来,愿意留下来干事,村里就给他们分一套造价30万元的房子(产权不变)。年轻人在村里定居下来,有感情、有理想、有事业、有住房、有幼儿园、有养老院,让他们有归属感,你说年轻人会不会留下来做“神经病”?

三问:有没有人以为你在村企两边沾光?

王春:20年前我就开始养鸡了,企业进村投资,我就把养鸡场交给了企业,不要钱。你看这沟里的核桃树,有4300棵,我栽的,也交给企业了,也不要钱。你看山上绿绿的,都是我栽的落叶松,归了村集体,不要钱。就连当初的承包费,也没要。我不算账吗?我失去的是小头,赚的是大头,因为全体村民都沾光了,村民明白这些。

他们犯了大错,我也是要训他们的,但他们都听我的。如果他们认为我捡了大便宜,会这样服我?没门!

我做村支书就必须把钱看成不是个东西才行。我就是要把自己心放宽,不爱财,不便宜亲戚。这是一种境界,达不到,就做不成大事。

第四篇　解读“车河模式”

规划导航建设大局

2012年11月，张强上任山西省灵丘县委书记。同年，胡跃高（中国农业大学农学院教授）、李波（时任灵丘县委县政府顾问、平型关智库理事长）等专家向灵丘县委县政府正式提出搞有机农业的建议。

2013年，灵丘县制定《山西灵丘有机农业园区实施规划（2013—2030）》，经认证，确定上马全域有机农业建设项目。

2013年，灵丘县委县政府决定，合并红石塄乡上车河、下车河村为车河村，并成为首个全域有机农业建设试点村。

2014年，灵丘县成功举办中国·灵丘车河国际有机农业论坛，之后升级为中国·大同车河国际有机农业论坛，吸纳国内外多种人才，为灵丘有机农业建设做出贡献。至2022年已成功举办9届，影响力越来越大。

2015年，车河整村脱贫，全域有机农业建设为主要依托。

2015年，红石塄乡成为禁止使用化肥、农药、除草剂的有机生产乡。

2016年，“车河模式”成型。

2017年，红石塄乡成为灵丘县第一个全域有机农业建设示范乡。

2018年，在中国扶贫国际论坛上，灵丘县委书记张强介绍有机农业扶贫模式，受到广泛认可。

2019年，灵丘县脱贫，全域有机农业建设为重要途径。

2016—2021年，龙渠沟等更多有机社区建成，“车河模式”“灵丘理论”对外输出，吸引省内外多地多机构到灵丘参观学习。

至2022年，灵丘县搞全域有机农业建设整整10年，其间3任县委书记接力主导，步步推进未脱节。

目前，中国很多农村正在走向凋敝。其主要原因：一是传统农业不挣钱，导致人口流失，土地撂荒，公共设施破损。二是基于我国城乡二元制结构，“撤校并点”政策实施，农村教育资源向乡镇、县城集中，导致乡村孩子不能在村里上学，年轻的父母们不得不紧随孩子到乡镇、县城陪读，农村人口逐渐减少。少了孩子们的生气,没了年轻人的活力,农村人气更加不行了。医疗资源也是一样。三是包产到户基本国策,一方面解决了人们的温饱问题,另一方面让小农经济成为大部分乡村的主导经济,农业因此不能实现规模化、产业化、现代化,规模效益更是无从谈起,村集体经济大多为零。

灵丘这个地方,九分山水一分田,搞大田农业没什么出路,尤其是北山区。北山区矿产丰富,初步探明储量较大的就有12大类40多个品种,特别是金、银、锰、铅、锌、钼等稀有金属储量可观,农业弱势明显。矿产曾是灵丘的主导产业,但它已经破坏了北山区的生态环境。从保护生态环境的角度讲,灵丘再也不能以矿产为主导产业了,必须关停;从法律法规角度讲,山西省也不允许污染性矿产继续办下去;从保护雄安新区饮用水资源角度讲,灵丘也不能继续开矿了。因此,灵丘必须转型。将有色矿产型灵丘转型为绿色产业型灵丘。其前提是必须找到新的绿色主导产业。好在南山区怀抱唐河母亲河,生态保持得相当不错。

习近平总书记讲过,乡村振兴,首先是产业振兴。产业振兴建立在绿水青山就是金山银山的“两山”理论之下——灵丘必须在“两山”理论之下做产业。但那个产业到底是什么?

2013年,收到专家们的有机农业建设建议后,县委县政府郑重地全盘考虑了灵丘农业业态,反复论证有机农业的发展前景之后,便将注意力聚焦到有机农业身上。不过,一开始,他们还没有想到搞全域有机农业,也没想到“三驾马车”理论这么深,所以只对有机生产作规划。当时的思路主要是,提高有机农业产业附加值,改变农业生产不能致富的现状。

很快,灵丘县在中国农业大学的协助下,面向全国,请到71位专家全面调研灵丘县乡村产业状况。众专家经过整整115天的上山下乡、调查、研究,最后针对灵丘县南山区1185平方公里,形成了57万字的《山西灵丘有机农业园区实施规划(2013—2030)》。请注意这些数字:71,115,1185,57万,这可能是中国农业规划的最大阵容。

规划为南山区的5个乡镇(红石塄乡、独峪乡、下关乡、白崖台乡、上寨镇)及半个东河南镇设计了功能区:有机农业区、商贸区、设施农业区、大田种植区、养殖区等。比如,上寨镇是商贸区,农田改造不考虑这个镇。

一位灵丘县领导曾说:“乡村是我们国家非常宝贵的资源,国家后续发展需要更大的空间。有人说,贫穷是个问题,但贫穷也是空间,可以容纳、融合更多内容,所以灵丘规划设计的第一个理念就是要把农村空间很好地利用起来。我们的有机农业规划的原则是以人为本,让乡村富起来,让村民生活好起来,所以规划的意义很深远。”

2013年秋天,灵丘县组织71位专家到北京论证《山西灵丘有机农业园区实施规划(2013—2030)》,笃定要借此打破农业赔钱、农村破落、城乡二元制局面!这次论证的结论是:规划可行!有机农业可做!

那么，就从试点做起。

选择哪一个村做试点呢？灵丘县水量丰沛，水资源储量达 2.7 亿立方米，占到大同市水资源总储量的近 1/5，其中唐河水量又占主导地位。县领导们、专家们跑遍了南山区的沟沟岔岔 81 个村庄，最后选定红石塄乡上车河村、下车河村为试点。但这个村庄极小、极穷，如何下手？

从引入企业下手，即引导工商资本进村。当地有一家矿产企业，经过县领导沟通，愿以投资有机农业建设为契机实现转型。这家企业首先出资建起车河新居民区，两期共 93 套。同时，县里将上车河村、下车河村合并为车河建制村，也称有机社区（非行政区划），车河村所有村民搬迁入住新居。也就是说，车河村搞全域有机农业建设，是从有机社区建设做起的。灵丘县特别强调，工商资本进村的前提是不损害村民利益，并为村民谋福利。

建新居民区、合并村庄、搬迁，没有一个环节是省心省力的，走一步踩中十个困难，都说得太轻松了，但车河村全做到了，因为有规划、有目标、有路线、有人才、有资金。事后，一位县领导总结道："没有规划的改革，就是没有指导思想的改革，就是没有目标的改革，就是杂乱无章的改革。"当初，灵丘县移民搬迁就是做了相对充分的规划，比如，提前为新居民区选址，原则是靠路、靠水、靠边、靠景区、靠城镇，等等。规划让各乡镇工作方向和目标比较清晰。同时，有了规划，灵丘对接上面的资金、项目更加通畅，农村资源利用就更加合理。

在探索走出果断的第一步后，2014 年，灵丘开始搞有机农业国际论坛，初定每年一届。几届论坛后，搞全域有机农业的思路越来越清晰，并逐渐形成以下三种模式、方式。

第一种是"车河模式"。其特点是：整合村庄资源，引工商资本进村，村集体与企业合作经营村庄资源，村庄实现有机生产、有机社区、有机社会三位一体建设，村民、村集体、企业共赢。除了车河村，还有龙渠沟等 5 个有机社区用的也是这个模式。

第二种是上北泉方式。其特点是：以村党组织为主导，以村集体为主体，搞有机农业建设，土地等资源没有大规模流转。上沿河和下沿河、上北泉和下北泉、黑龙河、下野窝等村也是这种方式的探索者。

第三种是创业者带头方式。其特点是：突破南山区，遍布灵丘县；以个人力量为主导，政府给予一定支持；以有机合作社为主体搞有机生产，吸纳更多村民入社；力所能及启动有机社区建设、有机社会建设，但距离整村有机建设较远。段卫国、刘锦林、卢永青、张英枝等人是代表。

实事求是地说，灵丘现在还未彻底完成规划中的建设任务。车河有机社区建设没有停止，更多旅游设施正在上马、完善。随着国家资金对生态恢复投入的增大，天然气、污水处理进入车河村，解决了能源问题、污染问题，村民的生产、生态、生活（"三生"）有了大幅度的改善。上沿河村和下沿河村在继续美化中，邀请台湾设计师，对村庄布局进行了配套设计、改造。不管是车河村的新民居建设，还是大街小巷改造，都吸引了高端民宿切入村庄，高端消费人群随之进村。2020年10月，第六届全国民宿大会暨大同市乡村民宿产业发展大会在灵丘县召开。更多的像段卫国这样的灵丘能人正在回归灵丘，他们带着资金、渠道，填补全域有机农业建设产业链上的空白环节。

截至2022年底，灵丘县已认证有机产品60多个，基本形成了几大类产品：荞麦、大米、小米、羊肉、牛肉等。虽然这些好东西还没有完全市场化，还没在大范围内形成品牌效应，产品没有营销得很远，但它们在大同市、河北省涞源县已经产生了一定的影响力。

国际有机农业论坛成为灵丘的重要名片。2014—2016年，前3届由灵丘县主办、承办，影响力越来越大，受到市里、省里相关部门重视。从2017年第四届开始，论坛由大同市政府、中国农业大学、太原理工大学、山西农业大学主办，灵丘县承办，至2022年，已经9届。论坛规格越高、范围越大、势头越足，灵丘县全域有机农业建设工程的人脉资源越多，接受的推动力、带动力就越大。在这方面，灵丘智慧是有目共睹的。

中国·大同车河国际有机农业论坛为灵丘聚集了大批专家学者

从规划下手，以规划为导航，灵丘县全域有机农业建设是有序的、有效的，基本形成以“车河模式”为主流的，遍及全县乡村的全域有机农业建设灵丘实践成果。同时，又不拘泥于规划，灵丘抓住了实践中迸发出的灵感，成就了不小的创新。比如，提炼出全域有机农业建设理论，这种理论回头即可指导建设全程，让灵丘有机农业建设少走弯路，并不断升级，此事非同小可。再比如，抓住机会，将灵丘县主办的国际有机农业论坛上升为大同市、中国农业大学、山西农业大学主办，灵丘的宣传力、影响力乘方级提升。[①]

资本激活沉睡资源

按照2010年贫困标准，2012年年末时，全国建档立卡农村贫困人口为9899万人，国家级贫困县为832个，建档立卡贫困村为12.8万个。党的十八大明确了到2020年我国现行标准下农村贫困人口实现脱贫、贫困县全部摘帽，解决区域性整体贫困的目标任务。

灵丘从2013年开始借助有机农业建设进行全县脱贫冲刺。2015年，在实施全域有机农业建设3年后，车河整村脱贫，提前了5年！到2019年4月，山西省政府批准灵丘县退出贫困县行列，这比全国节奏提前了1年8个月。但是脱贫不是终点，是基础工程，是更高、更新起点，乡村全面振兴才是更高目标。2018年，国家《乡村振兴战略规划(2018—2022年)》给出了明确的时间表：到2020年，乡村振兴的制度框架和政策体系基本形成；到2022年，乡村振兴的制度框架和政策体系初步健全；到2035年，乡村振兴取得决定性进展，农业农村现代化基本实现；到2050年，乡村全面振兴，农业强、农村美、农民富全面实现。从2020年开始，中国“三农”工作重心开始了历史性转移，由脱贫攻坚转移到全面推进乡村振兴上。最初几年，最要紧的是做好巩固拓展脱贫攻坚成果同乡村振兴的有效衔接。怎样衔接呢？一地有一地的做法，但灵丘县用一个办法就可以做到有效衔接——将全域有机农业建设工程做下去！一个事情持续做下去，一脉相承贯穿两件大事，自然是顺畅不脱节的。但也并非那么容易，还需要做相当的功课——“灵丘理论”“车河模式”、灵丘实践到底好在哪里，缺在哪里？今后应该怎样做更科学、更高效？

“车河模式”让工商资本进村，让资源变资产，资产变股份，农民变股民，激活乡村沉睡的资源，这恐怕是首先要研究的。

资源就是资本，但必须有人使用它，才能变成资本。谁也不能把资源搬离乡村，所以只能把人流导入乡村，让有机农产品销售量涨上去，让好空气、好泉水产生经济效益，即推进产业生态化、生态产业化。这样，“有机农业＋乡村旅游业”就成了另一种必然，成了绿水青山向金山银山转化的有效途径。

村民不是无产者，他们有山、有水、有耕地、有宅基地。不过，这些资源产权属于村集体，他们拥有的是承包权、经营权。有经营权就足够了，只要充分利用

① 模式是基本固定下来的系统性方法，是已经上升为理论的方法；方式是方法和形式，还停留在具体行为上。“车河模式”、上北泉方式、创业者带头方式含义不同，期待后二者升级。

好，村庄、村民完全可以致富。只是，乡村的绝大部分资源，千百年来闲置不动，它们基本没变成金山银山！因为大部分村民没有开发资源、使用资源的能力，于是资源不能变现，农村、农民就穷。所以，灵丘县经过周密考虑之后，决定让工商资本对接乡村资源，充分利用乡村资源，为乡村构筑金山银山。

于是，灵丘的创新潜能被引爆了：有机农业产业植入村庄，工商资本进驻村庄，村集体对村庄资源进行了“三权分置”的整合、融合……于是，破瓦房变成了连体别墅，山、水、林、田、路产生了观赏价值，村民的生产、生活积极性高涨起来，全体加入村庄资源的开发、经营体系，做起了高附加值的有机农业产业。结果是，村民不但不用离开农村，还对农村产生了依赖与希望。这时候，有机社区旅游业应运而生，资源效益开始变现、放大。这实际上就是绿水青山通过“三恢复一机制”，提高了附加值，变成了金山银山。灵丘县车河、龙渠沟、边台这些村庄都是这种情况。

不妨跳出来看看整个乡村系统。乡村在食物供给、生态涵养、文化传承等方面拥有得天独厚的多元资源、特色资源和不可替代的功能价值，充分挖掘、整合乡村资源，充分拓展其多功能价值，推进农村一二三产业融合发展，形成产业链，应是新时代乡村振兴的必由之路，不管具体做什么项目，都是这个宗旨。

几年探索之后，灵丘人将“车河模式”总结为这几句话：“党政主导，规划先行，产业支撑，市场运作，社会参与，共同富裕。”他们认为，这也是乡村振兴“产业兴旺、生态宜居、乡风文明、治理有效、生活富裕”20字方针的灵丘措施。

“车河做法”是在实践中提炼出来的，是成系统的。

党政主导。农村资源都在村集体、村民手里，党政不主导，没法开展全域有机农业建设。灵丘是县、乡、村三级党组织及其党组织书记联手主导落实，形成了可靠的组织系统。

规划先行。规划不仅先行，还是高标准的。农村不能再走城市建设的老路子——盖了拆，再盖再拆，浪费极大；农村建设标准应该更高，应把发展所需的各种空间预留出来，并科学搭配。

产业支撑。乡村振兴首先就是产业振兴。乡村必须有产业支撑，没有产业，就没有实力，没有经济基础，什么上层建筑都是空心的。

市场运作。把工商资本引进有机社区，让企业成为生产、经营的新型主体，它会将乡村带入市场，按市场规律运作乡村资源。

社会参与、共同富裕。这是价值观，也是目标。政府在这个过程中会平衡资本的收益和农民的利益，农民利益绝对不能受到任何损害。

这是一个完整的全域有机农业建设系统，缺了哪一个环节都不成。那么，走系统的路子对不对？

2021年10月下旬，习近平总书记到黄河三角洲视察工作，并主持召开深入推动黄河流域生态保护和高质量发展座谈会。他强调：“要提高战略思维能力，把系统观念贯穿到生态保护和高质量发展全过程。”系统性设计、系统性操作、上下一盘棋、统一思想、坚定信心、咬定目标、步调一致、步步为营，才有可能完成任务，而且实行起来顺畅、高效、成本低。

看来，建立系统，将全域有机农业建设事业放到系统里推进，这路子没有错。那么如何判断这个系统构建得对不对？

灵丘人注意到，2021 年 2 月 19 日，习近平总书记在中央全面深化改革委员会第十八次会议上指出：“探索政府主导、企业和社会各界参与、市场化运作、可持续的生态产品价值实现路径，推进生态产业化和产业生态化。”他们吃了一颗定心丸。

为什么一直问“对不对”？因为没借鉴、没经验！灵丘是全国、全世界第一个搞全域有机农业建设的地方，它得摸着石头过河啊！

以前，我国在农民、农村、农业（“三农”）建设领域，单项设计、单项落实的案例很多，积累了不少经验。比如，美丽乡村建设，在乡村硬件设施建设上积累了经验；厕所革命，在土坑厕所改造方面积累了经验；劳动力培训阳光工程，在提高农村劳动力素质和就业技能方面积累了经验，等等。而将乡村整体发展作为任务，是从乡村振兴开始的，产业、人才、生态、文明等统筹发展，方方面面、犄角旮旯都是统筹对象。但是自 2021 年开始的乡村振兴在最初几年倾向于巩固脱贫攻坚成果，加强乡村振兴与精准扶贫工程衔接。

车河有机农业生产区

（靳巧云摄影　灵丘县广播电视台供图）

车河有机社区

（张璐摄影　灵丘县广播电视台供图）

灵丘无疑走在了乡村整体发展的前沿。2013 年，灵丘还处于精准扶贫阶段就启动了整村发展工程，即全域有机农业建设工程，将硬件设施建设、软件社会建设、三产融合发展整合为一体去发展，强调整体性、系统性，当时想要寻找借鉴并不容易。也许某些名村已经积累了整村发展的经验，比如，山东的九间棚村、浙江的滕头村，但以全县乡村为单位的整体发展，案例几乎找不到。这就是说，灵丘在“摸着石头过河”，哪里有石头可以下脚，下脚多深多浅，迈步几尺几寸，都不知道。所以它时时在摸索，然后作记号、搞定位、出方法，所以它不得不一步三回头，再向前望一回，生怕走错方向，走了弯路，误农误县误国，都会造成不能承受之重。

总之，灵丘一直在埋头探索，也一直不忘停下来，想一想，归纳一下，提炼一番，提升一下，再不时问一问自己“对不对”；然后放眼全国，找到理论依据、路线依据，确认走步没错，再继续稳步推进，稳步创新，这是负责任的做事态度，这符合“稳字当头、稳中求进”的工作总基调。但是着实不好拿捏。

因村庄资源只能用不能搬，村集体利益并未受到伤害。不过，有一个事实是过分强调村民的利益，很多企业就不想进村了。将村民利益与企业利益对立起来，便没了前途；要做到村企利益平衡对接，难度极高，好在车河找到了适合自己的方法与对接点。

以上改革实践引发的一系列“灵丘现象”，引起了人们的关注。

村民正在回流。有机社区建设，让车河村里的基础设施完善起来，生态环境也一天天好起来，村里停放的小汽车多起来了，因为年轻人返村的多起来了。人员回流，非常重要，这是乡村振兴的重要标志——乡村振兴，关键在人、关键在干！有了人，什么不能干起来！有了人才振兴，才能有其他振兴。下一步，灵丘要把城返年轻人培训工作做起来，争取让他们把有机农产品的销售做起来。

生态已经恢复。根据有机农业的要求，灵丘全县限制使用化工农资，而红石塄乡更是禁止使用。于是，唐河上的黑鹳多了，田野里的蜜蜂多了，农田边的蝌蚪青蛙多了，这都是生态恢复的标志性生物证据。红石塄乡蜂蜜的产值可观，已经成了灵丘县的一个特色产业。养蜂人说，以前农药盛行，蜜蜂是活不下去的。

产业正在形成。黄花、谷子、水稻、鸡蛋、蜂蜜、旅游等项目都做起来了，漂亮的环境吸引旅游人蜂拥而至，乡村顺势做起了以有机社区景观、有机农业景观、有机农业知识科普、有机农产品输出为核心项目的旅游业。

农村新机制已形成。车河有机社区的企业主导生产、经营布局已经形成，企业的投资机制、管理机制已经跟村庄的运行机制融合起来。截至目前，村企双方相处比较和谐。

这些“灵丘现象”所在的系统就是上文提到的“三恢复一机制”系统：恢复农民内生动力，恢复农村生机，恢复农业活力，建立“村社一体、村企融合”的体制机制。这标志着灵丘农村活力已经明显得到提高。

一位灵丘县领导反复强调：“人的改变是灵丘创新的最大收获，是整个红石塄乡改革创新的最大成果。”

在包产到户后，我国乡村很快产生了一个很大的缺陷——农民的组织化程度大幅度降低，人心随地块分开，人身随“撤校并点”分散，劳力随经济浪潮转移，大多数村里没有企业。后来流行土地流转，有法律政策限制，怕农民彻底离开土地有风险。但他们不离开土地，企业就进不去，乡村资源经营权就到不了企业手里。所以，灵丘的改革重点，就是激活沉睡资源，其实就是让村民在不离乡、利益不受损的前提下，把空间、土地等资源腾出来，让给工商资本去经营，将乡村资源变现，通过分红、工资等形式，再将经营收益分配给村民，也就是说，“车河模式”替村民把乡村资源变成现钱，放在手里。

按照工商资本进车河的模式，灵丘县使用农村新机制，促成了更多的村企合作，建起了 6 大有机社区：车河、御射台、龙渠沟、烟云崖、沙岭台、花塔。

近几年，受南山区利好影响，灵丘县北山区也动起来了，自觉自愿地向有机农业体系靠拢，比如赵北乡、柳科乡、石家田乡。

回头看上北泉村、下北泉村和上沿河村、下沿河村，它们虽没有引入工商资本，但全域有机农业建设也有较好表现，也摸索出自己的一套做法，并可供其他地方复制。但相对来说，推进是慢的。因为没有大面积工商资本植入，村庄自己的投入极少，而政府对村庄公共设施建设的投入，产权不明晰。

那么是不是必须把工商资本导入所有村庄，才能做成全域有机农业建设事业？在目前形势下，还说不好，因为灵丘怕跑偏了——难道村庄全得依赖企业？村民自己就做不好？显然，这从理论上是说不通的。可在现实中，人们确实看到了，农民真的没有做好资源的完全利用（完全没有批评他们的意思）。因为他们大多没有资本，组织性较差，合作社虽有一点组织性，但它的使命是发展小团体生产，并不会以整村发展为出发点和目标。如果县里只是拨款，由着村庄自己搞，大部分能做的只是贴贴瓷砖、修修路、栽栽树，这就可惜了。

“苟利于民，不必法古；苟周于事，不必循旧。”不法古，不循旧，灵丘在战略上大胆下了决心；在战术操作中，又格外小心，前看方向，后顾方法，慢则慢了，安全第一。

第四部分

上北泉方式

因地制宜也是一种创新，方法虽土，但生命力极强，科技含量极高。

第一篇 何谓上北泉方式

上北泉方式概括为：

（1）由县政府、村集体出资；

（2）由村两委主导，以村党组织书记为组织者、领导者进行建设；

（3）根据村情实际，先从有机生产、有机社区、有机社会任一方面建设做起，积累村庄实力，为启动其余两方面建设做准备；

（4）启动其余两方面建设，向三位一体、整村振兴方向推进。

火车跑得快，全凭车头带。这话虽老，却至今仍有时效性。上北泉方式考验的是村党组织书记的火车头功能：方向引领对不对，速度掌控合适不合适，村民感觉舒适不舒适，等等。灵丘全域有机农业建设的大方向已定，速度、舒适度全在村书记手里把握。

上北泉村、下北泉村创新性地搞实景剧文化建设，引爆了乡村旅游业，紧接着配套餐饮等商业设施到位，拉动有机生产和商业服务业到位，吸引政府等多方出资启动有机社区建设。上沿河村、下沿河村和红石塄村则响应县里号召，就地美化村庄，兴建公共设施，整理大街小巷，种植花草树木……结果是鲜花锦簇的农家小院、花香四溢的大街小巷华丽转变成乡村旅游的核心景区。在有机社区建设工程中，村史馆等文化设施建成了，运转起来了，纯朴的村民学到了热情文明的待客之道，于是有机社会建设便有了模样。随着红石塄乡全域有机农业建设示范工程落地，这些村庄也将有机生产做起来了，车河村接到大订单，它们也能供货了。黑龙河村则是先建设和谐村庄，再建起村庄民俗博物馆，然后兴起了乡村旅游业。进一步海阔天空，黑龙河前进的步伐停不下来了，商业、教育设施建起，招商引资工作加紧，有机餐厅开业，有机生产启动……要知道，黑龙河村并不在灵丘县南山区有机农业园区规划中，它在村党总支书记的带领下，自觉加入灵丘全域有机农业建设队伍。

这些村庄，各自选择最优势项目切入有机生产、有机社区、有机社会建设的其中一项，从人才、设施、资金、经验等方面做一定程度的准备，拉动其余两项建设启动，最后形成三位一体建设格局。这些工作一开始由县委县政府导航，其余的多凭村书记本事。即便是强有力的火车头村书记，他一要想到，二要做到，其工作量、工作强度着实不能按斤按两计算。常有人问：工商资本不进村，村庄就不能搞全域有机农业建设吗？答案是：能，因为有村两委，只是建设方式不一样。还有人问：有了“车河模式”，为什么全域有机农业建设不能同时在每个村庄启动？原因有很多，但有一个原因不能回避：并不是每一村庄都有强有力的火车头。好在这6个村庄确实为灵丘全域有机农业建设摸索出了一个因地制宜的有效方式，为后来者居上奠定了基础。

第二篇　北泉有泉　文化主导

——郑海水说

上北泉村原党支部书记兼村委会主任　郑海水

郑海水，灵丘县红石塄乡上北泉村原党支部书记兼村委会主任，退伍老兵，植树大王，一个有40多年村支书道行的人，一个凭胆识创新文化建设、引爆乡村旅游业的人，一个以乡村旅游业拉动村庄进行全域有机农业建设的人。

上北泉村、下北泉村是唐河水流经灵丘的最后两个村庄。唐河水在上北泉村南面流淌，已经没有了唐河大峡谷里的滔滔，变得温婉、松散。不宽的河面，被裸露的石头划成一缕一缕，一洼一洼，它不急不慌地向东行进，任由孩子们在怀中辗转腾挪溅起水花。唐河向东流，南岸是山体，北岸是村庄。北岸上，一条枣红色的步道，与唐河、与村庄平行延伸。它是2018年由灵丘县政府主持统一修建的，从觉山村到北泉村，沿唐河绵延几十里，灵丘县南山区乡村旅游业一体化的谋划，由此可见一斑。红步道北面，是一片碧绿的杨树林，树林中突然冲出一股湍急的水流声。原来，杨树林向北边界还有一支唐河水，它被上北泉村民骄傲地称为“护村河”。敢情是在2011年，上北泉村集体出资，把一小股唐河水向北引流，蜿蜒绕村一回后，再放归唐河。这个创意着实给村庄增添了无穷意境。

“护村河”向北是一排与唐河平行布局的小木屋，这是上北泉村的乡村旅游业配套门面房，由村集体修建，每间每年租金500元，村民在这里卖有机农产品，卖地方特色饭，是散客的主餐厅；团体游客则在森林人家等几家稍有规模的农家乐饭店用餐。

小木屋隔过平展展的村庄主干道，与一方荷塘相望。塘中荷花一簇簇生长，笑脸迎人，风姿绰约，略显茂盛，毕竟这是大北方，已是很稀罕的景观了，老是撩人想起《荷塘月色》散文和同名歌曲来。荷塘中央冒出来一大一小两个平台，那是著名的《山水北泉》实景剧的主舞台，就是在这里，薛晋诞导演率领乡村妇女们从田间灶头走向艺术殿堂。

荷塘北面有一道坡，相当陡直，但不要紧，有72级台阶把它与村主干道、小木屋连接起来。这些台阶以及坡顶平台都是实景剧的副舞台，那里会有赵兵赵将摇旗呐喊、兵戈挥舞、拉弓射箭，“胡服骑射”的历史创举就在这里被一次次演绎，将灵丘与赵武灵王紧紧地关联在一起。这个演出区是2016年由县里出资修建的。其前奏是，2015年，薛晋诞导演重入北泉，上北泉村终于下定决心，浓墨重彩地推出乡村实景剧，以期升级乡村旅游业。

荷塘向西是村庄住宅区，房屋不是高楼，还是一家一户一院子，保持最本色的晋北农家风格，布局整齐，色调统一，住宅也是风景哩。2013—2016年，上北泉村两委利用上面下拨的危房改造、乡村提升等项目资金，将村民住宅统一美化一番，这是乡村旅游业的配套建设。

请注意，这个村庄各类设施布局集中，大都是东西走向，总体成排、平行，所以虽内容丰富，但井然有序，精致利落；虽说不上华丽，却具有小清新的品位，如同小家碧玉的姑娘，与实景剧、非遗展演糅合起来，毫无违和感，倒像天生的一家子。

上北泉村名叫二胖烧烤店的两间小木屋的一面墙上，有一幅土洋结合的手绘画十分抢眼，上有一句话“我在山水北泉等你”，更是一抹精灵，吸人眼球。2020年6月的一天中午，美丽自信的女店主手指绘画，微笑着向游人讲解：“这画是我自己设计的，还是我画、我写的，都不专业，请不要笑话哦。但是，‘我在山水北泉等你’这话是我的真心话。北泉村值得你来，我都等你好几年了！”说得众人大笑，连连夸赞女店主多才多艺好思维。还有一间木屋是凉粉专卖店。也是那天中午，吕保亮两口子正在店门口恩恩爱爱地卖凉粉，一年能卖五六万元。路边一位卖有机桃的大娘真诚地对一位游客说：“你白吃一个，看看是不是小时候的味道。”身旁她的两个闺女笑成两朵大丽花，怕人误会她们不养活娘，忙忙地解释道，自家院里的桃，自己吃了就好，她非要来卖，又不差这几个钱……这时候，迎面走来一位衣着整洁、面庞清瘦，却气色照人的69岁“年轻人”，一套浅灰色中式

“我在山水北泉等你”
手绘画

上北泉村为乡村旅游
配套农家乐

上北泉村民向游客
卖有机桃

套装把他扮得不像是村支书,儒雅得像是到村里采风的艺术家。他就是,从前天天栽树,如今天天转悠,时时找漏洞、补漏洞的上北泉村党支部书记郑海水。他对上北泉村有说不完的话。

生态唤旅游　有机社会建设跟上来

我做上北泉村党支部书记 40 多年了。

有机农业、乡村旅游、生态环境、唐河清水是我们上北泉村的四大宝贝、四大支柱。

你看我们的“护村河”,是一条小唐河,一天 24 小时哗哗流着,清晨叫人起床,夜晚陪人入睡,外人说它是个乡愁,我们自己觉得,它是生活的背景音乐、生活的组成部分,不能和村庄分割。“护村河”来自母亲河,流量不大背景大,它是村脉、村财。它陪伴我们 10 多年了,如果没有它,太空荡,太寂寞,不习惯。它是我村的第一个景观。

不过,我们村最大的景观是树——绿化率 75%! 好空气、好环境,那是自然的。我可能要说一句偏心的话:灵丘的好环境就数我们北泉村! 只是,想当年,栽树真是太苦了!

1973 年,我就当上了村干部。当时派别斗争激烈,我干着干着,累得不行了。正好乡里成立电管站,我就去那里工作了,相当于休息了 2 年。后来村里出了问题,上面又把我叫回来了。

回村那年在 20 世纪 80 年代中期。我注意到,这个村连一棵树都没有——山村里没树像什么话! 我要带领大家栽树! 于是连着组织召开了 7 天党员大会。我跟大家说:“解放 30 多年了,山河依旧啊! 我们脸红不脸红!”最后,村集体定下了发展路子:要想富,就栽树!当时还没想到旅游业,只是定下了上北泉村靠生态环境引导村庄发展的方向。没想到,这跟如今的“两山”理论精神是一致的。

确定了方向、路子,就开始栽树吧!那需要大量劳力,可人心随着土地承包散了,咋办?开始是村没钱、国家没钱,不过当时有“三提五统”[①],我们就让村民做义务工栽树,来抵顶这些费用。

从2006年开始,国家开始免农业税,“三提五统”成了历史。我就跑政策、跑项目、跑资金。当时,共青团山西省委的一位干部,是我村的扶贫第一责任人。2006—2007年,他筹资给村里建了一座桥,真是人民的好干部啊!他离开我们村之前,把一个保护水源的公益组织引荐给我们,于是我们又有了资金,可以继续栽树了。后来,林业部门太行山绿化资金、水保绿化等项目资金也进村了,我把各种资金整合起来,栽树!

2000年,我们的青山绿水已经有了模样,参观的人太多了,主要是山西的、河北的。然后,我们就顺势走上了乡村旅游路。

看起来上北泉村是偶然走上了旅游路,但其实是必然的——绿水青山就是金山银山嘛!

我不想卖门票,我们村还在宣传阶段,人们来得多,村民产品卖得多,才能过上好日子——我们的初心不就是让村民过上好日子吗?人要有信念,不要忘了初心。初心就是使命,就是责任。村支书,只要是想给村民干好事,你就会天天想着初心,没有干不好的!你公平不公平,村庄发展还是倒退,村民都清楚。时代发展这么快,不发展就是倒退。

上北泉村、下北泉村相距1公里,两个建制村,一个旅游区;两套集体账,一个经济区。下北泉村水多,养鱼多;上北泉村树多,实景剧演出多。2019年,我们两个村客流量30多万人次。

实景剧提升了旅游业的质量,游人一多,村民就有更多机会卖出自家有机农产品、特色小吃,几乎是拿出来什么都能卖。村民吕保亮说他一年有五六万元的收入,那只是卖凉粉,他可能没全说,不露富嘛,你懂的。现在有20多户村民租村集体小木屋卖特产,专吃乡村旅游饭。

2009年,实景剧第一场演出是在下北泉村,是大同市电视台的薛晋诞导演给排练的,很成功。后来,上北泉村建了个荷花池,我们商量了一下,两个村合起来搞表演,游客在上北泉村看演出,去下北泉村吃饭。下北泉村建起了集装箱宾馆营区、蒙古包餐厅,增加了水系、营区小湖和湖滨小木屋,优化了民宿。总之,俩村分了工:上北泉村负责招揽游人,下北泉村负责搞好后勤接待。下北泉村还养殖中华鳖、中华鲟、虹鳟鱼,2019年,产量25万公斤(千克),总产值600余万元,

---

① “三提”指农户上交给村里的三种提留费用:公积金、公益金和行管费;“五统”是农民上交给乡镇一级政府的五项统筹费用:教育附加费、计划生育费、民兵训练费、乡村道路建设费和优抚费。

实现利润约100万元。

地散农民散，重新把松散的农民组织起来真不容易啊！把红石塄乡的上北泉村、下北泉村、上沿河村、下沿河村和红石塄村5个村的160多人组织成一个表演团体，薛导演可是费了不少劲。一开始是义务演出不挣钱，但妇女们不计较，反而越演越好。常态化后，给她们一些小补助。引起领导重视后，县里又给一些补助。这几年，每年每人有2000元补助，按说不多，可大家喜欢，赚了高兴，还卖了自家的农产品，值！这个团体，留守妇女多，男的少，男村民绝大部分外出打工去了，少数留守的几个男村民干追光、抬花轿等力气活。村集体只挣了小木屋的租金，村民却挣多了，因为旅游是卖地方特产的最好平台。有一个问题绕不开，即村集体没钱，实景剧演出，靠政府补贴，这长久不了，所以还得村集体有钱。

本来，我们村也能与旅行社共同设计，把红石塄乡当成一个大景点，引导游客上午先到其他村游玩，下午再到上北泉村，天黑前看山水、吃虹鳟鱼，天黑后看实景剧，看非遗表演，然后住一晚再走。但根据过往经验，旅行社留给村里的钱太少，不划算。我们需要重新设计旅游产品。

我们还想在山上打造一些景点。天黑前，游客还可以去爬山，累得不行了，就住村里了。晚上，就给他们讲泉水的故事，用泉水给他们泡脚，冬天要加热，像西安那样的……北泉村要把泉水的文章做足，留住客人，住一两晚。

北泉村村民自古以来纯朴。现在我们的旅游业没有管理层，管理人主要是我，想到应该怎样做，就号召大家怎样做。旅游项目没有好体制、没钱，留不住人才。咱们资金投入太少，十万八万的干不成什么。实景剧演出，政府每年资助50万元，也不够。我们要自己解决，只能靠旅游业。

如果像车河那样，引进一家企业就好了。那个企业已经给车河投资上亿元了。可这样的公司不好找啊！如果能引进一个专业的旅游公司，村企合作搞旅游，挣钱、分成，村集体就有钱了。

林业、扶贫、水利、以工代赈，是县农村工作委员会(下称县农委)等几个部门的补助项目，但都是零散的。如果有一个大的投资，一下子就可以把村立起来，因为我们的基础都打好了。

虽然我们的乡村旅游业还没做到最好，但它的好处却已经十分明显。比如，村里的人与人之间挺和睦的，因为妇女们合作演出必须和谐，妇女和谐了，家庭就和谐了；家庭和谐了，村庄就和谐了；又比如，村民和游人关系和睦，没有欺诈游客现象，游客素质也很高，双方很和谐。政府时时关心我们，又是拨款，又是送节目；再比如，县文化和旅游局李栓明局长，把非遗展演放到我们村，让更多老百姓了解到灵丘非物质文化遗产有多精彩，树立了文化自信，增加了我们旅游业的文化含量。这就是有机社会建设嘛。

同时，为了配套旅游业，我们改造住房面貌、引“护村河”，政府给修步道、修荷花池，等等，这就是有机社区建设啊。2017年，有机生产也搞起来了。

先有文旅融合，后有有机社会建设，再有有机社区建设，上北泉村的全域有机农业建设就是这个节奏。

千亩皆有机 还差一个合作社

有机生产是红石塄乡的统一动作。

上北泉村有1000多亩耕地，其中，500亩种植有机粮食作物，500多亩栽植有机果树。各家各户各自种植，县里把有机肥、生物杀虫剂分发到户。我盯着，不让卖化肥的进村，农药也不能打。用有机方式生产的农产品，一部分卖给游客，一部分由小商贩批发出去，还有一部分自己吃。

胡跃高教授建议我们成立一个有机合作社，专门生产、经营有机农产品。可是我们有两个困难：一是没人才。倒是有人建立了一个合作社，种20来亩鹰嘴蜜桃，起带头示范作用，可规模还是上不去。二是我们村的地太贵了，大规模发展合作社，耕地流转费太高，需要的启动资金非常多。

现在上北泉村有1.5万亩林木，上北泉村、下北泉村共有约3万亩树林，除了住宅道路以外，哪哪儿都是树。只是绿水青山，还没变成金山银山，这是我的心病。可是树林把旅游业启动了，为有机农业创造了环境条件，还保持了唐河流域的水土，这些都是绿水青山间接带来的效益。

以前栽过经济林，挣钱不多，我们就改植用材林，主要是杨树。树就是我们最大的资本，也是基础。打基础的事都落地了，现在该大发展了。但这是下一代人的事，我干不动了。

在这样的环境中发展有机生产，肯定是有优势的。2013年，胡跃高教授来灵丘以后对合作社特别重视。但我有一点顾虑：合作社应先考虑的是自己的利益，不会为整村利益多想，咋办？其实也不用要求合作社无私奉献，能做到与村民双赢就好。但是没有合适的大型合作社带头人！我虽然培养了接班人，可思想跟不上，难哪！

好在2017年，红石塄乡搞全域有机农业建设，我们赶紧行动起来，趁势让耕地全成了有机田。2020年，全村以有机方式生产的粮食约12万公斤。

除了树木、泉水外，有机农业成了我们生态村的另一个重要组成部分。生态村、有机村、旅游村都是我们村的名片，游人就是冲着这些名片来的。我们要把这3张名片充分结合起来利用，让它们在乡村振兴大工程中产生效益。

山里人买棺材，不知道尺寸，就是躺进去试试合适不合适。我们建设村庄原来也没有整体规划，觉得这里合适就做一点，那里合适就做一点，有一点资金，就做一点事，对接起来，就成了现在这样子。当然，我的心中是有一个整体蓝图的，只是没有画出来。

第三篇　《山水北泉》实景剧

2016 年，灵丘县红石塄乡上北泉村开始常态上演《山水北泉》实景剧。小村荷塘当舞台，丘陵坡坡当背景，留守妇女当演员，演的是灵丘厚重历史，观的是灵丘民间艺术，品的是灵丘文化魅力。这在晋北乡村足够新鲜，招人稀罕，疲软的乡村旅游业瞬间爆棚，县内县外、省内省外的旅行社立马聚焦上北泉村，把一群群游人导入了小村庄。小村庄不失时机地把商业小木屋建起来，把农家乐配套起来，把道路拓宽了，把住宅美化了，把有机农产品亮出来了……那个，那个实景剧果然这么灵验吗？

《山水北泉》实景剧出自一位名为薛晋诞的山西省大同市电视台原导演之手。其实他不只是《山水北泉》实景剧导演薛晋诞，还是解说词撰稿人薛晋诞。解说人薛晋诞，编剧薛晋诞，导演薛晋诞，艺多真的不压身？

这位导演完全颠覆了经典导演人的样板，却颇具黄土高坡的农民范儿，尤其是那张深色的脸仿佛告诉人们，他是刚刚离开黄土地回家吃饭的庄稼把式。而他那微驼的背则进一步证实他在田野里劳作很久了。

是很久了。从 2009 年算起，薛导演进入北泉村，前前后后已 14 个年头。2018 年，他退休了，终于可以睡到自然醒，可以干随心所欲的事了！是啊，他确实是更有时间、更有理由蹲守北泉，乃至整个灵丘县了。

10 多年的黄土浸染，一定为薛导演积淀了道行，而实景剧就是他的重要道行！是他对于黄土地的深情告白，是他对于灵丘文化、历史的深刻而浪漫的理解，其厚重奔放、浓情蜜意，溢于言表。

那么北泉村是一个怎样的存在，竟能把一位导演同化为农民，还能得到他的艺术提携？

红石塄乡北泉村位于灵丘县南山区，分上北泉和下北泉两个建制村，共 497 户 1282 人。村庄依山傍水，气候温润，空气清新，植被繁茂，花果飘香，素有“燕云厄要·塞北小江南”的美称。以前，这个村并没有因为这些美好禀赋而富足，年轻村民或外出打工，或带孩子进城求学，留下老年人留守村庄，顺带把地耕种一下，农业收入掰着手指头就可以算清。好在他们保留了最地道的晋北乡村生活方式与民俗文化，这便是后来上北泉村文化大戏唱响的根底。

习惯于贴近实际、贴近生活、贴近群众（“三贴近”）的大同市著名导演薛晋诞，发现了北泉村的美妙之处——唐河畔、生态村、妇女爱文艺，他情愿贡献半生积蓄的文化造诣、导演功底，给予村庄文化、灵丘历史系统化整理、精细化构思、艺术化打造、通俗化演绎，并公之于众，即以文化方式助力村庄旅游业发展。他就这么做了，《山水北泉》实景剧就诞生了，上、下北泉村的旅游业就火起来了，这本来就在他的意料之中；可他没有料到的是，日后，此实景剧在灵丘全域有机农业建设中发挥了举足轻重的作用，并作为灵丘县的生态名片、文化名片，走向了世界。

《山水北泉》实景剧舞台

常在河边走，哪有不湿鞋？常在乡村住，哪有不脸黑的？薛导演惬意地回忆道，他把热爱文艺的上北泉村、下北泉村、上沿河村、下沿河村、红石塄村的163名留守妇女召集起来了。在烈日当空下排练，妇女们可爱地吵吵着，怕烈日晒黑了脸。他便在大太阳下教动作，她们则在树荫下学，而一个动作必须几十遍地重复教，有时甚至是200遍——他能受得了？答案是：受得了。因为，是他，让她们用舞弄锄头的手去侍弄扇子的；是他，让她们把大大咧咧与扭扭捏捏收敛起来，转而向文化艺术殿堂靠拢的！那他就得兜着一切后果，他懂得。不过，他有时也会“爆炸”，用当地农民的粗话吼一吼那些过分僵直的人、一直叽叽喳喳不休的人，然后一切归于正常。他继续在大太阳下教着、教着，来自地球外的紫外线可曾为谁拐过弯？它们直愣愣就撞向了他的脸，脸就粗黑了——黑就黑了，粗就粗了，薛导演深觉脸面无所谓啦，反正163位农民已经被他训练成实景剧演员、灯光师、音响师！后来了解到，薛导演是江苏人。可是，他的脸早已生出黄土高坡晋北汉子的成熟气质，再也无法复原江南气韵了。

2015年,《山水北泉》实景剧正式在上北泉村的“荷花节”上亮相。薛导演将一切人马、设备调度停当,即用富有磁性的薛氏普通话解说道:“千万年的唐河从小村流过,千百年的山村在岁月中生活。过去,何曾有过如此的灿烂,如此的鲜丽……乡亲们,又一次在自家门口,在自己的土地上,在唐河的波光中,展示自己的向往,创造一个美轮美奂的时空。这不是梦,这是真实的、今晚的北泉!”剧情都是唐河事,时间跨越几千年,跌宕起伏不停息,恢宏大气贯长虹。簸谷子、舞荷花、抬花轿、挥铁戈,富有农民气息的舞蹈严肃地演绎着,游人流连忘返;高矮胖瘦的演员们本色而艺术的表演,让人肃然起敬而又觉趣味无穷……这一方土地上的文化,一向含蓄、深厚,总是隐秘地溶解在人们日复一日的生活细碎中,何曾这样亮堂地、别致地、集中地展现过!于是,《山水北泉》实景剧演出大获成功!好家伙,第二年的节目表,从春天一下子排到了晋北天寒地冻时节。以下是2016年《山水北泉》演出场次:

4月:25、26、27、28、29、30日。

5月:1、2、24日。

6月:1、4、11、12、18、25日。

7月:2、9、16、22、23、24、25、27、30日;15日《好日子》作词车行,作曲李昕,高保利来北泉加场演出。

8月:6、13、20、27日。

9月:3、5、10日。

10月:1、2、3日在乌龙峡景区演出。

(之后天冷,不适于演出)

那还用说!北泉村的乡村旅游业一下子沸腾了!香锅一旦揭开,香气再也捂不住了!香溢八方的结果是,游客们乌泱乌泱地涌进村里,简直不要太热闹!

北泉村成了灵丘县的一张文化大名片,连国际有机农业论坛的嘉宾们都几番几次地进村欣赏,《山水北泉》声名便随之传到了地球的多个纬度上。

上北泉人活力四射起来,找到了新的收入增长点,瓜桃李枣卖出去了,荞麦小米断货了,森林人家农家乐没座位了……这才是最出彩的,最是薛导演在乎的。他清楚地记得,2016年五一节,上北泉村成功推出了以山水景观为背景、为舞台的实景剧《山水北泉》。之后的节假日、每周六晚上都按计划演出,基本场场爆满,乡村旅游人数较往年成倍增长,当年5—10月,上北泉村共接待游客8万人次,实现旅游收入665万元。

一个大北方小村庄通过一部实景剧,半年即收获600多万元,也算有点意思了。可它的意思,绝不是停留在旅游业收入层面——有机社会建设因此唱响起来,才是更大的意义所在。华丽深厚的解说词、地道农民的本色演绎、现代化的追光灯和音响,合伙向世人展示的唐河风韵、赵风飞扬、魏风凝香,使得村庄内涵丰富,温婉迷人,魅力十足;使得乡村妇女因为舞台搭档关系变得更加紧密、和谐;使得村民与游客形成彼此需要的服务与被服务关系;使得多级党委政府、社会机构和个体企业对北泉村大加赞赏并热心支援,北泉人与村外社会形成了和谐的鱼水关系,而这恰是有机社会建设的重要内容!

有机社会建设受益于实景剧文化,反过来又为实景剧赢得可持续发展的充分条件,这里不再赘述。

就这样,实景剧→旅游→文化→有机社会建设→实景剧,一条闭合的上北泉有机社会运行链条自然而然生成了。

恐怕,在灵丘文化中,从此要增添一个词条:实景剧文化。

实景剧文化,从上北泉村开始,正在弥漫灵丘县,车河、龙渠沟等村庄陆续上演,效果同样喜人。

第四篇　我只是握住了文化力量的杠杆

——薛晋诞说

薛晋诞，山西省大同市电视台原导演，灵丘县文化建设志愿者，灵丘县实景剧文化创始人。

薛导演总是忙乎乎的，弓似的身子摆出随时向前冲锋的架势，几番几次想截住他说会儿话，难！然而，2021年1月，正值抗疫封控期，他终于敞开心扉，电话里道出了他与《山水北泉》的冬去春来十二载。

《山水北泉》实景剧编剧、导演、解说人　薛晋诞（薛晋诞供图）

2006—2009年，我为灵丘县下关乡导演了三届"核桃节"。就在第四届"核桃节"期间，下北泉村书记把我叫过去，说他们村的生态环境已经做得非常好，还想搞点文化事情，却没有什么思路，叫我到村里看看、转转，万一有什么灵感呢。我就去了，看着看着就突发奇想：利用他们的好山好水，搞实景剧演出是不是很新颖？我开始给他们排练，才一个月时间吧，村里就没钱了。我把大同市电视台的团队弄过来，免费为村里提供灯光、音响，连运输费，都由我们承担。

一试成功！皆大欢喜。

之后，本以为他们会坚持做下去，可他们没有。虽然后来上北泉村搞了"荷花节"，也只能表演广场舞。由于我是大同市电视台的导演，面向全市做工作，不可能在一个村里一直等他们做出什么样的安排，所以此后的2010—2014年，我除了偶尔来看看外，他们的活动我基本没参加。

2013年，我受邀为灵丘县搞春晚节目。利用这个机会，我把2009年下北泉村的试验实景剧演出片段搬到了春晚上，结果是反响极好。2013—2014年，我为灵丘又做了不少类似的演出活动。2015年，上北泉村又搞"荷花节"，又把我叫去，我又提醒他们："充分利用村里资源，搞实景剧演出！"这一次，他们听我的了。

在县委县政府的支持下，上北泉村成功地在当年的“荷花节”上，上演了《山水北泉》实景剧。轰动了！好事也能传千里，村内村外、乡内乡外、县内县外大群大群的人慕名而至，定要一睹上北泉实景剧稀罕事。那就顺应民心吧，从 2016 年春天起，由灵丘县政府投资，上北泉村开始了实景剧表演设备的购置，开始了常态化的演出。大规模游客进村，就是从这一年开始的。可能这给村干部村民树起了信心，以后改进排演，他们都十分支持我。

《山水北泉》实景剧经过了几个版本的更新，由于费用和投资问题，不便于经常改动，只能在这几个版本基础上做一些微调，解说词也会随之改动。

你问我为何如此醉心于灵丘？可能与我的潜意识有关系吧。2009—2022 年，我都是以导演和文化志愿者的身份为北泉村、为灵丘县做实景剧策划、排练、导演工作，全科的。因为我觉得一个导演的作品，不应该局限于舞台、电视、电影，而应该栽植在乡村大地上。

薛晋诞在教村民演员们表演实景剧（薛晋诞供图）

灵丘这个老区是一方永远汲取不完营养的土地。当我置身于灵丘，就有一种亲近感，似乎有一种冲动，一直鼓动着我为它构思，为它做事。以前，我不知道中国共产党在抗日战争时期是怎样和乡亲们在一起相处的；但是当我融入灵丘的时候，我就知道了——从乡亲们那么真诚厚实地待我如家人，就知道了为什么这里能藏得住上万的八路军，就知道了为什么我们的党会在这里建立根据地，也就知道了灵丘为何在 1945 年就解放了！

置身于这么一个令我着迷、又惹我探寻的土地，我有无数个灵感、无数个创作的冲动，并且一发不可收拾。

灵丘，并不富裕。历史的原因，也因地理环境的限制。在市场经济的潮流中，乡亲们，尤其是中老年的乡亲们，几乎被时代遗忘了，他们只能留守在空壳的村庄，没有能力走出去，过上新生活，从而失去了一次又一次的发展机会。好在这几年的精准扶贫、乡村振兴，给了他们走出贫穷、走向富裕的最佳时机，他们理应获得更好的生活机遇。我虽然能力有限，但是，身处此时、此地，我理当和他们一起做一个试验：用我的经验、他们的肢体，把他们的历史、生活展示出来，用他们的精神去感染别人，让所有的来者，重新拾起对他们的敬重。这就是文化的力量，艺术的力量！

我只是握住了文化力量的杠杆，在脱贫攻坚、乡村振兴伟大的支点上，用力把乡村撬起了一点点，给予农民一个向往、一个盼头、一个机遇。不过，这绝不是个小工程,所以,我在这里一待就是好几年。

看到上北泉实景剧的成功,龙渠沟有机社区邀请我去策划、排演了《龙渠沟的老百姓》。不同于《山水北泉》的厚重味道,那是以民俗文化展示为主,以喜庆为主旋律的另一种实景剧,村民们同样做得很投入。2020 年 9 月,第七届国际有机农业论坛期间,村民们首次为论坛倾情表演,大红大绿的场面啊,娶媳妇、庆丰收,跳秧歌、耍龙灯、骑毛驴,把晋北的民俗原汁原味地展现出来。甚至有村民与嘉宾们一起跳起了大秧歌。国内外宾客被龙渠沟深深地感染了一回。

确实,实景剧让龙渠沟旅游业有了文化,有了灵魂,为龙渠沟有机社会建设注入了凝聚力。

《龙渠沟的老百姓》实景剧

近段时间,我正在写罗罗腔大型情景剧《平型关下》,这个剧本素材就来自我在龙渠沟有机社区排练节目时的体验。为了写这个剧本,那一周,我每天四点起床,利用早晨安静的时间,抓紧构思写作。我不敢晚上构思,一旦晚上想剧本,就可能失眠。为了晚上睡得好,中午不上床睡觉,只在沙发上躺一会儿,保持状态。

今天写完初稿,确实很累。记得 20 来岁时,有一次为了救一个溺水的青年,我游了 100 多米,把他拉上岸来时,一丝体力都没有了,浑身瘫软。今天的感觉如同当年。

下午,助手来看我,我跟她说很累,原因就是,我在写作时全身心投入,每一个细胞都在使劲儿。写完了,劲也掏光了。

多少年来,我就是这样创作的,也是这样对待我的工作、我的灵丘的!

附:《山水北泉》解说词

亲爱的各位来宾、各位游客、乡亲们,大家好!

《山水北泉》实景剧演出,在乡亲们的山歌声中拉开了帷幕,欢迎各位的光临！

《山水北泉》实景剧演出，到2020年已是第6个年头了。面对碧波荡漾的荷花池，面对青翠如烟的大山小村，我们一定会让自己的思绪随着身体，走进这美妙的上北泉村。

上北泉，是唐河边的一个小山村，是灵丘县红石塄乡的一个山村，是晋冀交通驿站。唐河故事，在这里汇成了一幅壮丽的画卷，也汇成了涓涓而流的历史长河。

从大山梁上走过来的乡亲们，把荷花的鲜美展现给您，同时也把一个关于灵丘、关于燕赵、关于民风、关于千百年历史的唐河风飏展现给您。

您今天看到的就是《山水北泉》大型实景剧的序幕——

山风荷韵

看，乡亲们在荷花池的舞台上，用他们简单朴实的舞蹈，展现着一个荷花竞放的场景。实景剧的演员、灯光、音响、剧务等演职人员，都是生活在唐河边上的红石塄乡村民，他们来自上北泉村、下北泉村、红石塄村、上沿河村、下沿河村，共163人，年龄最大的65岁。他们中间有母女、婆媳、夫妻、姐妹，有家人、有邻居，还有刚刚脱贫的村民。

乡亲们白天下地干活儿，或者打工、忙家务，晚上就聚在这里，在天和地组成的舞台上表演——与其说是表演，不如说是乡亲们把自己的生活形态自然地展现出来了。他们用自己的方式，给您讲述唐河的故事，讲述小山村的昨天和今天，讲述乡亲们的奋斗与梦想。

唐河水流淌着，流淌着千百年的雄浑与委婉，流淌着亘古的恢宏与涓细，流淌着古赵文化的底蕴——唐河水把一个从春秋战国延年许久的岁月，跌宕成一个说不完的故事。

在唐河的潺潺流动中，我们似乎听到了古赵国的马蹄声声，似乎听到了赵武灵王兵阵的鼓号阵阵，似乎看到了赵风中的战旗，从远古岁月向我们走来……

《山水北泉》第一篇章　赵风浩荡

金戈铁马、战旗摇动、硝烟滚滚，一个历史、一个伟大的战国枭雄，在唐河边，写下了不朽的诗篇。

我们在赵国的兵阵中，看到那一种雄风，看到了一个壮怀，看到了一种拓疆者的自信。

浩浩乎，万里无垠！
浩浩乎，战场无垠！
谁言山高路远？
且看赵国铁骑！

一个古老的灵丘城，在浩浩荡荡的兵阵中，挥洒着先人的情怀，“胡服骑射”的故事就在这小城中演绎开来。那是一种改革者的雄略，是赵国雄起的源头，也是中华民族勇于创新的典范。

从赵国射手们的手里，射出的不是简单的箭，而是穿过历史、穿过时空的伟大思路，更是唐河岸边雄起的赵风浩浩、古城魂魄。

浩浩乎，万里无垠！

浩浩乎，战场无垠！

赵国的将士在唐河边，留下一种不朽，留下一种让千百年文人墨客永远书写不完的浩荡与澎湃。

赵国的风云里既有黄钟大吕的酣畅雄浑，也有琴瑟和鸣的柔曼清秀。看，唐河的女人，带着一种古风、一种贤良、一种坚韧、一种精神在诉说赵国故事，她们既有宽袖长裙的抒舞曼妙、遮面含羞，也有山乡女人的激情奔越、率真果敢。她们把自己的身影一起汇入了翠绿柳风、涓涓泉韵。

唐河的故事，注定与唐河的人民相伴。历史选择了唐河，唐河就让历史永久地浑厚。赵武灵王选择了唐河，一个县就闻名遐迩；北魏开拓者选择了唐河，唐河边上又涌出了别样的魏风凝香。

唐河水潺潺，河边的人家织绣浆缝，水亦欢畅，梦亦悠香。古老的灵丘筑路者们，把那铿锵的开凿声，顺着河流，送到山里人家。

《山水北泉》第二篇章　唐河深韵

灵丘道，一个从北疆走向中原的古道，把笔架山下的传奇引入了中原，让中原人看到了灵丘的神奇，更看到了太白巍山所蕴含的丰富与壮美。

灵丘道上的每一滴汗水与镶嵌于悬崖峭壁上每一块枕木，都让中华民族一步步走向大唐，一步步走向盛世，一步步走向辉煌。

灵丘道，唐河边上的灵丘道，那开凿者的身影永远叠印在唐河的波涛中，觉山寺的钟声在大山里回荡。南来北往的人们，走过灵丘道，在这晋冀相连的大道上，把一种互容演绎成中华民族走向昌盛的宏伟交响乐。

千年古道，千年的交响，千年的画卷，千年的诗章，一条走向远方的古道，在唐河峡谷中，永远鸣唱。

唐河的大剧目，一轮又一轮；唐河边的人们，走过一代又一代。

山上的树年年绿，
山上的花儿年年香，
山梁上种瓜满村里甜，
新谷子养育了儿女们壮
……

生活在大山里的乡亲们，在酣畅的历史大剧中，在每一天的耕耘播种中，在每一个人家的儿女情长中，让上北泉村的泉水有了又一番的品位。

一坡一梁有念想，

一泉一水有文章。

《山水北泉》第三篇章 北泉之泉

北泉的人生活在唐河边，北泉不仅有梦，也有创造幸福生活的激情，更有改革创新的奋斗。

小山村有过风，有过雨，有过搏击，有过抗争。洪水与狂风多少次袭击他们的家园，地被冲垮，房屋被冲走，但是，他们依然挺起胸膛，一年年、一代代地奋斗着、创造着。他们用神奇的双手，筑起了自己的美好家园。

今天大家所看到的北泉村是中国美丽休闲乡村。其实，这里最美丽的，应该是北泉人，应该是北泉人世世代代无数次与山洪抗争、与风沙搏斗的精神，他们的双手栽下的是一棵棵生命之树、生命之美、绿色之美、壮举之美。

光秃秃的大山成了绿色的屏障，肆意奔腾的洪水变成了荷莲绽放的方塘。青山绿水，让所有的游客都惊叹它是世外桃源。其实，这一切，并不在世外啊，它是我们北泉人持之以恒的精神，是北泉人构筑的最美梦想，是奉献，是创造，是自信，是担当！

唐河水潺潺，

孕育子女千千万，

载风载雨千万年。

《山水北泉》第四篇章 梦在唐河

灵丘县罗罗腔剧团，作为山西省非遗文化的传承者，唱一曲唐河词，演绎出唐河美。

一咏三叹在山间，

一曲三折问路远。

今天你从唐河边走过，你可以品味车河村的绮丽村色和纯正的有机食品的芳香；可以在觉山寺前解读远古的钟声，仰望那高大神秘的古塔；在桃花山，在边台，看一看跌宕于山石间的瀑布，感受山里乡亲那厚厚的乡村文化的醇香。在上、下沿河村，你可以来一次自然的漂流。在北泉村，在山西省森林公园里，你将获得更多的感受。

让我们再欣赏一下乡亲们的小曲儿，

再感受一下古赵风飏的气度，

再聆听一下灵丘道的开凿声，

再从每一只小鸟的鸣叫声里，品一品关于北泉的昨天、今天，还有明天。

感谢乡亲们的真情演绎！

感谢观众朋友们的热情光临！
希望大家常来灵丘坐坐，
山水北泉欢迎您！

第五篇　非遗展演驻北泉

然而，当人们渐渐习惯了实景剧的美好陪伴后，就不觉得陪伴的美好了。好饭顶不住天天吃，后来《山水北泉》的不温不火也在所难免，上北泉村的旅游业势头于近一两年开始下行。这虽在常理，但对这个村庄来说，是致命的。怎么办？灵丘县文化和旅游局局长李栓明走来了。

李栓明说："我跑上北泉村 8 年了，它是老典型，郑海水书记不容易，天天操不完的心，栽了那么多树，村里生态环境非常好。他还把旅游业做起来了，秩序非常好。但不得不承认，上北泉村以前很红，近几年却不如车河村红了，谁去看了都说好，但就是没有特别深的印象，也没有住一晚的意思。上北泉村旅游业要继续发展，必须不断创新，不断注入新的内容，不然，游客会产生审美疲劳。所以，灵丘县文旅局在这个村设置非物质文化产业园，诚邀许多非物质文化遗产传承人入园表演，这是把文化艺术嫁接到乡村旅游业上了。这个项目与实景剧相辅相成，营造了北泉村更加丰富、更加厚重的文化气场，吸引力倍增，旅游业再现高峰。"

事实上，隐藏在少数传承者手里的非物质文化遗产也需要融入新时代，也需要重新回归社会，也需要将文化价值转化为经济价值来养活自己。而这种文化嫁接，为文化寻找到了获得新生的土地与机遇，也为村庄输入了充满生机的新鲜血液与后劲。更直白地说，一方面，民间艺术回乡村，借助乡村旅游业，找到了众多的欣赏者，影响力得到大大提升，有利于它的传承、发展与价值变现；另一方面，乡村旅游业借力升级，其灵魂更加丰富，历史感更加厚重，品位更加独特。上北泉村希望凭这两场文化活动，能吸引更多游人留宿一晚两晚——民宿设施早就准备好了，留住客人，就是上北泉村新的利润增长点。文旅融合的模样就该是这样子！而这个模样的文旅融合就成了全域有机农业建设的一股中坚力量！

2020 年 5 月，上北泉村在村南区景观道边建起了一个 100 亩的植物园，其中增设非物质文化遗产展示区和打树花演出区。展示区可供铁匠、麻绳匠、剪纸人、毛毛匠、织匠等非遗技艺传承人进行艺术品展示。当年 6 月，灵丘县非物质文化及民俗表演突然在上北泉村拉开序幕，日期也定在每周六晚，时间就在实景剧结束 10 分钟后，与实景剧场地隔马路相望，设计者良苦用心可鉴。从 6 月至 10 月上旬，当《山水北泉》实景剧表演刚刚结束，游客们马上转移，鱼贯而入植物园，非遗表演就紧锣密鼓开始了，分外热闹。大家对打树花节目稀罕得大呼小叫，叫声一波又一波，一浪高过一浪。同时，大家也称耍狮子节目可爱到不行，对罗罗腔表演者啧啧称赞……两演接龙，两厢映照，上北泉村再次爆红，轰动当地旅游业界。

非物质文化及民俗表演由灵丘县文化和旅游局主办。事先，文旅局面向全县召集各项目组织者，由组织者分项目召集、管理非遗传承人排练、演出，比如，白松田负责云彩灯组，李富岗负责打树花组（两人都是有机生产者，见后文）。

每周六晚上，李栓明局长就到北泉村加班，他与郑海水书记一起守护在实景剧现场和非遗展演现场。

附：文旅融合非遗展演解说词

合：张灯结彩吉祥夜，福地灵丘闹花灯！
文旅融合织锦绣，火树银花映北泉！

男：尊敬的各位来宾、观众朋友们：

男：欢迎大家来到中国最美休闲乡村特色民俗村——上北泉村。

女：灵丘物华天宝、人杰地灵，文化底蕴深厚，灵丘县文化和旅游局以习近平总书记关于弘扬中华优秀传统文化的重要论述为指引，以文旅融合为导向，积极开展文化观光游、文化体验游、文化休闲游等多种形式的文化惠民活动，丰富文化旅游内涵，彰显非物质文化遗产惠民的重要价值。

男：近年来，全县上下在县委县政府的坚强领导下，不忘初心，牢记使命，进一步加快转型发展、促进文旅融合、推动文化旅游振兴崛起，灵丘大地迸发着团结奋进的力量，城市乡村面貌日新月异。

女：荷塘月色、山村夜景、山水北泉向四海宾朋张开热情的双臂。

男：宜居、宜业、宜游的山水北泉期待四海宾客的到来。

女：今晚让我们共同回眸历史给我们带来的回忆，让传承下来的非遗文化给您带来欢乐鼓舞、带来幸福安康。

第一篇章　欢乐今宵

舞狮表演现在开始——

舞狮旁白：灵丘是一座古老的城市，历史悠久，文化底蕴深厚，人文荟萃，拥有丰富多彩的、具有地方特色的非物质文化遗产，其中耍狮子就是一种传统的民间舞蹈。从唐宋诗文对狮舞的生动描写可知，狮舞历史久远，从北方到南方，从城市到乡村，狮舞活动都是百姓们祈望风调雨顺、五谷丰登、人财两旺、吉祥平安心愿的经典方式。

眼前呈现的狮舞和木人摔跤，来自灵丘县腰站秧歌艺术团小分队。看吧，大舞狮、小舞狮，舞出了灵丘文旅事业蓬勃发展的新局面，舞出了乡村面貌日新月异的新景象，舞出了脱贫攻坚、乡村振兴的灵丘新篇章。

男：灵丘县通过文旅融合的新方式，全力发展乡村文化旅游业，将非物质文化遗产、民俗等一系列高品位的文化活动融入乡村景区，全面展现革命老区的文化气度，将优秀的传统文化转化为灵丘县经济和社会高质量发展的强大精神力量，是我们的所愿。

女：打树花绝技，在灵丘大地上沉睡了很多年。今天，让我们一起欣赏灿烂的非物质文化遗产——打树花绝技表演，感受非物质文化遗产给灵丘带来的欢乐与祥和。

第二篇章　星光灿烂树花韵

打树花表演现在开始——

旁白：非物质文化遗产绝技打树花，流传于山西及河北北部地区的民间，大约有500年的历史，在灵丘县上堡村已经流传了200多年。这种表演，绚丽多彩、气势恢宏。在冶铁较发达的时代，民间就有“打树花五谷丰登，迎彩头天降祥瑞”的说法，后来逐渐发展为民间年节及喜庆日子里民众祈福的活动。打树花的工匠们，勇敢地用特制的柳木勺，舀起高温熔化后的铁水高高地、用力地泼洒在坚硬的墙壁上，大约1300 ℃的铁水打在冰冷的墙上，迸溅出璀璨的朵朵火花，串起来呈树冠状，近看如泼金撒银、天女散花，远看似金蛇狂舞、闪电裂空，再看如百花朵朵、五彩缤纷。为了营造更为热烈的场面，表演者通常会趁着前一场树花还未散尽时，接连再泼上几勺铁水，让火花此起彼伏，错落有致。连续的火花形成金色的“花雨”倾泻而下，发出声声脆响，照亮整个夜空，给人们带来丝丝温暖和美好兆头。今天，我们“打树花五谷丰登，迎彩头天下太平”，明天，我们生活红红火火，幸福美满！

灵丘打树花

云彩灯是优秀的民间舞蹈。150多年前，灵丘的云彩灯产生于落水河乡大涧村。大涧云彩灯作为我国仅存的少数优秀民间舞蹈，通过多年的传承和发展，融合中国传统文化、绘画技艺于一体，配合道情旋律，最终以灯舞的形式流传至今。近年来，大涧云彩灯的传承发展，受到了灵丘县政府的重视，受到了灵丘县文旅局的大力支持，2017年被大同市批准列入第三批市级非物质文化遗产保护名录，为这项古老的传统技艺的保护、传承和发展提供了保障。

第三篇章　云彩灯

云彩灯表演现在开始——

旁白:现在呈现给观众的是市级非物质文化遗产保护项目——云彩灯舞蹈,由灵丘县红石塄秧歌剧团小分队表演。云彩灯因形状像云彩而得名,属于大涧村独有的一种灯舞,多在元宵佳节灯会中表演。表演队伍一般由 13 人组成,每人手执一对云彩灯,1 人执头灯,灯面图案为太阳、月亮;其后 12 人每人代表 1 个月,共 12 个月,24 个灯,灯面图案为上八洞仙、中八洞仙、下八洞仙。闰月年加一对灯,灯面图案为天仙、地仙,即盘古、女娲。在古老传说中,舞动云彩灯是老百姓祈求风调雨顺、丰产丰收心愿的一种方式。今天,我们继续舞动云彩灯,祝愿天下太平,人民安康!

灵丘罗罗腔是一个古老剧种,形成于明末清初,由明代弋阳腔逐步演变而成,至今在演唱风格、伴奏方式上,还留有古弋阳腔的许多痕迹。灵丘罗罗腔作为独一无二的稀有剧种流传至今,意韵深厚。它说唱结合,通俗易懂,表现出诙谐幽默的地方特色;它唱腔明快,音乐旋律优美流畅,乡土气息浓厚,极富民间特色,深受当地群众喜爱。2006 年 6 月,灵丘罗罗腔被国务院批准列入首批国家级非物质文化遗产保护名录。今晚在这里,让我们尽情领略"塞北奇葩"灵丘罗罗腔风光!

第四篇章　文化瑰宝罗罗腔

演唱者:国家二级演员、省级传承人白玉文,他演唱的是罗罗腔《描金柜选段》

……

二胡,始于唐朝,至今已有 1000 多年的历史。邓日芳,灵丘县优秀的学子,天津音乐学院在读生(2020 年),担任天津音乐学院民族管弦乐团首席二胡。她曾荣获文化部"第六届全国民族乐器教育教学成果展示"职业组金奖,"中国浙江第二届国际二胡演奏邀请赛"专业组银奖等众多国家级奖项;她还荣获"全国艺术人才"称号。今天,她受邀来到演出现场,为大家展示二胡演奏作品。接下来由邓日芳为大家演奏一曲精品——《战马奔腾》

……

结束语

男:新创意、新突破、新感觉,文旅融合营造出福地灵丘闹花灯、火树银花映北泉的国泰民安盛景。国家级非遗罗罗腔、古老的打树花、百年传承的云彩灯和灵丘的雄浑气势、北泉的辉煌景象完美融合;金狮翻腾起舞,彰显威武与和谐;树花绚烂多姿，展现美丽灵丘的历史文化底蕴和北泉村热情好客的民风。

女：那火红滚烫的铁水，就像我们热爱伟大祖国、热爱美丽家乡的热情；那缤纷壮丽的树花，映照着我们追求幸福生活、开启美好征程的笑颜。

男：璀璨绽放的树花，为山水北泉格外增光添彩，为灵丘县人民带来节日的吉祥幸福。

今天的打树花表演到此圆满结束！

合：让我们伴着姹紫嫣红、壮丽壮美的打树花，祝愿伟大祖国繁荣昌盛！祝愿灵丘明天更加美好！祝愿各位来宾幸福安康！

第六篇　后劲十足黑龙河

——刘忠孝说

刘忠孝，灵丘县武灵镇黑龙河村党总支书记，龙河扶贫饭庄负责人。

灵丘县武灵镇黑龙河村
党总支书记　刘忠孝
（刘忠孝供图）

黑龙河村是少有的靠村庄力量，将有机生产、有机社区、有机社会建设全部启动的村庄。尤其是龙河扶贫饭庄，作为有机农产品消费环节，成为灵丘县有机农业产业链的重要组成部分。

在黑龙河村中心，有一座坐北朝南的仿古建筑十分显眼。门前，十面龙旗分立两旁，迎风飘扬，猎猎作响，金底黑龙，分外耀眼。这阵势，乍一看，多有误解；仔细一看，分明是黑龙河村民俗博物馆。

一个经济不发达地区的村庄真的会有一个博物馆吗？

会的。黑龙河村真有。

其实，这个馆也是村史馆，还是村文化馆。

黑龙河村民俗博物馆展厅面积235平方米，包含5个展厅：龙河春秋、龙河子孙、龙河百工、龙河御品、龙河课子（后2个为专题展厅）。博物馆拥有介绍2万余字，图片500余幅，图书200余册，展品350多件，形象雕塑9件（套），内容涉猎历史、风土人情、姓氏文化、教育、百工技艺、红色文化、组织建设、脱贫攻坚、乡村振兴、人物介绍等40多项。

《龙河春秋——序言》，博物馆大门正对影壁上书写，历数村庄地理人文积淀，英雄与精神常存，改革与未来永续，浑厚庄重，磅礴大气，洋洋洒洒，千言不止。

龙文化版块，尽述龙图腾的起源与变迁。灵丘矿藏版块，金银锰锌镍，40多种稀有金属标本一应俱全，说灵丘必说矿藏，这是绑定的，灵丘人早已认识到，矿藏是财富也是麻烦。农耕文明版块，展示古老农具，讲述祖先的道自然农业思想。黑龙河英雄名人汇版块，浩浩荡荡的赵武灵王改革开放思想永放光芒。其他版块不一尽述——滔滔黄河水，唱不尽龙河儿女的悲苦与杰出。

不建这个馆不会知道，一个村庄跨越了多少“高山大涧”才能走到今天；不建这个馆不会知道，一个村庄承载了多少文明历史才有今天的丰富；不建这个馆不会知道，一个村庄融合了多少物丰民阜……黑龙河村显然全知道了，文化底蕴越来越深厚了。

2020年1月15日，黑龙河村民俗博物馆一开馆，就惊艳了一方，立即成了灵丘县旅游业界的新亮点。参观者络绎不绝，既有周边的村民，也有城里的居民，还有慕名而来的外地游客，他们从老祖宗遗留的物品中，收获了地方文化知识，黑龙河村魅力大增。

民俗博物馆将黑龙河村定位为文化村，同时成为黑龙河村进行有机社区建设的首要切入点。其实，以前这个村与文化根本不挂钩，个中故事，且听村党总支书记刘忠孝怎么说。

一个城郊村·一个和谐村

黑龙河村不在南山区，算上流动人口，有4000多人，而红石塄乡总共才4000来人。村庄距离县城有5里路，农村户口和城市户口还没分开。后来，又有2个村加入黑龙河，增加1500人，共5000多口人了，其中党员有70多名，村党支部成了党总支。

以前，从清明节到国庆节，村民干半年歇半年，积累不下财富。这不只是勤劳不勤劳的问题，主要是种植结构不对，也没做什么营销。我的想法是，哪怕只是种玉米，也得知道哪个地方的玉米价格高。但好多村民想都不想，村干部叫干啥就干啥。所以，叫村民干啥的那个村干部太重要了。

乡村的年轻人大多走掉了，只留下老弱病残，还有村干部——他们成了看门人。这不是说笑话，那时的村干部是真把自己当看门的，结果就是：东山着火，给镇里打电话，请示怎么办；西边发大水，继续请示怎么办。村民跟他们致富，怎么可能？村干部待遇低，也是留不住年轻人的一个原因。年轻人在外面打工，一天挣300元，村干部哪能挣这么多！我的工资是一年不到2万元，算高的，因为村大，人多。

我当过兵，退伍后，1987年去大同市区、浑源县开商店。不管走多远，心里老是挂着村。2012年3月，村两委刚换完届，前村党支部书记就不干了，有人劝我回村当书记，我就找到武灵镇党委书记毛遂自荐，他马上去了解我的情况。2012年3月14日下午4点，一位镇党委副书记和纪检书记送我回村，并召集党员开会，宣布任命我为村党支部书记。

当时黑龙河村可乱了，迫在眉睫需要解决的问题太多太大了。作为城郊村，土地值钱，村庄不稳定的原因首先就是乱抢乱占地皮的多。那时有人说我们村就是个“黑社会”。我说哪有“黑社会”！都是小孩子们不懂事，需要强有力的村干部去管理，当然村干部先要把自己管好。有一个小伙子挺捣蛋，我说，有两条路供你选择，一条是你把我撂倒，另一条是咱俩朝一个方向走。小伙子说咱俩走的不是一条路。我说，不是一路人可以各走各的路，但不能使坏。从此以后他不再捣蛋。这样的例子很多，我们一一化解了，正气总可以压住邪气的。中国是法治社会，村干部就是一不能打人，二不能骂人，却要在气势上压住阵脚。有什么样的村书记，就有什么样的村民。

随后，我村开始整夜巡逻，在重要地段安装监控，一天 24 小时有人值守。后来，村里再也没发生过盗窃案，还上了“全国综合减灾示范社区”名单。

以前我村有 14 家麻将馆，我说村里一家都不能有！村民必须人人有活儿干，我去给你们找活儿，谁也不许闲着！我让贫困户全部出去修跑马场，挣工资，有钱先让他们挣，不能坐等扶贫。村里有一位智障小伙子，有癫痫病，他爸去世了，就他一个人种地。有一天他问我要推车，要干活，要收垃圾，收破烂。他变得积极向上，愿意自食其力，真是让我高兴——我把最困难的人都拉上来干活了，其他人就没问题了！

2019 年 9 月 12 日，村两委在村里摆了几十桌饭，请全村约 500 位 65 岁以上老人聚会迎中秋庆国庆，大家可高兴了，做饭、摆桌子，什么事都抢着干，人与人的距离一下子就拉近了。

我常对党员们说：“村党组织不仅要主动去干事，更重要的是发挥全村人的智慧，一起去干事！”所以党员入户征求意见，召开村民座谈会是家常便饭。我们还公布了村党支部委员的电话，在街头设置意见箱，建黑龙河 QQ 群、黑龙河微信群，村民可以随时提意见、建议。村里许多大事就是村民建议办的，比如，建公厕、建凉亭、建 4000 多米的排污管道。

最终，这个问题重重的城郊村和谐起来了。我总结过，有这么几个原因：

①解决了从前积累的大问题。

②村干部实实在给村民干事，没有私心。

③村民行动起来了，干活，致富，感觉自己有价值。

④村民有经商灵性，一条路走不通，吃过亏，换一条走，挣钱的门路越来越多。

⑤建设文化村。除了建黑龙河民俗博物馆，我们还留住了学校、引进了学校。太悬乎了，这么大的村，差点儿也被“撤校并点”了。现在村里小学、中学都留住了，费了劲了。我还把大同市第十八中学分校引进村来，还计划把灵丘县最好的学校分校引进村里，因为学校会将乡村的文化、经济、就业、人气都带动起来。好多企业家说，黑龙河那地方有文化，我们去那里投资建厂吧。乡村最主要的是有灵魂，而文化就是乡村灵魂。

一个和谐村庄，什么干不起来？2020 年 5 月 5 日，一场以“展示民俗魅力、情定黑龙河”为主题的集体婚礼在黑龙河村举行，大红花轿、马拉洋车、沙滩车、复古婚嫁服饰、气派的迎亲队，齐齐出现在街道上，迎亲气氛热闹喜庆，引得众多村民、游客前来观看。不少人把黑龙河村“婚礼＋旅游”的创新婚庆场面发布到了快手上，迅速引起网友的高度关注，预订婚庆的人们很快就找上门来。趁着这热乎劲，我们还搞起了黑龙河民俗文化节等活动。平时村两委就引导村民提升思想道德和精神文明素质，2021 年 1 月 15 日，黑龙河村在村委会大院举办了新时代文明实践星级文明户表彰大会。

这些事情，我觉得就是有机社会建设。

有机餐厅·有机生产

灵丘好东西多了，销售是最大的问题，有机农业产业链就卡在销售环节上了。人家的货还没生产出来，就由订单卖出去了；可我们的现货、好货都放在那里，就是卖不出去！为什么？不会推销自己！生意场上有一句话：只有卖棺材的不能出去推销。意思是，棺材之外的东西都必须出去推销。

我们的有机餐厅在为灵丘县有机农产品做销售。

2017 年，黑龙河村集体全资建起全县首家有机餐厅——龙河扶贫饭庄。饭庄创新经营方式为：经营扶贫＋购销扶贫＋消费扶贫＋反哺扶贫。扶贫饭庄在用工方面优先安排贫困户劳力，用顾客消费金额的 1%作为贫困户资助金，而且，每个蒙古包房间对接一个贫困户，名字就写在门口，时刻提醒我们担起扶贫责任。扶贫饭庄开业当年，就带动了 5 户贫困户和 12 户普通农户增收。2018 年，全村脱贫，比国家超前整整两年！

有机餐厅规定必须用有机食材，在打火机上印有誓言，向顾客保证绝对用有机食材，决心不是一点点了。这是为灵丘有机农产品做销售，也可培养人们食用有机食品的消费习惯。

2020 年，我村把集中连片的 500 亩耕地，按有机生产方式种上了谷子。其他村都是把村民的耕地集中回村委会种植，黑龙河还是让村民自己种，我一家一户走访，号召村民搞有机种植，有 160 户，带 500 亩地，以合作社为有机生产组织，开启了有机农业生产。

我们的 500 亩谷子，绝对禁止用化肥、农药，目前还在 3 年有机种植转换期。我做过市场调查，每亩产谷子 1200～1300 斤，转换期内，每亩地纯收入 1000 元没问题。我到广灵县小米加工厂去考察过，收入相当好。目前，我们用的是张杂 3 号、张杂 5 号、张杂 13 号，都是灵丘当地原种，口感真好。社员也知道有机种植能挣钱，积极性挺高。

胡跃高教授教给了我们种谷子不减产的方法。下一步就是找销路，销售方向是北京。当初，社员以有机生产方式种谷子，是我动员的，现在，我就得给大家卖出去。我们还要走电商路，集中五六个小伙子搞网销。

镇里给协调了 500 亩地，我们准备种有机高粱。我们又流转了一些地，想种有机油菜花，共 1000 多亩了。我们还租了 28 套房准备做民宿。等着瞧吧，黑龙河乡村旅游业前景不会小。

我承认，上马有机生产项目，我们是受了南山区的影响。

建有机社区 · 就地城镇化

下一步就是村庄改造，把建设用地规划利用起来，村民住楼房，医院、学校、公园建起来，保障也要到位，我们就是要让黑龙河就地城镇化！

我们把老年人日间照料中心建起来了。投入运行后，成了全县的一面旗帜。我们还建起独立二层楼，带小院的，这是留守儿童之家。村里的主街美化、亮化过了。你看看这条主街，路面是废弃的矿石砌的，闪着银光，很好看。街上根本找不到垃圾，身穿橘色衣服的是村民环卫工，他们正在巡街，责任感很强。街两边房屋建筑都是规划整齐的，没有违建，墙体都是一面面的文化墙。进城的公交车一辆接一辆……忘了告诉你，黑龙河村是“省级卫生示范村”。

我们正在招商引资。前面说过，很多投资人过来看过，发现黑龙河有文化、有场地，很有发展前途。一个汽配城已决定过来，要投资 7000 万元，一期工程已启动。村中心的那个空场地，是我们的商业区，正在建设，民宿、商店、市场都有。看那一块，有人已经租下来，马上就要建民宿。

租，一直出租，我们决不卖土地！我跑政府职能部门，比如财政局、水利局，跑来资金，打新机井，修复废机井，使全村 3000 多亩耕地的五分之四变成了水浇地，解决了旱年减产的问题。我村还改善居住环境，铺设了 4000 多米地下污水管道，实施了 2000 多米的天然气进村入户工程。

村两委发动村民成立绿化苗木合作社，参与苗木培育的农户有 25 户，其中贫困户 5 户；种植面积突破 500 亩，每亩每年收入 5000 多元，社员已经连续 5 年受益。大家种苗木，我去找销路。我去过晋中市太谷区小白乡，与白燕村原党支部书记、苗木产业带头人张隆德请教过销路问题，有眉目了。

把有机餐厅、民俗博物馆、苗木园、商业区、民俗活动聚在一起，那是什么？就是乡村旅游的样子啊！黑龙河旅游业就做起来了！为庆祝中国共产党成立 100 周年，2021 年 4 月 28 日，由灵丘县武灵镇党委、镇政府主办，黑龙河村党支部、村委会承办的黑龙河村首届红色乡村文化旅游节盛大开幕。融合红色文化和特色农业，以乡村旅游业促进乡村振兴，我们村行动起来了！首届之后还有无数届可办，开幕之后还有无数幕后的事情要做，路一定是越走越宽的。

黑龙河村的有机社区建设就是这样。就地城镇化，越来越近了。

我可以这样说吗？在灵丘有机农业园区之外，有一个黑龙河村，它把有机社会、有机生产、有机社区建设都启动了！只是还没做到最好。但请相信，黑龙河是一个特别有后劲的村庄！

第五部分

创业者带头方式

自觉置身于新时代发展的风口上，然后乘风飞扬者，本是英雄。

第一篇　何谓创业者带头方式

创业者带头方式可以概括为：

(1)县、乡、村干部发动当地能人、创业者，以及灵丘在外创业成功者回乡投资有机农业；

(2)县、乡、村给予创业者政策、资源、协调支持；

(3)创业者带头成立合作社，吸纳一部分农民进行有机生产；

(4)力所能及带动更多农民启动有机社区或有机社会建设；

(5)县、乡、村适时整合建设成果，形成片区效果；并与其他方式建设成果整合，形成全域有机农业建设成果。

当前，我国承包耕地农户数约2.07亿户，通过土地流转经营30亩以上的农户占户总数的5%，小农户仍是农业生产的主体。所以，保障粮食安全，亿万农民是主体，必须把小农生产引入现代农业发展轨道上来。从另一个角度说就是，乡村振兴为农民而兴，乡村建设为农民而建。这意思出自2022年中央一号文件。

灵丘县全域有机农业建设的“车河模式”、上北泉方式，都是先以村为单位，然后扩展到以乡、以片区为单位推进全域建设，因其影响力、示范性较强，已经成为灵丘实践主流。但是，这种主流模式的推进以政府、以村两委为主，为稳妥、有效、有序起见，其进程与节奏不可能是大水漫灌式的，最初三五年到达不了灵丘全部乡村。所以，灵丘北山区等更大范围的乡村虽迫切需要有机农业，却没条件很快参与建设。那么，就有必要允许其他方式作为补充，来启动、推进北山区等片区的建设。事实上，灵丘县委县政府不仅允许，更是积极发动了全县能人、创业者，发挥个人自主性积极性，带动一部分农户、村庄一起参与建设。这些带头人，自带发动机，头顶乾坤圈，脚踩风火轮，身披混天绫，使出浑身解数，果然为自己、为农户、为乡村、为灵丘全域有机农业建设做出了不可忽视的贡献。只等日后时机一到，县委县政府将其建设成果与“车河模式”、上北泉方式建设成果连为一体，共同成就灵丘全域有机农业建设事业的最后胜利——当我们纵身一跃，将身拦在事物之外、之高处，向下一望时，便豁然开朗：原来，这是一种布局。

然后，我们来体会这两段话：“要让精英人才到乡村的舞台上大施拳脚，让农民企业家在农村壮大发展。”这是习近平总书记说的。“实施乡村振兴战略，急需一大批有文化、懂技术、会管理、善经营、爱农村的实用型人才，尤其是现代农业、农产品加工、公共服务、公共管理、新兴服务业等领域的技术和管理人才。”这是中国社会科学院农村发展研究所所长魏后凯说的。

从2013年起，灵丘县委县政府是铆足了劲，把矿产企业引到有机农业建设的轨道上，赋予经营权，让它成为有机农业建设主体。县委县政府还从天南地北往回请灵丘籍人才，条件尽力给足，精神充分鼓舞，段卫国、杨鹏飞便是。他们一旦踏上家乡黄土地，就把恋乡情怀化作生产力，就成为生产、加工、销售的全科大夫、万能钥匙。县委县政府同时激励守家在地的能人们，刘锦林、白松田、李富岗便是。他们坚守家乡原品种，创意利用家乡资源，身憔悴而心坚韧……

总之，不管是哪种人才，一旦投身到有机农业建设中，就成了乡村的新型建设主体，成了灵丘实践的主体。

第二篇　有机布局田脊梁

——段卫国说

段卫国，灵丘县田脊梁种养专业合作社(下称田脊梁合作社)负责人，天津恒嘉利国际贸易有限公司灵丘分公司总经理，中国粮食行业协会杂粮分会第四届理事会理事。

2016 年，在灵丘县领导再三邀请下，他回乡投资有机农业。出于本能，也是一种设计，他将国际贸易思维贯穿于有机农业生产经营全程，效果甚好。刚进入农业领域，其他人是且走且看，逐渐上路；而他是出手即布局，举步就上道。

一位搞国际贸易的企业家，华丽转身为有机农业实践者，总觉得跨度有点大。可是，他不管不顾，已经完全进入角色不能自拔，说起有机农业如数家珍。

灵丘县田脊梁种养专业合作社
负责人　段卫国

有机布局·三位一体

我的布局是合作社、贸易公司、生产基地三位一体。

一、组建合作社

功能：对内聚合、协调。

2019 年，灵丘县田脊梁种养专业合作社成立，灵丘县东河南镇清泥涧村 456 号便是。合作社运行的必要条件是耕地、劳动力。

流转耕地：将村集体名为田脊梁的 400 亩机动地、撂荒地集中连片流转到合作社。2020 年扩大为 1200 亩，都是集中连片的。计划到 2025 年，将规模扩大到

3500 亩。

寻求劳动力:鼓励田脊梁周边耕地承包农户带地入社,农民既是社员,也是劳动力,在合作社干活挣工资。到 2021 年底,合作社共有社员 10 户 41 人,都是带地入社的。

组织生产:执行“五统一分三级”机制。“五统”即统一规划、统一标准、统一生产资料、统一规范生产、统一销售”,这项工作由合作社负责人全权负责,统筹安排。“一分”就是分组生产。41 位社员分为 4 个小组,实行小组长负责制,按照“五统”具体要求,从事农业生产,平均每组负责管理 300 亩耕地。2021 年,合作社共生产有机杂粮 84 万斤,产值 1200 万元,每亩增产近 180 斤。“三级”就是将有机农产品分为一、二、三级,为下一步分级销售做好准备。田脊梁合作社的有机农产品品牌就叫“田脊梁”,旗下 4 个产品已经连续 3 年获得有机认证,并取得省级“放心粮油”称号。

分散的承包地、分散的农户、分散的心,也就是分散的力量,搞不成技术含量高、规模化的农业生产。田脊梁合作社把人聚起来,按照我的有机农业思想,按照有机农业生产标准进行生产,这是必须的。

二、成立公司

功能:对外销售、展示品牌。

成立天津恒嘉利国际贸易有限公司灵丘分公司(下称灵丘公司)。天津恒嘉利国际贸易有限公司具有国内国际视野,有些销售网络、人脉资源可以对接有机农产品。灵丘公司以高于市场价格收购合作社的有机农产品,在这个环节不赚取利润,然后利用自有资源,分级别销售出去。2021 年,灵丘公司已经与文山阿玛农业发展有限公司北京分公司、北京彼岸优品、上海金楠山谷等 8 家公司签订购销合同。同时,依托社区团购,田脊梁有机粮食成功打入天津和广州市场。同年,灵丘公司开始积极筹建线上线下“互联网+”销售网络,争取电商销售比重占到 60%以上。

田脊梁合作社和灵丘公司之间是社企关系,社企从一开始成立就存在天然的互惠互利互补的关系:合作社既是企业的供应商,又是企业的劳动力提供者;反过来,企业既为合作社提供产品销售渠道,又在农闲时节为合作社成员提供务工岗位。

三、建设生产基地

将 1200 亩合作社耕地建设成为有机生产基地。转换期结束了,用有机肥、矿物肥养地完成了。春季,合作社先统一耕种,社员以反承包的方式进行有机生产管理,即合作社把耕种好的地分别承包给 4 个社员小组,并提供有机肥料、技术指导,社员按照有机生产标准进行管理。秋季,灵丘公司按产量、等级,以高于市场的价格收购，还要对超产社员进行奖励。田脊梁的有机农产品质量上乘，价格也让人比较满意。

于是，在清泥涧村，有机农业生产通过合作社、企业、基地三者有序衔接，形成这样一条不太长的产业链：土地、劳力—生产、加工—销售、展示。正是这条小规模产业链，保证了田脊梁有机农业生产的持久运行，这也正是我的布局、设计。

有机标准·全程执行

2016—2018 年是田脊梁生产基地有机生产的转换期；从 2019 年开始真正生产有机粮食；2020 年扩大基地规模，加大有机肥、配方肥投入量，提高产量、质量。有机，是田脊梁的生命线，是出发点，是目标，我们全程严格执行有机生产标准。

①田脊梁生产基地海拔约 1200 米，周围有高大林木充当隔离带，还有两条大沟将它与外界彻底隔离开，保护起来，称它天然有机农业生产区不为过。

②坡地自然撂荒 20 多年。经权威有机农业认证机构检测，无任何农药残留。

③附近无工厂等污染源，距离村庄等生活区至少 3.5 公里。

④留原种。2019 年全部种植谷子，主要是灵丘本地的金谷 21 号。专门留出 10 多亩试验田，试种不同品种，但强调原种，因为它早已适应当地生态。2020 年，种更多豆类、苦荞等。

⑤施肥有配方：牛粪+唤醒土（一种土壤调理生态肥）。附近养牛场有发酵池，播种前，大量施用腐熟牛粪，然后深旋耕；播种时，人工犁地、撒唤醒土，用菌肥拌种。后期追肥，每亩喷施生物有机肥 2.5 公斤。

段卫国向参观者讲解田脊梁有机玉米生产标准

⑥自制有机肥。以前都是买现成的有机肥，2021 年秋后，我们开始在中国农业大学王小芬教授的专业指导下，将秸秆、餐余、粪肥、黄土、水按比例混合，生产腐熟有机肥。2022 年，我们的有机生产成本更低，质量更高。2022 年 8 月，王小芬教授帮我们引进了上海一家企业的水肥一体化设施，我们的有机肥质量、产量将有质的飞跃，同时农业循环体系也将建起来。

⑦田间管理。作物生长期内，人工拔草 2 次，第一次，间苗同时除草；第二次在此后 20 天，锄地、松土、除草一次性完成。第二次除草很少，因为庄稼苗已长

大，小草注定成不了气候。这种人工除草与施用除草剂除草截然不同，前者不破坏周围其他动植物，不破坏生态，而后者把庄稼以外的其他动植物全都杀死了，把农作物彻底孤立了，这是与生态保护唱反调。

⑧人工收割，与常规一样。

⑨加工半机械化。灵丘公司向合作社收购有机粮食后，自行完成加工，它有宽敞的加工车间、仓库、加工机械等配套设施设备。与粮食直接接触的是石碾、石磨，动力来自电动机，为的是不用金属机械接触粮食，避免高温改变有机粮食营养成分与口感。

⑩包装：大包装套小包装。小包装材料用镀铝复合膜，可以接触粮食的那种，不同于塑料。有些包装，从小型家庭实用性出发设计，比如，田脊梁牌灵丘杂粮系列，小米每小袋 50 克，这是三口之家一顿稀饭用量。

这样，全程有机农业生产、加工都在我的眼皮子下完成，我心里就踏实了。投入一样，下的功夫不一样，产品也不一样。

有机思想 · 知行合一

我对有机农业的理解源于小时候。小时候在村里，我是吃杂粮长大的。长大后到了大城市，再也吃不到小时候的味道了，因为农药化肥让粮食没了味、变了味。这是以工业化方式做农业的严重后果。

我发现，吃饱饭后的人们对养生越来越重视。好呀，为了找回小时候的味道，为了安慰自己，为了满足更多人的味觉渴望，我想用晋北传统的方式去生产、去加工粮食，让农业生产回归到本源。这就是回到家乡二次创业的大前提。

我从农村走出去创业多年，深深感觉到，农村、农民真苦。农资价格一直涨，粮食价格一直不变，农民种地的利润在哪里？他们的生产积极性只能越来越低！如果在家种地的收入与出去打工的收入差不多，甚至少那么一点，农民都是愿意守护耕地、守护家人的。但事实是，如果农民以种地为生，他们无法过富裕的生活。如果他们想富裕，就必须外出打工，因为打工一个月的收入，顶过全年生产粮食的收入！他们怎么会不出去呢？怎么会坚守耕地呢？国家以粮为纲，而农民却不能以农业为纲，这种错位会产生畸形的东西。我想，如果想让农民种地收入抵得过外出打工收入，就得让他们的粮食值钱，而有机农产品正是他们获得较高粮价、增加农业收入的一个途径，一个转折点。这是我回乡二次创业的动力。

有机农产品的价格高于普通农产品，会吸引更多人回归农村以种地为生，就不会再产生那么多留守儿童、留守妇女。农民守家在地就能过上和谐幸福生活，就能搞乡村建设。这时候，旅游业就能带动起来。这是我回乡二次创业的目的。

灵丘公司拥有 2 个服务窗口，一个是五谷杂粮展馆科普服务窗口，另一个是餐饮服务窗口——建成乡村旅游饭店一座，可同时接待来宾 100 多人，以此带动和促进清泥涧村及周边村庄的乡村旅游业发展，追求以旅促销、以销促农的良好效果。

不要以为我只追求有机生产的经济效益，我有一颗“三农”心！我非常认可全域有机农业建设，我带领村民搞有机生产，时机恰当、力量充足，我也会为有机社会、有机社区建设贡献力量。

有机社会建设是必然要走的道路。2020 年 10 月 16 日，是第 40 个世界粮食日。当日上午，由山西省粮食和物资储备局、山西省农业农村厅、山西省科技厅、山西省教育厅、山西省妇女联合会和太原市发展和改革委员会共同举办的全省“2020 年世界粮食日和全国粮食安全宣传周活动启动仪式”上，灵丘公司五谷杂粮展馆等 12 家单位，被评为全省第二批粮食安全宣传教育基地，它将与第一批 10 家基地一起承担几个任务：开展与粮食安全宣传教育有关的社会实践、合作交流、主题宣讲等活动。

提到五谷杂粮展馆，必须多说几句。我们在清泥涧村口建成一个五谷杂粮展馆，占地 100 平方米，收集了国内市场的 26 个粮食作物品种，以图文、实物、标本、现代媒介等多种方式，展示其发源地、国内栽培历史、生长习性、营养价值、食用方式等内容。还在馆旁建了一个农事体验园，配置石臼、石碾、石磨、石磙等传统农具和古老的粮食加工设施，供游人参观、体验、留影。这两处设施可以用于科普教育和农耕文化传播，从而激发人们热爱劳动、珍惜粮食的自觉性。同时，它们也是为乡村旅游业做铺垫。

就这样，我一个二次创业者，从有机生产做起，还兼顾了一点点有机社区、有机社会建设。我的力量很小，目前想要一下子做起整村建设，不可能，但是来日方长。

经过这几年的拼搏，我有几个体会比较深。

①有机农业生产的最好组织是有机合作社。但是，合作社一旦离开乡村土地，几乎束手无策。而“合作社＋公司”，延长了合作社的腿脚，是一个更好的有机生产组织结构，是一个“生产＋销售”的有机农业生产体系。不过，这需要大前提——经营好社企关系，做好社企有机衔接，平衡好双方利益，不断激发双方的合作积极性，不然会两败俱伤。

②从事有机农业难，做农民难，农民做有机农业更难。但是，正因为难，才要做有机农业，因为它可以解决难题，它是农业发展的方向。

③回乡做有机农业需要情怀——“三农”情怀、故乡情怀。情怀让我坚持做下去，不然前期的不断投入与有限的收益很不平衡，怎么坚持下去？看看我回村前的照片，还是一个年轻人嘛。再看看现在的我，是一身泥的地道农民，挺有意思。

④人才是有机农业的首要问题。我想把更多精力放到销售上，需要有本地人才撑起生产管理这一块，可是我找不到他们！为什么？因为他们都跑到城市

去了。尽管我们的社员能享受到那么多的实惠，仍然赶不上出去打工的村民挣得多啊。目前，社员人均年龄为56岁，最大的64岁，最小的50岁，他们文化水平偏低，最高学历为高中，大部分是小学水平。所以，我们在管理、销售、实施机械化、新技术推广等方面很难，这严重制约了合作社的创新和发展。

⑤合作社扩大规模缺资金。有机种植前期投入成本较高，合作社资金来源渠道有限，有些优秀方案得不到实施，严重影响了有机生产规模扩大和质量提高。

⑥有机合作社有待升级。现在的合作社，还处在探索阶段，很难做到完全规范管理，尤其对市场预测、财务数据分析、营销策划等方面欠缺很多。同时，合作社也缺乏对国家及政府相关政策的了解，很多国家的惠农政策享受不到。

第三篇　有机农业　原种为宝

——刘锦林说

灵丘新泰畜牧养殖专业合作社理事长　刘锦林（刘锦林供图）

刘锦林，原为灵丘县武灵镇黄峪村人，精准扶贫整村易地搬迁后，他成为武灵镇刘家庄村民。他是灵丘新泰畜牧养殖专业合作社（下称新泰合作社）理事长，灵丘县锦祥农业科技有限公司（下称锦祥农业公司）法人代表，大同一品农业科技有限公司（下称一品农业公司）法人代表。新泰合作社主营有机种植、养殖业，锦祥农业公司主营农产品加工业，一品农业公司主营销售加工业。有机农业生产—加工—销售产业链，他一个人就搭建起来了。

2020 年 9 月底，刘锦林受邀参加了自留种保育论坛，这是首届世界乡村复兴大会的一个分论坛，在山西省太谷县举办。来自全国各地的 80 人参加，有农民，有企业家，有专家学者，他们认为，农民手里的自留种子所剩无几，“宁愿饿死娘，不吃种子粮”的危机意识早已丧失，农业安全情况十分危急，中国急迫需要有人担当起民间自留种保育的重大责任！论坛形成共识：“留种才有希望，有种才有未来！”论坛成立自留种保育项目，组建技术团队，交流保育经验，确定保育任务，并精心编制保育团队口号：“用生命保育种子，让种子传承生命”。最后，各地队员纷纷领命回到家乡保育原种去了。刘锦林深受鼓舞，从此，他再也不孤单了！

一旦与生命关联，原种，就不简单了。

端牢中国人自己的饭碗，种子是关键。

无论是从乡村振兴角度看，还是从有机农业发展角度看，原种都是最活跃、最深沉的生命线。对此，单枪匹马、历尽辛苦保育 10 多个畜禽、作物灵丘原种的刘锦林极有发言权。

保留原种——我要弯道超车

新泰合作社成立于 2007 年，以前主要经营孵化场，为广灵、灵丘、浑源三县养殖户供鸡苗。2010 年，他开始转轨搞有机种植，因为养殖已经不属于农民小户的业务了，它已经规模化、工业化到大企业手中，而企业自带孵化能力。

但农业最终不能长期工业化，SCC（加拿大标准委员会）的工业标准不能永远统治农业，我相信农业会正本清源，返璞归真，而我先拐个弯，做点别的事，为来日回头继续搞养殖业做铺垫、积累。

那我就去做有机种植了。因为我发现，没有好粮，好鸡也养不出来，肉吃不香，汤喝没味；因为我发现，没有一条产业链，甚也做不好。

刘锦林把自家院子变成灵丘部分家禽家畜原种保护地

我还留有一丁点畜禽原种：金芦花鸡、兔子、鹅等灵丘本地原种，共 7 类 8 个品种，一点都没有杂质，也没有近亲繁殖。金芦花原生品种，灵丘只有我一家保留，它是我的压箱底宝贝，是我将来养殖业重振旗鼓的凭借。

我把院子里 100 多平方米的地方圈起来，饲养着那些宝贝原种。就等着跑偏的农业醒悟了，大家都搞起有机种植时，我就搞有机种养结合，建成一条有机种植—有机养殖—有机种植的闭合产业链、小循环。所以，现在虽搞种植，但畜牧养殖专业合作社的名字不能改，只是经营范围有变更。

不只动物原种，我也在积累作物原种，灵丘本地的小黑豆、红豆、黄豆、谷子、玉米，我都用心积累、试种、改良。

顺便提一下，我保留原种多年，不只为自己，也为灵丘县，虽然力量有限，场地有限，但一直在坚持；如果县里能立项保留，交由我来操作的话，力度会更大，效果会更好。我已向县里递上申请。

我是迫不得已才走上弯道的，但我将在弯道超车。

单项核算——我的合作社运营方式

我带头组建的新泰合作社，是国家级示范合作社，52户基本社员，全部带地入社，共3000多亩。合作社同时带动53户贫困户——给他们的650亩地提供种子、技术，并收购他们的农产品，每斤还要比市场价格高0.5元；合作社有16件农机具，为田香、刁勋、业辉、老旺西瓜4个合作社的3215亩地提供耕种、收割服务。我还摸索出一套合作社运营办法。

①由我带头搞总体规划，根据市场需求，决定上什么新项目，多大规模。

②分析每个社员的特长、性格，召集适合新项目的社员自愿加入新项目。新项目单独核算，所得利润50%～60%分配给本项目社员，20%～30%留我自己，10%～20%留作积累资金。

③合作社运行所有费用，都计入成本。即使用的是自家种子、自家农机具，都要计入成本。新上项目优先用社员本人劳动，按规定给他们付工资，3天付1次，工资计入成本。除去所有成本，算净利润，再行分配。

我们合作社全年都要上多个项目，却不慌不忙，就是因为有以上章法。比如，经过市场分析，我决定上一台拖拉机，则马上组建拖拉机项目组，对全体社员宣布：拖拉机组，需组员10人，愿意的报名，按报名次序确定组员。于是，喜欢这一口的，擅长机械操作的社员马上报名。10个社员每人出资2万元，共20万元，购买一台拖拉机，年终，拖拉机项目盈余只分配给这10位组员。然后，由我指挥，对内、对外搞农机服务。假如全年毛利润8万元，减去燃油、工资、修理等成本2万元，盈余6万元，10个组员每个可分配4000元共4万元，我分1万元，积累1万元。我们还有赤豆项目组、茶树项目组，等等。项目不一样，组员不一样，所得盈余不一样，但盈余分配方法是一样的。

这种单项核算法最大的好处是，账永远都能算得清清楚楚。社员们各挣各的钱，不眼红，不吃大锅饭，不起内讧，有利于合作社可持续发展，并能不断改革创新。

而所有单项账，合起来就是合作社总账。

最最重要的是，每个社员挣钱的积极性都充分调动起来了。由于干的是自己擅长、自己喜欢的项目，每个组员都爱护机器，干活不偷懒。但这还不是关键，关键的是，调动起了所有人心底里的积极性。因为，每个人天生都有自私自利性，而这种方式却将满足个人爱好的自私性转化成了生产积极性，也就是把爱好与生产结合起来了，弱点就变成了优点。所有项目组员的生产积极性叠加起来，就是合作社发展的活力、动力。

顺其自然——我的有机农业思想

我们的谷子、赤豆等杂粮作物，种植在天然封闭环境。海拔 1200 米的两面黄土高坡，中间夹一道沟，耕地在坡上梯田式分布，土地贫瘠，肥力不行，还没有生产路通上去。虽然山脚下有一个水库，但水上不去，大量生产资料运不上去。

我们只能搞有机生产。不是我们有多高尚，都是被逼的。

这样的海拔，土地干旱贫瘠，适合生长的农作物只有那几种。几千年来，适合这片环境的农作物与周围环境中所有的生物互相照应，都活了下来，形成了一种自然而然的生态平衡系统。周围生物，包括树木、野草、兔子、虫子、菌类，甚至是病毒，如果我们消灭了任何一个物种，或增加了任何一个物种，甚至只是品种，就破坏了这种千年平衡，这个生态系统中的各种成员都会有反应，包括我们的谷子。例如，用除草剂把野草消灭光，虫子没食吃，就去吃庄稼；没了草根固土，黄土高坡就会水土流失，地就毁了；多种菌类、病毒还会对庄稼下毒手，等等。或者用农药把虫子全杀死，野草就泛滥，与庄稼争营养……总之，伤害一种生物，哪怕是一种看不见的菌种，小区域生态平衡就被打破了，其他各种生物谁都活不好……所以，我们只能种植祖辈留传下来的原种，它们不怕水上不来，不怕土地贫瘠，不怕坡上的害虫与病毒，不怕兔子窜来窜去，因为它们是一家人，或相安无事，或相互依赖。其他品种，即使是高价引进的外国品种都不能加进来——如果强行插队进来，不是它被环境限制生长，就是它把周围生物伤害了。生态一旦不平衡，什么都完了。

在这种情况下，这两面坡就有两种命运：要么撂荒，要么尊重小区域生态平衡，以它喜欢的方式，种它默许的作物。所以，在这里从事有机农业生产，不是我想种什么就能种什么，而是环境条件强制我们去种原种，同时强制我们施用有机肥，而不是化肥、农药。

其实，我们不要忘了，人类也是这个小区域生态平衡的一个组成部分。人类从事有机农业生产，这是生态平衡系统默许的，是一种包容。所以如果人的生产行为合适，人、庄稼、土地、动物、野草、菌类、病毒、空气、阳光和风等一切“家人”，你好我好大家好，繁衍生息，一代接一代；如果不合适，尤其是人类施用化肥让田地不好过，田地就会通过粮食让人不好过，比如引起疾病。在人地互相伤害的恶性循环中，人是最大受害者，因为是人先动的手，地是被迫反抗，而地拥有上万年上亿年的深厚背景，人显然是弱者、失败者。

所以，生在这样的境地中，认真从事有机农业生产，是我们的生存之道和唯一选择！我们在一个生态平衡的环境中，按照千万年的老轨道，把农作物原种种下去、收回来，一切都顺其自然，一切吉祥。

不除杂草——我的有机生产方式

一、土地

以前种这些小块坡地，全靠人力。现在，因易地搬迁，村里人都到县城附近集中居住，村里房屋撂空倒塌，没了人迹，要村民大老远地从城郊回深山搞生产，他们宁愿撂荒也不干。于是，我们合作社号召村民带地加入合作社，年终分盈余；村民不愿意劳动，可以不参加生产劳动，愿意劳动的挣工资。土地资源永远是宝贵的，即使是贫瘠的、撂荒的。

二、品种

每年留原种，不用担心退化，我每年把 100 亩地分成 9 块去做试验(地块小，距离远，不怕杂交)，玉米、土豆、谷子、赤豆，选饱满种子留下。这些原种可了不得，能随机应变自我调整生长期，非常对得起精心伺候它的人类。比如，谷子应在 4 月播种，可这个月大旱，到 5 月才能播种，而灵丘的高寒气候要求作物必须在 9 月熟，不然就得挨霜冻。减少一个月生长期，谷子岂不减产？不是的！我们的原种神得很，哪怕植株只长到 1 米高，到了该结穗的节令，它就结穗，50 粒谷子也是结。等到株高再长一些，它再结 20 粒。就这么一点一点地凑，直到 9 月收获季节，它长成了一个完整的谷穗，一点都不减产！这就是原种的适应性！这就是原种的厉害！如果是外来品种，9 月肯定只能收获秕谷，甚至绝产。

2019 年大旱，我们的坡地玉米亩产却达到 1300 斤，秸秆长到 4 米多高，1 株结了 2 个大穗。当年 8 月，中国·大同车河国际有机农业论坛大会主席台上展示的玉米植株，就是我们的，高度是普通品种的 2 倍，可把会场给轰动了！会后，有十几位嘉宾非要跟我去坡上，亲眼看看我们的玉米是怎么长的。你想想，我的原种玉米，本来就是那片黄土高坡的孩子，干旱是几千年的常态，它们早就习惯了，应对干旱，小菜一碟，平原人怎么能想象得到！

在生态平衡中种植原种，就如同南米北面的规律，如果让习惯于吃馒头的北方人去吃大米，他们会感到吃不饱；如果让南方人去吃馒头，他们会觉得没吃饭，总觉得欠着自己。生物都在各自天生的环境里生存，是最幸福的。

三、种植方法

一是一点一点地把荒坡地养成有机土地。办法有的是，不用化肥，每年秸秆粉碎回地，养 3 年，就成了。

二是地里杂草不除，让它们连成片，形成一层保水膜，而杂草本身也在制造有机质，回报给我们的庄稼，感谢我们的不锄之恩。

三是不用除草剂，只用人工锄，留一些给野兔吃——其实兔子们才不喜欢吃庄稼的粗纤维呢，它们最喜欢吃的是嫩草叶和草籽，如果除草剂除光了野草，它们也只能吃庄稼了，怪谁呢！

四是留下田边的野草，也就是保护虫子们的房屋、院落和游戏场所，它们就不会乱跑到田里找食吃。以前我不懂，曾经一而再再而三地拔草，哪里拔得过来！最终是草战胜了我。我干脆不拔了，懒得理它们！却发现，草的存在根本不耽误庄稼生长，还给保水供养分！这就是说，我放任草长，草却让我胜利了。

五是不用杀虫剂。虫爱吃的是草，而不是庄稼，如果田边长满了杂草，它就懒得进田里吃庄稼。有时田里有虫，它们只是路过而已，脚印都不留，你惊慌什么？没见识。

一方水土养一方人，这是千真万确。我的玉米谷子没有一个黑穗，也没有其他任何疾病，这就意味着，这里没有黑霉菌和其他的原种抵抗不了的病菌病毒。如果引进外来品种，它抵抗不了当地的病菌病毒，或用其他化学药品消灭了当地的病菌病毒，就会产生另外的病菌病毒，我的庄稼可就招架不住了。光这一项，能给我们节约多少成本啊！

我们的有机肥来自一个互助的养殖场。合作社与一个养殖场签订了协议，我们无偿提供秸秆，养殖场无偿提供牛粪，我们用牛粪自制有机肥，给庄稼用上。这叫哥俩好，两合适。

于是，我们在这片黄土高坡地上形成了一个闭合的小循环：人、牛—粪—庄稼—人、牛。

我们种植绿小米，种子颗粒小，不容易上苗，所以一簇一簇种，加大株距、行距，虽不间苗，但长得真好，不减产。

四、销售渠道

一部分卖给了粮食加工厂，他们有渠道销售；另一部分在大同市里卖。我在市里组建了自己的销售公司，一方面门面销售，到超市铺货；另一方面线上销售，京东、抖音都是渠道。但必须说明一点，我们的有机价格只比普通粮食高 50%，而它们的价值至少应该是普通粮食的 2 倍。相信将来一定能达到这个价格水平。这时候，我们就该追求品牌效应了——我们得养品牌了。

我对有机农业生产的感悟有以下几点。

原种是根本！在一个生态平衡里种植原种，是最低成本的有机生产。不怕旱、涝，无虫、无病，有机庄稼幸福快乐地成长，哪用得着我们再投资！我们最多喂土地些牛粪。

应保护系统的每一个成员！有机生产不只是对庄稼不用药、上牛粪那么简单。千万年形成的生态平衡，上至阳光、空气，下至土壤、虫子、野草、细菌，中间的庄稼、人类，都是组成生态平衡的成分，都是系统成员，一个都不能少。我们保护生态环境，就是保护好生态系统里的每一个成员。

“有机好吃不减产”，这个口号喊得对！

有机合作社是有机生产的最好组织！社员带地入社，起码解决了用地问题；用合作社对接政府相关机构的扶持政策，名正言顺；合作社将人与人、人与生态环境融合成一体，对有机农业生产起支撑作用。看不到这个事实，有机农业弄不成。

我提出的问题：有机农业生产的人才奇缺是怎么回事？技术的、组织的，就连普通的劳动力也缺！

以我们村为例。我们的原生村地处偏僻、田地相对封闭，最适合搞有机种植，可是村民都搬迁到县城，没有一户留下来。老农民在县城分配的新房子，大多被下一代人占用了，自己再去租小房子另住，本来就缺了农业收入，却增加房租花项，多大的困境啊！所以，有些村民只能指望我去付耕地流转费，才能去付房租。这不应该呀！有机农业生产失去了劳动力！庄稼人却种不了庄稼？

第四篇　坚守高质量　与苦荞晶茶共荣辱
——白松田说

白松田，灵丘县大涧村人，山西大山食品有限责任公司董事长，大同市非物质文化遗产大涧云彩灯传承人，上北泉村非物质文化遗产展演活动中的云彩灯就出自他手。这是一位面色红润、中气十足的73岁企业家，在灵丘苦荞产业界享有较高声望。他在强调灵丘苦荞茶要坚守高质量阵地的同时，还给予人们启发：有机农业产业链上，每个环节都应该是有机的，包括加工环节。

山西大山食品有限责任公司
董事长　白松田

我原来搞糖酒副食批发，孩子们长大后，为了锻炼他们，就把生意交给他们了，我当时53岁。然后就开始筹措资金，搞荞麦产品研发，这是我的爱好。

苦荞在灵丘地位很高，它是灵丘三大特色农产品（黄花、苦荞、杏仁）之一，是灵丘的地理标志产品。20世纪80年代，国家农牧渔业部确定灵丘县为“国家优质苦荞生产基地”。当时，灵丘县只有苦荞面、苦荞茶两种产品——而在苦荞中加入茶文化，把杂粮苦荞泡着吃，这在全国是领先的创新。

灵丘开发苦荞产品，在全国是最早的。先是研发出苦荞挂面，由县商业局主持，有1万多平方米的生产场地，日产量3.5吨。后来，粮食局把苦荞当茶来做，配以松针等材料，成品叫苦荞煎茶。20世纪90年代初，苦荞茶在北上广年销售额100多万元。但终因体制问题，后来不行了，生产场地眼看就要荒废了，我想承包，但没成，设备成了废铁，可惜了。

灵丘苦荞第一人是高凤山。当时，他是灵丘的最高级文化人，南开大学历史系毕业，文化底蕴很深。他是副县长，后来是县政协主席、人大常委会主任，他主抓这项工作，后因操劳过度，得重病而逝。

我从 2002 年开始，专心搞苦荞茶、苦荞面粉、苦荞挂面研究。后来，上了 3 条生产线，生产 30 多种苦荞产品。我习惯于搞小改革、小创新，有一些创新成果我挺珍惜的，比如，我把苦荞面粉进行等级分类，还创新了苦荞茶干燥技术。

原来，苦荞面粉是一锣筛到底。从我开始，将苦荞面粉进行分级处理。分级好处很多：因取面层级不同，口感不同、成分不同、营养价值不同，价格也不同，可以满足多种消费者的需求。面粉的分类，其实是对苦荞市场的细分。细分市场，是终究要做的，是必然规律，只是碰巧我做了。

苦荞茶的发明人应该是灵丘县粮食局的马春生。后来，有人把苦荞茶拿到了太原，还搞了一个小企业，用灵丘的配方、工艺搞生产。这是第一代苦荞茶，工艺简单，有缺点，不适于工业化生产。再后来，有人把苦荞茶搞成了膨化茶，加工温度最低 180 ℃，最高到了 210 ℃，而有的企业更是把温度提高到 300 ℃，这就使苦荞的不少营养成分流失了，损失太大！但是，这样的商品茶好看，茶水金黄色，在市场上受欢迎。那么灵丘的苦荞茶就该是这样的命运吗？

在这种情况下，我开始论证、试验，我要让苦荞既能茶色美，又能尽量保持营养。经过多方走访论证，经过不计其数的试验，我摸索出一个中温干燥技术——温度控制在 110～121 ℃，茶香、色美、营养价值高，达到了“三全其美”的境界。

苦荞茶生产基本流程是这样的：浸泡→蒸熟→干燥→脱皮→分级筛选→精选→成品，其中干燥环节的温度控制最重要。我不断改进工艺，研制出三代苦荞茶。第一代叫煎茶，第二代叫健茶，第三代叫晶茶——成品有光泽，半透明，呈水晶状态。准确地说，第三代产品叫大山牌苦荞晶茶。经过无数次对比，我发现膨化苦荞茶泡到第三次，色、味都淡了，可大山牌苦荞晶茶最少泡 6 次，最多泡过 13 次，到第三次，最醇香、最厚道的味才泡出来。

我敢说，大山牌苦荞晶茶，在中国还没有超过咱们的。因为，第一原料好，它本身就是灵丘县的地理标志产品，在全国是最好的，是无可替代的；第二是绿色产品、有机产品，不用农药，不施化肥，施的是有机肥；第三是工艺好，打破了高温膨化工艺，实行中温干燥，营养好、品相好、口感好、不浓不淡，香味醇正。

可是我们的产品走不远，因为我们没机会接触高层次消费者，能接触的都是普通消费者。销售是一个体系，不是去北京、太原看看，就能销售到那里。现在非常悲哀的是，销售商注重的是利润，追求的是利润空间大，而我们的茶短时间内肯定利润空间不大，所以销不出去。利润空间不大的原因是成本高。首先，苦荞原料无论是我收购的还是我种植的，都要上好的。我种植的成本高，收购的价格高，才能确保原料高品质、产品高品质。其次，在工艺上，成本也高，因为产出率低。综合成本高，利润空间小，即使是高品质产品，也不受销售商待见。

我在不间断地尝试突破销售瓶颈。2013 年，有一个烟台的销售商，专门来灵丘找大山公司谈业务。事先，他把全国各地几千种苦荞茶拼到一起，让员工们先品尝、后评比。员工们一致认为，大山牌的最好。他满怀信心直奔我来，我正好急切销售，按说会是一拍即合的结果，但我们却谈砸了。他说，你没有价格优势。我说，是的，因为我的成本高，但我们有品质优势！他说，消费者不管你成本不成本，价格低才行。我说，你要拼价格我甘拜下风，你要拼质量，我非常有自信！你如果让我把价格压低，就得降低质量，我做不到！最后，我们不欢而散。这种情况太多了，再举几个例子。

大同市的一个农业公司就看中了咱们的苦荞晶茶，准备包装上渤海交易所，最后它赔了2000万元，不了了之。为啥？唉，没法说的事情。

有一位石家庄人，在灵丘搞工程，对我们的好东西非常了解，感觉非常有前景，他想把石家庄市场做起来，把河北省市场做起来，把全国市场做起来，气势不凡。他也真的做了包装，但他毕竟不是专业搞营销的，花了好多钱，也没做成。

年年有合作，次次没结果，非常无奈。有人劝我，不要使牛角劲了，膨化茶卖得好，就不要搞你的高品质晶茶了！可我觉得，这品质是咱一辈子投入的东西，拿不好的茶给消费者，这事我做不出来。我要给灵丘，给全国消费者贡献最好的东西。这事情，看起来是我个人的坚守，其实，我也在为灵丘县坚守，因为一旦高质量阵地失守，灵丘的苦荞名誉就受损，想恢复很难的。

2019年，我们的苦荞晶茶上到淘宝直播室了。这是淘宝相关企业在山西的扶贫项目，项目叫村播。第一天，主播利用自己的资源，吸引了4900多人观看，一夜下了7单货。但第二天，他不用个人粉丝了，直接放到村播上，就没人看了，只有100个过客，没有粉丝。坚持了2个多月，每天播3～4小时，不行，没单子。主播不用他的资源，是因为他对我们的产品不感兴趣，他在推自己的产品。

我们也搞种植，一种是流转土地种植，另一种是面向村民订单收购。我种有1000亩左右苦荞，收购也有1000亩，能带动300来个农户种植苦荞。我最多时一天用工40多个，平常也有10多个。2019年，我们的苦荞种多了，每斤只能卖1.4元，赔了0.5元。

我有2400平方米苦荞加工场地，地方合适，就是销售上不去，七窍只有一窍不通了，只差一股子东风了，那股子东风是什么呢？我现在71岁(2020年)，身体状况好，干到80岁没问题。孩子们以前分出去各干各的事，现在全被我叫回来搞苦荞，也就是说，全家人的性命都绑在苦荞上了！赌一把，死就死了，活就活了，一言难尽。

灵丘县有几家公司在利用荞麦废弃物生产床上用品，就是把荞麦皮用作床垫、枕头等寝具的填充物，产品档次不低，价格也高。

不难看出，灵丘的苦荞产业链是完整的、可循环的：研发→种植→加工→销售→消费→废弃物利用(秸秆做饲料、有机肥，荞麦皮做寝具填充物)→种植。

在完整的产业链上，每一个环节的设施、人力都具备。但是，种植、加工两个环节却对不上铆：一方面，加工用苦荞不够用，加工者不得不高成本到外地收购；另一方面，种植者不敢放开生产，因为卖不上好价钱，甚至会滞销。

灵丘有机苦荞产业出路在何方？我还得坚守多久？到 80 岁算不算太久？

第五篇　上关水稻就是个意外
——李富岗说

灵丘县有机水稻产业园发起人　李富岗

李富岗，灵丘县委办公室工作人员，灵丘县有机水稻产业园发起人，他为灵丘有机富锶功能性粮食生产提供了第一手经验和资料。他还是灵丘县富锶泉水推广发起人，获2019年灵丘县创新创业大赛一等奖。他用行动告诉人们：有机农业与艺术有瓜葛。

2020年7月25日上午，从灵丘县城到下关乡上关村，沿途村庄都在烈日之下暴晒。然而，上关村却别有洞天，先阴后雨，绵延一个多小时。只见细细密密的小雨耐心地、无声地、丝丝缕缕地、小心翼翼地降临到灵丘县百亩有机稻产业园里。北方高寒之地上的水稻苗越发碧绿了，生命力咕嘟嘟地从嫩绿的叶尖上冒出来，暗生一种情调，弥漫在稻园上空，把人的心魄都融化了。但在稻园的木制观景台上，雨线却噼里啪啦敲打在稻园东边的巨型遮阳伞上，一时间，鞭炮齐鸣，与稻田里的静谧形成鲜明对比。

"这叫锣面雨，只有这山里小气候才有的细雨。上关有自己的小气候啊！"李富岗骄傲地说，"时常这样，周围烈日当空，我田独享细雨。有机稻田周围水多、树多、山高，蒸发上去的水分，又还回来了。这叫肥水不流外人田。这也是稻田选址这里的一个重大原因。”

令李富岗骄傲的还有一事：稻鸭共作。

小雨阻挡不了鸭子管理员们按时到岗值勤。只见一队雪白的鸭子，约 1000 只的规模，在一位小姑娘的哨声召唤下，首尾相接、跌跌撞撞奔向稻田，俨然忘记了自己长就的小短腿。一路高歌之后，它们终于触水，一触成仙，以迅雷不及掩耳之势，箭一样地把自己射进田垄里。一列鸭负责一垄田，没有一个偷懒，个个埋头作业，不留任何死角。透过细雨天幕望去，碧绿的稻苗与雪白的鸭身，一垄一列地交织，色彩鲜明，秀色可餐，直叫人心旷神怡。田园胜景，这大概能算极品吧。

李富岗是灵丘县百亩有机稻产业园的创建人，他非常得意自己组建的鸭子除草捉虫队，说没有比它们更适合做有机水稻的管理员了。有了它们，有机生产就有了大半保证，他就有了闲情逸致去想旅游的事。

果然啊，这些鸭鸭扫描过的地方，害虫无处遁身，杂草荡然无存，还顺便给稻田施了肥。李富岗说："你给我点心，我给你便便，咱们双赢！鸭子一定是这样想的。这就是我不用除草剂和杀虫剂的秘诀了！只剩下极少极少混在稻丛里的大个子杂草，鸭子无法辨别，一两个人工拔一下就行了。它们给我省了 90% 的人力。"这群有机稻田的管理者，一次作业 1 小时左右，每天数次出动，让 100 多亩有机水稻，分片轮流接受它们的洗礼，几天完成一个周期。每次作业完毕，管理者们就在田埂上小憩，然后再一次跟随姑娘的哨声，摇摇摆摆地回归稻田西边、一棵大柳树下的鸭鸭围栏里。隔壁的小围栏里，雄伟站立着的是它们的贴身卫士——鹅大哥，有 10 余只。鹅卫士的体量、威力与责任心，想必大家都知道。

"自己育秧，不施化肥，不用除草剂，不用杀虫剂，在饱含负氧离子的空气中，用弱碱性、富锶泉水养大的水稻，你说它能不香吗？你说它是什么档次？"李富岗理直气壮地炫耀着。

大同以旱作农业为主，水稻就是个"意外"！我一个搞艺术的人种了水稻，也是个"意外"！我是怎么想起来搞这个"意外"的呢？

第一，跟时任县委书记张强有关。2013 年，张强书记开始号召灵丘县搞有机农业建设，我动心了。

第二，跟咱从小没吃上大米饭有关。小时候家庭条件有限，偏偏想吃白米饭，可是一年碰不上几次。现在我得弥补一下小时候的缺憾，解开自己的心结。

第三，与我的艺术专业有关。我是学艺术的，喜欢意境，讲究心境。有机种植有多种，选择种水稻是因为喜欢水。有水的地方有灵气，天天听着大自然的流水声，心里滋润。

第四，能不能搞成这个"意外"，跟用心有关。发展有机水稻种植，投入大，见效慢，还得从零开始进行市场营销，不然生产出来的只是产品，不是商品，所以并不是所有人都愿意招惹这个“意外”。

动心以后，我做了规划，然后着手做测绘、设计。这些我都能做，都属于我的专业。你看，并不是人们表面看到的艺术与农业无关吧？

灵丘种水稻并没有成熟的做法与市场，我能确定种水稻可行？这个我真能确定，灵丘有种水稻的历史，上关村有小气候，有好水。我家就在上边的村里，小时候就了解这里的情况。能做成和怎么做成还有十万八千里的距离，需要扎扎实实解决好每一个环节的问题。

第一，解决组织形式问题。成立灵丘县富康有机农业专业合作社，这是目前搞有机生产最合适的组织形式。不过我不是理事长，只是发起人。

第二，解决用地问题。总共 100 多亩，其中流转村民耕地 30 多亩，每年每亩地流转费 500 元，共约 1.5 万元。流转土地涉及的农户，如果有劳动力，先紧着他们来干活挣工资。其余的 80 多亩都是合作社用土垫出来的。这里原来是河滩，石头铺底。南山区缺土，我从土窑买土，一车一车拉过来，摊平，厚度达 1.2 米。每亩地用土 6000 元，每车运费 60 元，光土就花了 100 多万元。自己造田，你可别想着河滩是白用的，我和上关村集体签了协议：前三年免费用，之后合作社按每年每亩 150 元交村集体流转费。

第三，解决水源问题。水是从稻园西面的玉沟里接过来的，玉沟的水是从桃花坡（属太行山脉）上流下来的，属富锶泉水。从玉沟到稻田全程铺设管道，工程量很大，不容易呢。水到田边不直接进田，先到晾水池里享受日光浴，温暖一下，再用抽水机送到各田块。

第四，解决关键的资金问题。掏空家底，挪用了结婚基金，还向朋友借了钱。已经投入 500 万元了，还有扶贫资金的资助，当然是带分红任务的。

取得扶贫资金也有一定程序。我先在县里申请灵丘县有机水稻种植项目，通过了。一开始，前途不明朗，没有带贫困户的任务。后来，做出个样子了，就把项目和扶贫联系到一起了。县里支持我 50 万元资金，前 3 年，我每年需向村集体分红 10%，即 5 万元，村集体再给贫困户分红。其中的意思是不管产量多少，销售怎样，这 5 万元是一定要交的，所以很多有机生产者不敢接这项资金，或者不敢多接。合作社带动了 100 多个贫困户。其实，政府这件事做得挺有技术含量——既支持了有机农业生产，又保障了扶贫资金增值，还能把钱落实到贫困户的口袋里。

第五，解决用工问题。有机种植方式决定了我们不用机械作业，所以人工用得多。开春整地、打地塄、插秧，用劳动力很多；秋天收割，用人也很多。我们尽量用流转给合作社耕地的劳动力，尽量用贫困户劳动力，这些劳动力每年在这里大概能挣 30 多万元工资。

第六，解决种植技术问题。灵丘县从前就有种植水稻的地方，我请了几位稻农过来指导我们。用鸭子除草、杀虫的技术是我从网络上学来的，果然奏效。鸭子 2020 年才养，以后一年养一茬，秋后即可卖肥鸭。2020 年 10 月，稻子丰收了，1000 只有机鸭也卖出去了，每只 70 元，增收约 7 万元。

灵丘百亩有机水稻产业园的千只鸭子捉虫队忙着去工作

第七，解决销售问题。很多人以为把米生产出来就行了，万里长征万万步，生产出来才走到哪一步呀？事实上，最困难的不是生产，而是营销——把米换成钱。不然，米就是农产品，不是商品，不是钱。我从 29 岁起，开始鼓捣有机水稻，已经做了 5 年，在稻田里我步入了人生的而立之年。还好，时光没有辜负我，从 2019 年起，我们开始向外卖米了！以前都是在县内卖，或送人。我们还要给贫困户发有机米，每户过年 10 斤，八月十五 10 斤，送来送去，受到人们的广泛认可，才有了今天县外销售的转机。2019 年我收了 4.5 万斤水稻，打出 3 万斤稻米。2020 年收获 6 万斤稻谷，出米 4 万斤，增产约 30%。

我得强调一下，以前县里的有机肥只供红石塄乡，我每年买有机肥花费 3 万～4 万元。2019 年，县里支援我们合作社的 100 吨有机肥全部用上了，增产了，节约我们好几万元资金呢。谢谢啦！

包装由我自己设计，到浙江温州印刷的。设计，动用我的专业知识，省钱嘛。包装是将产品转化为商品的重要细节。如果稻米都变成商品，就有利可图了，有了利润，我先把债务还了，让我好好舒展一下心房。

第八，解决有机产品认证问题。3 年转换期一过，就开始认证了，认证一个品种每年花 3 万元呢！第四年才可能发证。这么一个顶端的食材，你总得有个证明，不然我们嘴说没有权威呀！在我的有机稻还没有取得效益时，就得为认证支出那么多，而且是一年一次，一品一证，怎么受得了啊！多亏县里有补贴支持，不然我压力会很大的。

第九，解决产业延伸和融合问题。现在还不想扩大规模，如果有人投资，合作社也愿意接受。种植有机水稻，只是一个起因、一个小项目，可延伸的产业及利润增长点还有以下几方面。

①康养。我已经规划好了，印成宣传册。规划中，稻田周边建一些小木屋，作为康养设施，加工厂房、停车场、木屋、泳池，都应该有，就是不知道能不能批准。如果能批准，将来让客人吸氧、赏景、纳凉、享受有机饭，过一段神仙似的生活……想象中，客人会连连惊叹："哇，黄土高坡上还有这样一个神仙之地！太帅了！"我会有一种满足感的。客人可以住一两个月，也可以从春住到秋，可以参加劳动，可以自己做饭，尽享一切有机果实。目标客户应该是晋京津冀（雄安），人们早上出发，到这里还能赶上吃中午饭。

②旅游。观赏有机稻田及其周边山水美景，肯定会让游客陶醉的。但这只是旅游的一部分，更有吸引力的是"插秧节"和"丰收节"。每年6月1日前后，水不凉了，我们会搞"插秧节"，每年能吸引1.5万人次。秋天我还搞"丰收节"，游客可来体验收获稻子的喜悦，马上就让他们吃上自己亲手收获、碾出来的新米，想想那滋味该有多美！旅游要跟旅行社合作设计线路，如果来我这里游玩，就要跟北泉村对接。我们应将整个南山区游览设计成一个有机农业旅游产品：白天先来看稻田，看车河有机社区，看龙渠沟有机社区；晚上到上北泉村吃晚餐，看实景剧，看非遗展演、住宿。看，把南山区当成一个大村庄，旅游内容、设施、服务就齐全了。

③蔬菜。我们种的有机富锶白菜已经申请了有机认证。其他的也可以考虑。

④基地。我已在山那边建了一个写生基地，在那里，我有一个食宿楼。三顿饭带住，每天70元，每年接待1000～2000个写生客。为啥我能想到接待写生学生呢？有需求呀。因为我进山西建筑职业学院，凭的就是画画专业，学的是设计专业，画画人的需求我明白。稻园也可以是写生基地。这几年，国外留学生、游客、大同市摄影协会的人常来。吉林艺术学院师生大老远地也来写生，他们烧土豆就咸菜，鸡蛋炒麻花，吃大锅饭，收获的可不止于写生成果。

在全域有机农业建设中，人们大多在做旱作有机农业生产，种植玉米、土豆、荞麦，等等。可我就要做水作有机农业，要充分利用灵丘这样少有的小气候、小资源。

利用有机水稻园，我已帮助3个村100多户贫困户劳动力增收，放鸭的、拔草的，常用的约10人，别的都是季节性集中用工。

种玉米，卖得再高也就每斤1元，有机大米一斤18元，18倍呢。我们的精装米更是每斤49元，有人能吃得起。

我做有机农业太卖命了，周边3个村的事情都得干。那年年底，正好赶着资产收益要交10%扶贫分红，米还没卖出去，工人工资要发，还有扶贫包村工作，我心里火烧火燎，身体连轴转，每天只能休息两三个小时，结果心血管破裂！急诊，又送到北京医院做了心脏支架，所以做农业，我是把性命都押上了。

第六篇　养鸡七年忙　担起两松山

——卢永青说

灵丘汇鑫养殖有限公司董事长　卢永青

卢永青，灵丘县赵北乡赵北村人，生于1977年，毕业于山西省税务学校，原在灵丘某矿业公司做财务工作，2011年筹建灵丘汇鑫养殖有限公司（下称汇鑫公司），任董事长。2015年3月注册绿皮蛋商标爱圪蛋（aigedan），当年11月，爱圪蛋绿皮蛋通过有机认证。眼望星空，脚踏实地，这是一位永远有活力、有使命感的创业者。看着激情四射的卢永青，总能想到“二郎担山撵太阳”的传说。

有机养殖松针鸡

到2020年，我钻进灵丘县赵北乡松山里养松针鸡，已经7年了。

我流转了赵北村大松山、小松山结合地段的1000多亩山坡，现在价值至少1亿元，有人想买，我不卖，七年的心血呢！

我是专门进山养鸡的，共建鸡舍6排，规划养鸡2万只，现在投入使用2排，共6000平方米。墙体用的是中空保温砖，厚60厘米，冬天，鸡舍不用供暖——如果冬天烧锅炉，成本多少？污染多少？还是有机养殖吗？鸡在网床上活动，网床距地面60厘米，有清粪机自动清粪，鸡舍无臭味。有产蛋楼，内装自动通风系统和自动喂料、自动饮水设备。每间鸡舍330多平方米，舍外散养区660多平方米，内外相通，所以一个鸡舍总活动面积近1000平方米。为了增加活动空间，增强鸡体质，我在舍内、舍外各增加5层木架，让鸡们放开天性飞上飞下，增添幸福感。我养了几只大鹅做鸡保镖，主要是防黄鼠狼。有人说，这太像人居工程了。实际上，一个鸡舍成本约36万元，顶得上县城里一套80平方米的居民房了。

现在使用的2个鸡舍共养鸡6000只。每天，让它们听听音乐，玩玩沙子，吃吃饭，唱唱歌，下下蛋，生活美好得快赛过人类了。

我从2014年开始养鸡。不过，从2010年就开始跑证照了。当时因为环评等事不顺，共跑了2年，才跑全各种证照。

中国养鸡的人多，我再添一份就是多余，要养就养别人不会养的，这就是我的思路，于是我养松针鸡——这个名字不用查考，没有。这是我命名的，因为鸡吃的是货真价实的松针，产的是绿壳松针蛋。这就是我来松山养鸡的缘由了：漫山遍野的松树，有取之不尽的松针，成本低；养出特色松针鸡，价值高、价格高。

我用有机饲料喂鸡，有自己琢磨出来的配方，主要原料是玉米、麸皮、松针。松针添加比例是关键技术，我揣摩出来是5%，先打成沫，再与其他料混搭。这5%松针饲料是免费的，这得节约多少成本！想想都高兴。关键是松针鸡、松针蛋的营养特色，就是我们的市场核心竞争力！

养鸡由汇鑫公司负责。养殖场建有饲料库1.5万立方米，青贮窖300立方米，办公场所500平方米，生活区500平方米，晾晒场800平方米，场内净污分离，生产用水与生活用水分流。

饲料由灵丘县昇鑫种养农民专业合作社负责生产。站在养鸡场高处，隔小松山，北望就是赵北村。合作社是赵北村的，有29户社员，汇鑫公司加入合作社，形成公司-合作社共同体。汇鑫公司把鸡粪分发给社员（公司也有化粪池），社员将鸡粪与玉米秸秆一起发酵，生产有机肥，用于有机玉米种植；除了鸡粪，我还提供有机肥和种子。社员需按我的要求进行有机种植，汇鑫公司按市场价格回收玉米。社员种植约500亩玉米，汇鑫公司种植300亩，也就是说松针鸡拥有800亩粮食基地。如果社员不搞有机种植，我就不回收玉米。不诚信不行，有机鸡蛋是要接受监测的。

在公司-合作社共同体中，一个农牧小循环已经形成：玉米→养殖→粪→有机肥→玉米。

我常让赵北村里的贫困户劳动力来养鸡场干活。刚才清理水池的那位就是贫困户劳动力，来一天给他100元工资，他没事就来了。这也是一种扶贫。平时常用2个社员喂鸡，最多时用20来个，筑坝时用得更多，百十来个。社员、村民都愿意跟我干，知道我不欠他们工资，年底一准清账。这种信任，要不是在家乡，建立起来不容易。2019年，我付给村民工资约30万元。这账我清楚，买了多少钱的料，就有多少钱的工钱，一半工一半料，这是规律。

最大的难题是销路。现在主要在网上销售，太原、北京有老客户，共有100多个会员。一般是个人需要，餐厅不要，因为成本高。价格是每斤20元，会员15元。市场上正宗土鸡蛋每斤12元，但是它的蛋品不如我的稳定，因为松针鸡饮食结构、下蛋时间稳定。想想吧，有多少鸡能吃虫子、玩沙子、饮泉水、听音乐？我们的鸡都做到了，蛋品能不好！但我需要更多渠道把销售做上去，把我的6个鸡舍全部装满鸡。真是精疲力竭啊！我马上要做的是，与国家一些项目对接上，以开辟更大销路。

政府以扶贫项目资金支持我养鸡。通过与县农委、农业综合开发办等部门沟通，我们得到县政府的100万元扶贫资金支持，但我必须履行责任：前3年，每年给村集体分红10万元(100万元×10%)，村集体将分红用于精准扶贫上；3年后，可按具体效益与村里分红。这是政策刚性要求。现阶段任务极重，因为钱大都投入到基础设施建设上，不是运营运转。这样，政府借鸡扶贫，汇鑫借力养鸡，合作双赢。

有人想与我共同开发旅游业，我不干。我的鸡可以维持公司运转，虽然还谈不上收益。当然并不是零收益，只是少了些，三五万元还叫收益？但我相信松针鸡的前景非常好。如果我的鸡真能养到2万只，就有赚头了，还得靠规模。

养殖业蕴含旅游业

汇鑫公司修了一条路，让养鸡场直通大路，很多人慕名而来买松针蛋，顺着大路走到山口一看，就想返走，说，哪能是养鸡场？分明是一个景区！是呀，他们不习惯养鸡场既不乱也不脏还很美。我说，的确，这里是景区。人们最后发出疑问：这究竟是风景区在养鸡场，还是养鸡场在风景区？问得好！养鸡只是养鸡场的一部分，风景是更大的一部分，旅游业做起来是必然的。我们尽量保有松山原始风貌，尤其是这松林，不做任何人为改动。

来来来，请站在小松山上的观景台享受一下四面风景的感觉吧。

闭上眼，闻一闻，风中充满了什么？松香味！清新、浓郁，带着一点野性，随便在什么地方就能呼吸到这香味吗？不要睁开眼，听一听，松涛声一阵接一阵，哗哗—哗哗，像是千军万马冲过来了，已到眼前，气势大得很！睁开眼吧，看一看，大松山、小松山都被油松全覆盖着，天然林，满眼都是，看着它们就入迷，就忘记了全世界的存在。

我小时候这里就有大部分松树,现在它们的年龄已超过50岁。我们不能随便砍伐,非要砍,也得办砍伐证,砍一棵补一棵。松树大了,需要科学间伐。我们间伐过100来棵,同时在对面山上种植了2万棵作补偿。松树是这里最大的旅游资源,除了闻、听、看外,游客可以到松林里学知识、采野果,等等。

向北俯视,是赵北村全景;向南俯视,就是鸡舍全景。向南远望就是大松山,松树下散养着黑猪、松针鸡,还有一些说不上名的宝贝。除了6套鸡舍外,我还建了百鸡园,集中展示多品种鸡,给它们建小木屋别墅,前间起居,后间产蛋,开盖取蛋,鸡不受干扰,我自己设计的。百鸡园用于讲解鸡的知识,供科普旅游用。牛舍、猪舍、鸟类科普教育场地都是科普旅游内容。只不过,这些设施还没运转起来。

刚刚上小松山走过的台阶,从养鸡场一直通到山顶上。我原计划在台阶两侧种各种药材,但一挖才知道,这是石头山,不能种。台阶两侧这些不规则的巨石,是当初探矿挖出来的,表明这里没有矿石,真是松山的万幸!不过,这些探矿弃用的山石,每一块都是风景,每一对游走在山花丛中的蝴蝶都有故事,我们只要向游客讲述石头和蝴蝶的前世今生就迷人得不行了。山顶上有个药王庙,是我在遗址上重修的,庙中供奉的是孙思邈、李时珍等古代"药神"科学家。药王庙西面是文昌庙旧址,也将重建起来。赵北村人才辈出,人们崇尚读书,据说文昌庙只是一个由头。

停车场、宣传介绍显示屏都完备。大、小松山之间有一道山泉水,我们保护得很好,山上各种鸟都飞来喝水,野猪也出现了。

山上还有一个备战备荒的防空洞,到时修一条路上去,更是一个绝好的旅游景点,想办法整得看头大一些。

我们还能为游客提供有机食材、灶具,大家可以自己动手做饭,或购买有机食品,也可以在食堂吃现成的。

人到底是从大自然中走出来的,当你静心置身于大自然怀抱中时,会非常心安、踏实、陶醉。这将是人们到松山旅游的最大收获。

以上就是我们的旅游规划。目前已经启动了一部分,吸引了一些散客。

立足松山建设有机社会

2020年2月,新型冠状病毒感染疫情还在凶险中,我以汇鑫公司的名义向战斗在一线的赵北乡疫情防控指挥部捐赠了松针绿壳鸡蛋100箱、火腿肠50箱、纯牛奶50箱,价值1.6万多元。

其实,我每年都要给村里分钱,让贫困户劳动力及其他村民就业,每年教师节都要给学校捐物资。我和赵北村关系好着呢,因为我就是这村里的人。我家

2020年疫情期间卢永青(右)向社会捐赠爱心物品(卢永青供图)

是村里的小户，以前，村里有人排挤我，甚至有人说，松山松山，这是姓孙人家的山，怎么成了“卢山”了？现在请他们来一看，他们才意识到，我做的事，他们做不来，就不说话了。

养鸡场原是乱坟滩，一般人不敢住。但我不怕，能在这里睡觉。每年阴历五月初三，我都要祭山。这是种仪式，不是讲迷信，是表达我们对大自然的敬畏。人必须有敬畏之心，然后才能充分利用大自然为自己谋福利，我相信大自然是默许的。

以前，松树被盗伐太严重，为保护松山，村委会让我承包松山，并给了我50年经营权，山上任何资源都归我经营，但有一些需办手续。当时野生动物没这么多，放牛、放羊的人管不住。我接上后，就得管一管这些牛羊身后的人，所以那几年有人专门与我作对。但我做的正是政府想做的，是正义的，有底气的，他们注定得改变老习惯。现在没有人敢来放牧了，松树越来越茂盛，地面植物越来越丰富，野生动物也越来越多了。

我们正在建的河坝是为了防洪水。其实这里是灵丘县的北山区，缺水，但我们要防百年一遇的洪水，不只为养鸡场，也为下游所有农田、道路。

今天是2020年7月25日，有近10位妇女在养鸡场职工宿舍接受月嫂培训。这是大同市为灵丘妇女们进行免费技能培训，养鸡场免费提供教室食宿条件。前一天已有50人培训过，这是为误课的妇女们补课。这事情在这里是常态。

中北大学有一位教授在养鸡场做试验，两位学生，一位姓赵，一位姓张，住在养鸡场，对30多只鸡做测试，每天定时测一组数据，他们在搞国家什么计划的一个子课题。这事情有意义，我免费提供场地和住宿。

我的脑子里有一个蓝图：①养殖业发达(不限于松针鸡)以销定产；②搞科普旅游、体验旅游；③容纳、合作科学试验；④搞公益培训，我提供场地；⑤把所有资源都融合到旅游产业，追求“1+1>2”的效益；⑥在景区融入地方历史文化。

为了实现这个蓝图，我已投入500万元，这才叫没钱人做了有钱人的事。好多事需要做，可现在是心有余而力不足，资金、脑袋都不够用。我得组建智囊团。

我脑子里怎么会有这么一个蓝图？家里穷，穷则思变，想做一点事，不想碌碌无为。说实话，要是图舒服，我就不上山做这事了。我老婆是老师，一年五六万元收入，我原是银铜矿的会计，收入也不少。

真的凭的是一腔情怀，就是想为家乡做点事，带村民增加收入。刚开始，我想把鸡场建在南山区，那边有政策、物资支持，有水，更容易赚钱。但后来我决定把钱投到北山区我的家乡，村里也愿意把这两座山1000多亩交给我经营，我何德何能能担起这两座山！我必须全力以赴，对得起乡亲们的信任！

全域有机农业是大气候，有县委县政府做有机农业导航，我搞有机养殖不走弯路。比如，有机产品认证，县里有专门机构代理我去认证，省人力、省时间、省精力、省成本，非常好。我的鸡蛋品牌是爱圪蛋，认证成功后，有机办（原灵丘县有机农业园区建设领导组办公室）还要补贴我，其实我没出多少认证钱。中国农业的走向就是有机农业，我看好这个走向，所以会一直投资有机养殖业。

第七篇　一个人的坚持

——张英枝说

张英枝，灵丘县南山区独峪乡大兴庄村村民。不用政府动员，不管别人笑话，不怕硬核困难，他一个人坚定不移地走上有机农业道路，终于带动起一个有机合作社，建起一条生产—加工—销售的大兴庄村有机农业产业链。他瘦弱的身体里到底蕴含了多少能量，无可估量。有两点是明确的："全民健康"是他的出发点；他代表了灵丘全域有机农业建设中最基层、最活跃、最坚韧、最值得依赖的纯农民个体力量。

灵丘县独峪乡大兴庄村民　张英枝

大兴庄村气温比周边10里以内的村庄都低，与其他村庄相差10天的节令，这对庄稼生长影响很大。比如，秋天，我村会提前10天下霜，所以我们只能种小日月（成熟期较短）的作物。我去买种子，商家会问，大兴庄的？是的。于是单独卖给我125天生长期的玉米、谷子种子。2020年，我把尝试种的50多亩大日月（成熟期较长）谷子给毁了，改种小日月的。因为天旱，大日月谷子出苗太晚，减产或绝产败局可以预见。

我搞有机种植是有原因的。2012年，村里有一个叔叔，吃甜菜（一种野菜）要了命，原来，甜菜上有农药啊！这给了我很深刻的启示：种庄稼再也不能上农药！别人我管不了，但能从自己做起。2013年，我开始一个人搞有机种植。

一开始我以有机生产方式种谷子。别人都在打麻将，我在太阳下锄草，大家都说我思想有问题。我是秀才遇到兵，有理说不清啊！

不过，我想，咱虽然是农民，也要做点有价值的事；未来，人们应该吃健康食品，这是发展方向；过几年，村民一定会认可我！所以，搞有机种植，我坚定不移！

我原来坚持种50多亩有机田。有一片最大，18亩，其他30多亩分散在10

多个地方,周边都是普通农田。麻烦的是,我不打农药,周边农田都打。这问题怎么解决?我问过专家。专家说,集中连片种植可以解决。可还是不成,因为总有人不愿意流转耕地给我,或者,流转费太高我接受不了。

苦思冥想后,我终于找到了新办法——开荒。这些荒地集中连片,且远离村庄,没有路,多年没人耕种,没受过化肥、农药侵害,这不是正好缩短了有机种植的转换期吗?

但我的有机种植环境仍然不好。有一天,驻村第一书记张志刚对我说:"你得带动其他人!你在田头树一块牌子,给自己做宣传,让过来过去的人看看你的有机田。"好主意!我马上照办,找了块木板,涂上天蓝色油漆,用黑色毛笔写上:"大兴庄村张英枝绿色种植示范田",约 1.7 亩,拉了多少车有机肥,上了多少斤干饼肥,等等。那一年,我的谷子长得相当好。

张英枝和妻子拿出当年亲手书写的示范田公示牌,感到非常庆幸

然后,我想到了进一步带动大家的方法。我把自己的小米、玉米面分给大家吃,大家都说好吃,我趁机告诉大家:这是不打农药不用化肥的结果。好笑的事情出现了,有些村民卖掉自家的玉米、小米,来买我的吃。他们还把我的粮食当礼物送给别人。

2017 年,我终于影响了 4 户村民,他们想通了,愿意跟我一起种植有机谷子。

另一个问题又来了:价格上不来怎么办?2019 年,当地玉米行情是每斤 0.9 元,而我的是 1 元,只比别人的高 0.1 元!0.1 元难以体现烈日下锄草的工夫与汗水,难以体现有机粮食的安全与营养价值,难以说服其他村民一起搞有机种植,目前我还解决不了这个问题。好在小米价格略高些。

目前的小米销售方式是人托人。我的小米远销到陕西省、山东省、湖南省、北京市。我的一个朋友在 2017 年把我的小米推荐给一个西安经销商,人家分 4

次，从我这里买走3000多斤。价格每斤6元，当时的普通米是3元。那年我种了10亩谷子，平均亩产510斤，产小米4000多斤。后来，我还剩下1000斤，本来还想向西安销售，却再也没能销出去，为什么？这涉及那4户村民。

那4户跟着我种谷子的村民，看我的小米卖到了西安，而自己还找不到销路，说我只管自己，不管他们。哪能呢？他们是我的首批支持者，我要帮他们销售，稳住他们的积极性。在西安客户第三次要货时，我替这4户卖了1000斤小米。谁知，西安老板回头就说，第三次小米不正常。我想，坏了，他们的地还没过转换期，有化肥残留。可是为时已晚，这个客户我就失去了，所以一定要有3年的转换期。当然，我剩下的小米想从这个渠道卖出去是不可能了，最后，人托人卖到了灵丘县城。

2018年，我得到一个山东客户，每年我都给他供小米。北京有一位客户，以前多病，听到我的名声后，亲自来找我买小米，他找对人了！每年300斤小米，连买带吃带送的。现在主要有湖南、北京、山东的3个固定客户。

客户每年从我这里买上万斤小米，我的不够，就卖其他村民的，当然必须是有机的。独峪乡孙家庄有七八家用有机方式种植谷子，每年能打1万斤谷子，能满足我这里的需要，他们也依赖我的销路。

我其实不考虑销路，只管种好谷子。我的小米不缺销路。当年西安客户要我出个价，我使劲要价：6元！当时普通小米是每斤3元。这个价格一直延续到现在没变。现在普通小米的价格是每斤5元，差距太小。2021年我每斤加了1元。

除了销售到外地和大同市区以外，我的小米也销给灵丘人。同时，我把有机粮食做成熟食，销到20里外的农贸市场。我打的是“全民健康、无毒无害、无公害食品”的旗子，就挂在摊位上。

张英枝说其实也不是他一个人在坚持，妻子一直和他共同坚持

到2021年，我带动大伙搞有机种植已经4年，但一个人的影响力真的太小，效果不明显。我分析有几个原因：一是农民在观念上不想改变，传统习惯控制了他们；二是缺有机肥；三是成本大，主要是投工太多，锄草就是一大项；四是我们的有机产品价格上不来；五是病虫害没有好办法控制，一家不打农药，周边的地都打农药，还是做不成纯粹的有机生产。估计这是小户有机农业生产者都会遇到的问题。

一个人的坚持虽然无力，一个人的影响力虽然微弱，但一个人的坚持也有价值,一个人的影响力也是有意义的。

2019 年,我带头在村里成立了合作社,这是受中国农业大学胡跃高教授的学生指点。我带动 5 个农户,用我摸出来的有机方式种植了 100 多亩谷子,每亩收 500 斤,共收获 5 万斤。

2020 年,合作社买了锄田机、播种机、地膜机,6 个人每人出资 1800 元。这一年,在我的带动下,邻近的上寨南村两户人家也开始用有机方式种下 20 多亩谷子。

为了担当社会责任,做好宣传,我们种了 10 亩义工田,专做公益事业,用 10 亩地的收入去救灾、扶贫。2020 年初,武汉封城,疫情危急,我们送上 100 元捐款、50 斤小米,我个人还捐了 100 斤玉米面——可别笑话这些数字小,这对我们纯农民来说,其实并不小。在我们的带动下,还有 3 个村,共捐了 500 斤粮食。

2020 年,大兴庄村白书记(第一书记)帮我们联系好一家帮扶公司。公司 6000 多名员工,全吃我们的有机小米。白书记还帮我们建好了有机粮食加工厂、陈列区,他眼光远,想把我们的好粮食卖到全国。

从一个人坚持到合作社带动,从单纯生产到加工展示,我感受到了集体的力量! 不能再单打独斗了,我们要赶上社会发展的步子。

我们建义工田时,我老婆提出一个问题:“用什么检查粮食成分?”胡跃高教授说:“诚信是粮食最好的检测剂。”我一听就明白了,我们就是老老实实种植不打农药不用化肥的粮食,这就是诚信。胡教授这启发太大了。

“文化大革命”时,我小学毕业,初中都没念。父母早逝,我放羊,非常爱看书,还订过《中国青年报》,关注国家发展大事。我还看四大名著,替村民写对联、写信、写祭文。我天天看《新闻联播》,每天都在学习新的知识。农村、农民需要为社会种好健康粮食,这是我们的天然责任! 能为社会做贡献才有价值。只为自己劳动,价值就小多了。

做有机生产,需要有理想的人、有文化的人(不一定是高学历的人)。我感恩国家,免交农业税是开天辟地的好事,而且国家还倒贴这补助那费用,不断给钱。农民不要“等、靠、要”,要自己动起手来建设自己!

第八篇　把百名妇女组织起来

——李秀兰说

李秀兰，灵丘县武灵镇支庄村人，灵丘县云之梦手工编织专业合作社理事长，被誉为灵丘县“草编第一人”。

灵丘县云之梦手工编织专业合作社理事长　李秀兰

我们的草编现在仅限于玉米皮。

①原料。玉米皮最里面细软的一层。虽然原料遍地，还是免费的，但一天只能摘 4 斤，同时还要免费给玉米主家剥玉米才行。

②人工。我把 12 个乡镇的 100 多个妇女组织起来，给她们说明白了要求、尺寸，教她们编织玉米皮产品。这其中有 20 多个贫困妇女，还有几个残疾人，她们凭着玉米皮，平均一个月挣 1500～2000 元。

③收购。我自己用现金收购妇女们的产品，她们编多少我收多少。一个玉米皮包装盒的收购价是 23 元，零售价 25 元，毛利润 2 元，其中还包含了 0.7 元绳钱。拖鞋 35 元收购，45 元卖出。其实我的利润很小。

④销售。各界人士帮助，灵丘很多县、乡干部自己买，同时在朋友圈帮助宣传。中国农业大学胡教授不仅买我们的产品，还借给我钱。灵丘县文旅局李栓明局长帮我牵线，把草编篮子卖给别人装蚂蚱酱。在大家的帮助下，有企业下订单，2020 年底需要 5000 个鸡蛋篮子，我们当年 5 月就开始编织了。

⑤品种。50 多种。我自己设计的，工艺品、实用品都有，花瓶、挂件、鞋、篮子等。

⑥资金。我自己解决，目前正办无息贷款。

⑦困难。销路少，产量低，人手少，利润太低，家人不支持。

⑧带动贫困户。20 多家。刘仙花 2020 年 1—4 月，疫情期间，每月有 2000

元收入。

⑨培训。2019 年,我培训农村妇女 300 人次。

⑩场地。2019 年,村里帮助租房子,作为合作社办公地、产品展示地。从 2020 年起,我自己租门面经营。

非常感谢党和政府!感谢帮助我们的所有人!我们一定会坚持把手工编织做下去!

第六部分

解读灵丘实践

如果理论是珍珠，实践就是大海。

第一篇　10年笃行　“厚积厚发”
——中国农业大学灵丘教授工作站说

中国农业大学灵丘教授工作站

（王春供图）

中国农业大学灵丘教授

工作站站长　胡跃高

中国农业大学灵丘教授工作站，2017年挂牌成立，担负全灵丘县有机农业生产示范、产业发展、农民致富的任务。多年来，中国农业大学依托教授工作站，实施了省校合作“12大基地”建设、研究生科研试验示范、有机农业生产技术体系建立等任务。同时，它也是灵丘有机生产技术体系落地的指导者和领跑者，还是“车河模式”和灵丘实践的研究者。

2013年5月，《山西灵丘有机农业园区实施规划（2013—2030）》项目组正式立项，中国农业大学牵头组织全国16家单位共71位专家，用时100多天，完成了规划。2013年9月1日，该规划在北京通过验收。2013年底，灵丘县第十五届人民代表大会常务委员会通过决议：举全县之力，实施规划建设。灵丘当即进入10年全域有机农业建设探索期，义无反顾。

灵丘实践,10 年笃行,“厚积厚发”,值得研究。

思路

全域有机农业建设的根本战略目标是实现乡村系统可持续发展,为城乡统一和谐发展奠定根本基础。在此目标下,灵丘思路如下。

在县委县政府支持下,进行科学规划;以村为单位,将规划落实到村集体、合作社与企业的合作中;对资金、项目统一布局,坚定村庄党组织的主导地位,保障村民的主体地位,确定合作社与企业融合发展的关系;通过村社一体、社企合作机制,实现有机社会建设目标,从而将全域有机农业建设事业进行到底。

在实施建设过程中,规划起到了先导性作用。

村庄经济组织(比如合作社)与驻村企业建立平等关系,村民要保有乡村主人翁的地位,这是我们的先见性设计。因为企业支配土地是不可持续的,有大量的历史经验教训放在那里,灵丘的建设主导者明白这一情况。

在建设过程中,农业生产是农民的优势,村庄建设、资源经营是企业的优势。我们的规划设计是让双方发挥各自优势,分别主导生产、经营,各自保有饱满的积极性。如果让企业去耕种田地,难!结果只能是三五年即退回耕地,企业赔了钱,还耽误了村庄有机农业发展时机,挫伤村民建设积极性。我们的规划设计避免了走此弯路。

规划组认识到基层党组织的绝对重要性,它是凝聚人心的核心力量,是事业成功的根本保障,规划突出了县、乡、村三级党组织的联动主导性。原来的上车河村、下车河村,有 81 户 176 人,但常住的只有 40 人左右;现在车河有机社区常住人口为 182 人,增加的 140 多口人,大多是从外地回村的创业者及其家属。事实证明,规划坚定党组织的主导地位是正确的。习近平总书记说过:“要加强党对‘三农’工作的全面领导。”“坚持五级书记抓乡村振兴,让乡村振兴成为全党全社会的共同行动。”这是指南针,是路线,是大前提。无论是规划还是实践,都要把持好。

布局

灵丘县全域有机农业建设布局,可分为两方面:一是建设对象布局,二是建设力量布局。

一、建设对象布局

将全域有机农业建设整体划分为三方面内容:有机社区、有机生产、有机社会。建设目标是三位一体,缺一不可;三者之间可分步建设,每一方面内容均以其他两方面为存在背景和支撑，每一方面内容均在体系中发展。它们的关系极其密切，仿佛一个完整的生命系统。

有机社会：灵魂；有机生产：血液循环系统；有机社区：躯体基础结构。

布局
- 建设对象：有机生产、有机社区、有机社会
- 建设力量
  - 一项硬实力：先启动建设对象中的任一项，再带动另两项，后融为乡村整体
  - 两项软实力：一支科研团队，一个国际论坛，即技术＋影响力

二、建设力量布局

先启动三个建设对象中的任一项，再带动另两项，后融为乡村整体——一项硬实力；依托一支科研团队——一个软实力；举办一个国际论坛——另一个软实力。

一项硬实力＋两项软实力形成一体两翼阵势，简直如虎添翼。灵丘县分阶段、分层次开展全县建设，获得了累累硕果。

①全县点、面结合建设的有益经验。

②吸引、培养了王春、段卫国、刘锦林、张英枝、赵飞、李富岗、李秀兰等一批有机农业建设者以及其引领的有机合作社或企业、团队。

③形成党政推进、社企担纲、社员支持的与有机生产、有机社区、有机社会三位一体建设配套的组织体系。

④建立以县委县政府决策为方向，以大学专家学者团队为技术支撑，以合作社社员、企业、创业者为投资者和生产者，以有机生产技术体系及有机管理体系为保障，以有机认证为手段，以互联网、乡村旅游、有机农业国际论坛为平台的灵丘县有机生产建设体系，至今已有 60 多种农产品取得有机认证，县域有机农产品综合品牌“灵秀灵丘”，正在扩大影响力。

⑤成功推进建设了 6 个有机社区。以车河有机社区为模板，先后推进建设了龙渠沟、烟云崖、御射台、沙岭台、花塔 5 个有机社区，村民的生活发生了巨大变化。以车河有机社区为例：2013 年人均收入 2350 元，2019 年 18500 元，7.9 倍的关系；2013 年前，上车河、下车河 2 个村，常住人口均为老弱病残，才 40 多口，村庄一天天地走向空壳。2020 年的车河有机社区，有村民 81 户 182 人常住，社区一天天地走向兴旺。2017 年，外出创业的李占奎两口子回到村里，负责养殖有机鸡，仅此一项年收入近 5 万元。随着年轻人的回归、进入，车河有机社区的幼儿园、养老中心建起来了。车河随之进入有机社区开路，带动有机生产、有机社会健康发展的三位一体崭新发展状态。

⑥有机农业建设工作为灵丘赢得了一系列荣誉。山西省有机旱作农业示范县、山西省改善农村人居环境示范县、中国最美生态宜居旅游名县、全国农村创

业创新典型县，等等。2018 中国扶贫国际论坛在北京举行，时任中共灵丘县委书记张强在论坛上介绍了灵丘县乡村有机农业扶贫模式，受到了广泛认可。2019 年 11 月，在中国有机农业 30 年大会上，灵丘县荣获全域有机创新奖。2019 年 7 月 15 日，山西省攻艰深度贫困推进乡村振兴现场会在灵丘召开。中国农业大学农学院因发挥学科专业优势，扎根乡土乡村，在灵丘县开创“有机旱作助贫模式”，助力全县脱贫，荣获 2019 全国脱贫攻坚组织创新奖。

全域有机农业建设拉动了灵丘乡村旅游，当地人与游客互动更多了

细说两项软实力：

一是一个复合式科研团队。科研院校与科技企业进入灵丘，组成了一支跨时空、多学科、复合式的科研团队：以中国农业大学为基本依托，团结国内外相关科研院校与科技企业参加建设。太原理工大学、山西农业大学以及来自北京、上海、天津、台湾等地区，来自日本、美国、比利时、意大利、德国、法国、澳大利亚等国的数以百计、涉及有机农业建设的科学家、企业家来到灵丘参观学习，调查研究，相互支持，共同成长，建立了县域有机农业共生体。灵丘县人民政府以启动《山西灵丘有机农业园区实施规划（2013—2030）》落实为契机，与中国农业大学等单位建立了全域有机农业共建工作关系。历经多年持续建设，多个合作项目开花、结果：建立中国农业大学山西灵丘教授工作站，建立太原理工大学山西灵丘教授工作站，启动合作培养精准扶贫专项硕士研究生项目，启动合作培养乡村振兴专项硕士研究生项目，启动中国农业大学大学生社会实践基地项目，启动中国农业大学就业创业实践基地项目，启动中国农业大学全日制专业学位研究生实践教学基地，启动全国农学院协同发展联盟社会实践基地。

截至 2022 年，中国农业大学已有 2 届 24 位精准扶贫、乡村振兴专项硕士研究生在灵丘一边学习，一边参加农业农村工作。第一批 15 位精准扶贫专项研究生已毕业，1人作为灵丘县引进人才，在县农业农村局工作。其他中国农大学生深入灵丘参与农业工作也非常扎实，比如，硕士研究生高永，深入车河村有机玉米试验田，通过海量的对比试验，摸索到有机玉米高产用复合肥（有机羊粪/矿物肥/拌种生物肥）的最佳配比。再如，硕士研究生高游慧（现为博士研究生）通过无数次试验，找到了有机黄芪用复合肥的最佳配比。精准扶贫专项硕士研究生徐鹏举成功地为上北泉村书写下村志，等等。

二是一个连续多年的国际论坛：中国大同·车河国际有机农业论坛，是一个在中国小山村车河举办的国际性论坛。前3届由灵丘县主办、承办，后6届由大同市政府、中国农业大学、山西农业大学主办，灵丘县承办。论坛每年都在新的实践基础上总结经验，并根据国际国内最新发展形势，围绕最急迫的问题，设立主题，展开讨论。论坛在相当程度上指导了当时的有机农业建设，其间的学术交流为灵丘县有机农业建设事业留下了宝贵的资料。

第五届中国·大同车河国际有机农业论坛开幕式

第一届到第九届论坛主题分别是：第一届（2014年），有机农业社区建设；第二届（2015年），有机社区·美丽乡村；第三届（2016年），有机农业助力精准扶贫；第四届（2017年），有机旱作农业与小康社会建设；第五届（2018年），有机农业与乡村振兴；第六届（2019年），有机农业与高质量发展；第七届（2020年），有机农业与生态扶贫；第八届（2021年），全域有机农业与县域乡村振兴；第九届（2022年），有机农业助力乡村高质量发展。

在第七届论坛上，山西省全域有机农业产业创新联盟成立，拉开了“车河模式”在山西省推广的序幕。第九届论坛对灵丘10年有机农业发展历程进行了回顾和总结，使其经验更加完备，理论更加完善，为灵丘县全域有机农业建设继续下去，为乡村振兴战略高效实施提供了更可靠的依据和路径。

这个论坛已经成为山西省农业领域最具影响力的论坛，全国上百家媒体对此进行报道，车河已经是全域有机农业建设的代名词。

经验

灵丘10年的实践可概括为明确的“点面结合”建设工作:第一是“车河模式”点的探索;第二是在县域展开面的建设。其中蕴含的“灵丘经验”,也分为点、面两部分内容。

第一部分:“车河模式”的建设经验

第一条经验:以全域有机农业思想指导建设。

在科学论证基础上,县委县政府决定按照“有机生产、有机社区、有机社会三位一体、同步建设”的指导方针,进行县域有机农业试验示范建设。同时进行多方调研,寻找突破点,以集中力量,深入探索,积累经验,进而在县域全面展开建设。10年来,这一指导思想始终没有改变,并且随着时间的推进,灵丘县对这一指导方针与指导思想的选择越来越坚定。

第二条经验:将建设突破口选择在村庄。

最终确定以车河有机社区为基本单元,先行展开灵丘县试验示范建设工作,树立全县样板,即先在点上启动建设,后在面上全域推进。车河有机社区已经成为灵丘县有机农业园区建设的一面旗帜。

村庄是地理系统的基础结构单元,是整个乡村社会的细胞,是基本功能单位,是千百年来形成的乡村地理系统的基层组织结构。只有解决了一个又一个村庄意义上的有机农业建设问题,才能让县域社会经济与生态建设步入全新发展状态,即村庄是打开县域有机农业建设的机关所在。这是通过车河有机社区建设实践真诚地奉献给中国,乃至世界的重要启示。

榜样的力量是无穷的。车河有机社区,是中国第一个有机社区。今日车河已经成为灵丘县乡村振兴的标本,影响山西,辐射全国。

第三条经验:将土地等资源的经营权全部流转给合作社。

2013年,车河有机社区成立了灵丘县道自然有机农业专业合作社,村民将承包地经营权流转给道自然合作社,村委会代表村集体,也将全部土地等资源经营权流转给道自然合作社,从而克服了原有每个家庭承包土地分散几十块,企业要么进不去,要么进得去、理不清、出不来的问题。用今天土地“三权分置”的观点看,车河在当时情况下进行的土地集中使用是必须的,是正确的。

第四条经验:企业主导有机社区建设与经营,合作社侧重有机生产与有机社会建设。

这是连续10年实践摸索出的又一条基本经验。道自然合作社把村庄全部土地、宅基地等资源的经营权,通过协商,流转给灵丘县车河有机农业综合开发有限公司。此公司利用自身资金优势、市场优势、信息优势进行社区建设与经营,新增经营项目与合作社协商推进。2017 年启动的车河旅游项目和 2018 年启动的梦幽谷项目都是按照这一方式管理的。

初期阶段,灵丘县车河有机农业综合开发有限公司将全部耕地的管理任务都承担起来;几年后,作业效率不高,管理成本大,随即协商将种植与畜牧养殖等有机生产任务分步移交给合作社;合作社在充分讨论的基础上,分项启动有机生产项目,逐步展开养鸡、养猪、种植等工作。10 年之后的今天,企业与合作社成为车河有机社区建设互相离不开的工作伴侣,在建设实践中比翼双飞。企业主导有机社区建设与经营,合作社侧重有机生产与有机社会建设,两者相辅相成,荣辱与共,这是车河有机社区试验示范建设取得的重要经验。

第五条经验:产业、经济、管理三级结构分化成型。

车河有机社区是新组建的社会经济结构体,由上车河与下车河两个建制村合并而成,成立了统一的车河村党支部。在产业、经济、管理方面,形成了三级结构体系。

第一级为决策层。由灵丘县金地矿业有限公司与车河有机社区联合组建灵丘县车河有机农业综合开发有限公司,此农业公司作为管理与决策机构,负责车河有机社区所有重大产业建设项目的决策,是园区产业建设的领导核心。第二级为组织执行层。分为两部分,分别是:灵丘县车河有机农业综合开发有限公司项目部,负责车河有机社区建设与管理;车河道自然有机农业专业合作社,负责组织有机生产。第三级为执行经营项目组,在组织执行层下面负责具体项目的落实。其中有机社区建设与经营部分,包括有机餐厅、旅游接待、梦幽谷项目与食用菌项目小组;有机生产部分负责蛋鸡养殖、生猪养殖、耕地种植管理等项目组。车河有机社区产业、经济、管理三级结构体系的逐步建立与完善,保证了 10 年建设中每项建设任务分工明确,落实到人,这是“创造美好家园,实现产业兴旺”车河奇迹的重要组织保障。

第六条经验:村党支部书记、村委会主任、合作社理事长一肩三挑。

上车河、下车河两个建制村合并,大量城市资本进村,数十项国家项目落地,旧村落全部推倒待垦,上百村民先后重新回归家园,建立新的有机生活秩序。如此天翻地覆的建设局面背后,是巨大的物质建设任务与思想建设任务。对于边远山区的车河来说,要平稳地完成海量规模的建设任务困难有多大,是可想而知的。实践证明,车河有机社区组建合作社,选村党支部书记、村委会主任兼任合作社理事长,是特定历史时期做出的正确决定。王春就是那个三副重担一肩挑的人。他作为村庄当家人就是一个“定盘星”,在整个有机社区建设中发挥了稳定投资者信心、安定村民人心的重要作用;他对村务、村民知根知底,为建设工程大事作长计划,为小事作短安排,大多准确无误——他是像时钟一样准确可靠的核心人物,是车河试点成功的一等功臣。

第七条经验:坚持党组织的坚强领导。

“车河模式”成功的前提是依靠党组织的坚强领导。车河有机社区建设工作始终是在灵丘县委县政府的直接领导与支持下进行的,车河村党支部严格按照上级指示精神办事,动员、组织、领导村民社员按时按质按量完成任务,不断增强全体村民建设的信心。在这一过程中,车河村党支部是有机农业建设的中心、主心骨。党支部在宅基地房屋变动、土地流转、项目工程建设与有机生产等日常事务管理中,工作细致,公平公正,大公无私,先人后己,做到了对每一户村民的充分关心,包括外出打工者,甚至是已搬离村庄多年的村民;村党支部充分发挥了党员、党组织密切联系群众、领导群众、凝聚人心的核心作用。事实再一次证明,共产党培养的乡村老党员、老干部是经得起历史考验的宝贵财富,是乡村快速发展的“压舱石”——乡村党组织在乡村振兴建设中完全可以发挥领导与核心作用,

第二部分:灵丘实践的建设经验

第一条经验:县委县政府面向新时代,勇于改革创新。

灵丘是历史名县,赵武灵王“胡服骑射”的改革精神深深融入了灵丘大地。灵丘是红色圣地,是平型关大捷所在地,不畏强敌、敢于胜利的精神渗透在灵丘人民心中。灵丘县委县政府无愧于新时代,面对脱贫攻坚新任务和乡村振兴与生态文明建设新格局,敢于担当,果断停止了一系列破坏生态、污染环境的矿山采炼项目,将建设目标转向乡村,向绿水青山转变为金山银山方向发力。这一明确的战略定位是探索灵丘实践、“车河模式”卓有成效的全部政治基础与基本思想保障。

第二条经验:用大开放思想汇聚建设力量。

面对全新、巨大、复杂的建设任务,灵丘县委县政府采用大开放思想方法,先是引进以中国农业大学为主导的规划团队,邀请专家对规划区每一个村庄进行调查研究,同时组织主要干部与专家同行调研;县委县政府一次又一次邀请专家参加县委中心学习小组座谈会,参加全县三级干部有机农业建设报告会;鼓励县乡干部与专家交朋友,听取建设意见,虚心学习,提高认识,坚定信心。从 2014 年开始,至 2022 年连续举办 9 次国际有机农业论坛,邀请国内外有机农业领域的专家、企业家、管理工作者,以及热心人士参加论坛,考察建设进展,提出改进意见,与数以千计的国内外同行建立了联系。这时候,事情已经发生了质的飞跃——灵丘已将全域有机农业建设事业变成了国内外有机事业建设者们共同关注、共同参与的大事业,从而赢得了国内外力量的广泛支持。中国·大同车河国际有机农业论坛已经成为国内两大有机农业论坛之一,成为每年一度的有机农业领域前沿理论与技术交流研讨的盛会和大平台。

大同市人民政府与中国农业大学签署《战略合作协议》

第三条经验：村民为建设主体，群众是新时代英雄。

唯有村民人人以主人翁的精神积极参与，灵丘全域有机农业建设事业才是可操作的、可持续的，县委县政府显然是看清了这一点。县委书记主导有机社会建设，进村庄、进农家，与企业家、与村干部、与村民谈有机种植，谈有机社区，及时协调解决多方矛盾。边建设，边宣传，边交流，使得灵丘从村民到县乡村干部，大多对有机农业有基本认识，因而能够积极支持、参与有机农业建设。于是，灵丘涌现出一大批形式多样的有机农业建设典型与群众典型代表。在县委县政府的支持下，上沿河村、下沿河村接受台湾建筑师谢英俊指导，走出了“村庄建筑格局不变，原地原位修整，国家项目投入，自主建设发展”的另一条有机社区建设道路，目前，村庄正在向有机生产方向延伸发展；上北泉村、下北泉村则在原有生态建设基础上，引进大同电视台退休干部薛晋诞导演的大型实景演出历史文化节目《山水北泉》，启动了文化旅游业。这 4 个村从有机社区、有机社会建设入手，逐步转向了有机生产建设。独峪乡大兴庄村张英枝，70 来岁，8 年前在上寨镇听了一个有机农业的报告，加之目睹亲戚农药中毒的变故，便决心搞有机农业试验。2017 年，他种下 10 亩谷子，每亩施用 1 吨羊粪、200 斤饼肥。当年苗抓得不好，是半苗田，他担心产量。结果，亩产达到 528 斤，高于其他村民施用化肥的亩产量。之后的几年，他的小米以较高价格卖出，收益是普通小米的 2 倍。2020 年，在政府支持下，他带头成立了合作社，还建起碾米房，发展社员 12 户，有机田面积扩大到 120 亩。这一个个活跃的有机人，一桩桩新鲜的有机事，使得灵丘县全域有机农业建设事业呈现出生机勃勃的发展势头。

第四条经验：用“三驾马车”拉动县域有机农业发展。

全域有机农业建设的“三驾马车”理论是在全国范围内，在大量乡村建设实践基础上总结、提炼出来的，经过反复论证，得到县委县政府的认可，才用于指导灵丘实践的。这是理论从实践中来再回到实践中去的过程。根据发展需要，2014 年，车河走出了一条从有机社区建设入手，然后推进有机生产、有机社会全面建设的路子，这是一条高投入、早见效的路子。龙渠沟有机社区、城头会有机社区走的也是这样的路子。2018 年，上沿河村、下沿河村走上了另一条路子，即以较低投入，从有机社区建设入手，带动有机生产跟上。在很少投入的情况下，上北泉村也走出了一条路子，即从有机社会建设入手，条件成熟后，向有机生产展开。在多数情况下，村民完全依靠自己的力量，自发搞建设的路子，往往是从有机生产或有机社会建设入手的。其中，灵丘新泰合作社、田脊梁合作社、谷丰种养专业合作社（下称谷丰合作社）、天宇瓜菜种植专业合作社（下称天宇瓜菜合作社）走的是有机生产启动，然后逐步展开有机社会建设的路子。灵丘县云之梦合作社、灵丘县黍稷合作社、灵丘县灵之韵合作社，均从有机社会建设入手。从全县整体发展态势看，灵丘全域有机农业发展正呈现出一派“有钱出钱，有力出力”“八仙过海，各显神通”的欣欣向荣景象。

灵丘县人民政府与太原理工大学签署《战略合作协议》

第五条经验：相信科学，依靠科学。

2013 年，在进行有机农业建设规划的同时，灵丘县便与中国农业大学正式建立了协作关系。2017 年，中国农业大学灵丘教授工作站在车河挂牌，双方联系更加紧密，每一年都有项目互动：县委县政府每年都安排领导到中国农业大学，介绍有机农业建设进展情况；中国农业大学的多数校级领导及数十位专家，每年都到灵丘进行考察与研究。灵丘县有机农业办公室（全国第一个有机农业办公室）成为灵丘县与中国农业大学联系的窗口和渠道。通过这个窗口，中国农业大学每年都安排上百位本科生到灵丘进行实践、学习，安排数十位研究生到灵丘进行试验、研究，安排数十位教师到灵丘进行考察、调研。

如今，灵丘县与山西农业大学、太原理工大学及其他国内外专家与科技型企业也建立起了协作关系，其全域有机农业建设的生命力更加旺盛。在与高科技企业协作方面，2017年，灵丘县邀请北京平人农场总裁夏啸进村实地考察；2018年，北京平人农场与东河南镇的天宇瓜菜合作社进行合作，建立起有机蔬菜生产基地110亩，当年有机生产技术过关；2019年，基地生产蔬菜20万斤，产值超过100万元，实现收支平衡；2020年，在举国抗击新冠病毒的背景下，基地逆势发展不停歇，种植有机蔬菜20万斤，产值140万元，为隔离抗疫的民众做出贡献；2020年，平人农场再与灵丘县恒嘉利种植等4家专业合作社形成多方面合作关系，并积极支持其组建合作联社。2020年秋天，山东九间棚集团公司董事长刘嘉坤一行人慕名访问灵丘，寻求合作项目；很快，灵丘县派代表回访九间棚，双方已经启动在灵丘合作发展有机金银花的项目。相信科学、尊重科学、依靠科学的思想与作风在灵丘全域有机农业建设中贯穿始终。

车河村的有机蔬果展示(朱安妮供图)

第六条经验：将灵丘大地化为全域有机农业创新建设的热土。

2013年，灵丘县全域有机农业建设启动。从那时起，灵丘县就开始广泛吸纳国内外有机农业领域的优势知识资源与技术资源，获得了包括农学、社会学、经济学、旅游学、系统科学、建筑科学、环境科学、地理科学等方面的最新研究与实践成果。从2014年起，灵丘县面向全世界，连续举办国际有机农业论坛，主动邀请国内外数以千计的相关专家、领导、企业家进行实地考察、研究，虚心听取众人对灵丘有机农业建设提出的各种建设性意见；受中国农业大学、共青团中央等单位的影响与支持，每年都有数以百计的大学生、研究生、专家、领导、企业家、普通群众主动实地考察车河有机社区，考察灵丘县有机农业建设成果。与此同时，灵丘县组织县、乡、村三级领导及企业负责人、村民积极分子外出学习，针对性地引入优秀建设成果与建设措施，等等。如此的请进来、走出去活动，逐渐形成了灵丘县智力资源的外循环与内循环动态联动的“双循环”体系，为灵丘有机农业建设提供了巨大的智力支持。如此上下互动、内外联动，将灵丘大地化为全域有机农业创新建设的热土，当属水到渠成。随着有机农业品牌在全国叫响，灵丘县迎来了社会、经济全面发展的新时代。

在县委县政府的引导、支持下，车河有机社区、龙渠沟有机社区以及红石塄乡全域有机农业建设正在持续稳步推进。此外，一批有机农业企业、有机合作社雨后春笋般地涌现出来，并很快地融入灵丘社会，积极适应有机农业市场，迅速成长为有机农业建设主体。2019 年 4 月，在东河南镇清泥涧村，天津恒嘉利国际贸易有限公司灵丘分公司参与组建灵丘县田脊梁种养专业合作社。当年，合作社开垦有机旱作生产基地 400 亩，种植有机谷子、有机玉米等作物，喜获丰收。2020 年，田脊梁合作社取得南京国环有机产品认证中心有限公司的有机认证书，2020 年底，合作社决定增加社员，扩大规模。位于武陵镇刘庄黄峪村的灵丘县新泰畜牧养殖合作社，受全县有机农业发展形势影响，2016 年开始参与有机生产。2019 年，新泰合作社种植有机谷子 420 亩、有机玉米 950 亩、有机高粱 600 亩、有机小腰豆 500 亩、有机粟子 12 亩、有机中药材 100 亩，成为灵丘县最大的有机合作社。2020 年，大旱之年，新泰合作社谷子丰收。2020 年，地处县城郊的黑龙河村，以有机方式种植了 500 亩谷子，取得大丰收，村民喜气洋洋，准备下一年再增加 500 亩。有机农业已成为灵丘大地发展的主旋律，成为世人关注灵丘的最明亮窗口。

胡跃高教授与段卫国、贺建增察看有机谷子长势

王小芬教授率领研究生在灵丘种有多块试验田

第七条经验：探索到了一条由脱贫攻坚转向乡村振兴的基本道路。

2013 年，灵丘县确定了走有机农业道路的总方向，以及“三位一体、同步建设”的建设方针，全国第一个有机社区——车河有机社区应运而生。2016 年，经历 3 年转换期后，车河农产品通过了有机认证。2017 年，习近平总书记在考察山西时发出山西发展有机旱作农业的号召，灵丘全域有机农业建设受到鼓舞。1991 年，灵丘县被确定为国家重点扶持贫困县；2013 年，灵丘县启动全域有机农业建设；2019 年，灵丘脱贫攻坚取得全面胜利，退出贫困县行列，比全国规定时间提前了近 2 年时间(2020 年是全国脱贫攻坚收官之年)，提前进入乡村振兴时代。由于全域有机农业建设的方向与实践持续不变，灵丘实现了脱贫攻坚与乡村振兴工程的无痕衔接，实在是浑然天成。10 年的灵丘实践证明，全域有机农业建设是脱贫攻坚的重要手段，也是灵丘乡村振兴的基本道路或有效路径。

从整体发展过程看，车河有机社区建设是一场由生态型扶贫工程转向生态型乡村振兴的宏大实践。此实践，由县委县政府科学领导，由专家学者科学规划，坚定依靠村庄自身力量建设，积极动员城市力量参加，广泛集中全社会、国际智慧参与，已成为中国全域有机农业建设的样板。车河有机社区建设选择了就地改造的路径，具有投资力度大、建设内容多、推进速度快的特点。与此同时，乡村有机社会建设融入有机社区建设：保护、修缮村庄的豆腐作坊等历史遗迹，创建名人纪念馆等文化设施，从而保证了社会经济与人文生态的有效融合与可持续发展。“车河模式”下的建设成果表明，车河社区已经提前进入乡村振兴阶段，正在向着产业兴旺、生态宜居、乡风文明、治理有效、生活富裕的方向进发，为全国即将展开的乡村振兴建设提供了可靠的实践根基。

灵丘笃行 10 年的实践证明，全域有机农业建设是其脱贫攻坚的重要途径，也是其乡村振兴的基本道路。2021 年，国家乡村振兴战略工程已全面展开，灵丘县的乡亲们肩负着更加伟大的建设任务，正在满怀信心地迎接更加美好的生态文明时代。

不足

在中国，在全域有机农业建设方面，灵丘县是“第一个吃螃蟹”的勇者。10 年来，在“三驾马车”理论指导下，灵丘县摸着石头过河，一边探索，一边前行，一边提炼经验，一边解决问题，这都是灵丘实践常态。灵丘实践距离成熟还存在差距，一些不足已经显现，还有一些隐性的不足还未体现出来，所以其面向未来的任务就是积极面对问题，努力消化问题，持续前进，稳步走向成熟。

现阶段，灵丘实践的不足有以下几方面。

①全域有机农业“三位一体、同步建设”的过程展开还不完善，对下一步发展方式、方法的意见还未完全统一起来。乡村有机社区还需要一些时间来展示出自己的生命辉煌与魅力，其他的试验、示范点有的只有两三年的时间，正在继续成长。灵丘县全域有机农业建设还处于进行时，不是完成时，大家对下一步发展存在不统一的意见是正常的。事实上，这种持续的关注与批评正是灵丘全域有机农业建设推进的基础与动力。

②与全域有机农业相适应的新型技术体系、管理体系还未完善起来。面向生态文明时代，一个县域规模社会经济的发展与生态建设，既需要建立新型的技术体系，也需要建设与之相适应的管理体系，灵丘需要进行以新型全域有机农业体系为核心的机构改革与机制建设，这也正是乡村振兴建设基本任务中组织振兴的基本内涵。在这方面，县委已经探索性地设置了灵丘县有机农业办公室进行协调。随着建设的发展，有机办人员少、工作量大的问题越来越明显，未来需要建立县、乡、村三级联动的管理体系，以便更有效地组织群众深入、持续、系统地推进全域有机农业建设事业。

③存在对发展有机旱作农业战略方向统一认识的问题。2017 年，习近平总书记考察山西时发出了发展有机旱作农业的号召。2013 年以来，灵丘的有机农业建设实践与总书记的号召完全一致。但有的部门对这一问题的认识依然不够清晰，这显示出灵丘县加强理论认识的迫切性。列宁说："理论是实践的眼睛。"有机旱作农业战略发展方向已经提出多年，我们感到灵丘全域有机农业实践摸到了前进的部分道路。如何继续走，如何系统地、全面地进行理论总结，统一认识，提高相关部门的认识水平、创新能力与决策水平，是下一步理论和实践相结合过程中要解决的关键问题，也是长期的建设任务。

④还未进行理论总结，形成理论著作。"车河模式"与灵丘实践的 10 年历程积累了几十项实践案例、数以千计的调查研究材料，却还未归纳、总结、提炼。灵丘全域有机农业建设已经到达进行理论探讨阶段。这种总结将为当地发展、为同类地区发展做出更大的贡献。

⑤存在服务软件配套问题。这个问题表现为现行有机认证体系的配套问题。目前的有机农产品认证体系是从欧美导入的，对初期生产者有重要启蒙与引导意义，我国还出台并修订了有机生产的实施标准，全国有数十家认证机构执行有机认证，规定认证结果互相承认。这样的标准体系与国际有机农业体系基本对等，但执行成本高。比如，认证费用高，不能保证市场上有机农产品的纯洁性。有机农业要普及、要做大做强，就要不断降低过程成本，认证体系更加科学，能通过有机生产方式获得健康的农产品，能排除市场上的伪劣有机农产品。这些客观需求实际上是对行业提出了建设新型认证体系的要求。灵丘有机农产品如此大的体量应在这方面提出要求。这种要求应成为有机农业生产者、相关科技工作者与认证工作者共同努力的方向与任务。

⑥与全域有机农业配套的组织形式还未完善。全域有机农业建设是新生事物，是一种全新实践，需要有新的组织形式与其配套。其中包括有机生产的产前、产中与产后配套组织，乡村振兴建设的有机生产、有机社区、有机社会配套组织，管理体系的行政管理、市场管理与民间自我管理配套组织，县、乡、村与村民小组之间的衔接、管理配套组织，科技创新、科技推广与人才培养配套组织，等等。

⑦全域有机农业建设人才数量少，人才资源开发度低，亟待进行有机农业专业人才体系建设。尽管灵丘已在有限条件下做出了巨大努力，但还是不能完全解决有机农业人才资源稀缺、人才综合素质不齐、人才资源开发路数不清晰等问题。从一定程度上讲，人才问题是灵丘全域有机农业建设事业成败和建设快慢的决定性因素。培养本地人才，引进外来人才，建立先进的人才培育体系是灵丘的当务之急！

⑧总结、交流不足。务请建设者与后来者重视。

总之，灵丘县10年实践更大的价值是积累了大量可供全国复制或借鉴的经验。其间存在的这样那样的不足与教训必将得到解决，并能升华为更多、更精华的“灵丘经验”。

加时三问：

一问：灵丘有机农业建设搞得最好的地方是有工商资本参与的村庄。如果没有资本参与，一般村庄能搞成有机农业建设事业吗？或者说，缺钱的普通村庄，怎样搞有机农业建设？

教授工作站：答案是肯定的，能搞成！灵丘已经探索出多条普适性全域有机农业建设道路。前面已经说过，成型的全域有机农业建设包含的3个内容（有机生产、有机社区、有机社会），是一个你中有我、我中有你的有机生存、发展过程。虽是这样，却也可以不拘次序分别启动建设，也就是说，无论哪一驾马车，条件先成熟的先出发，然后积聚力量，拉动其他两驾马车上路。有企业资本进入乡村，就从有机社区建设入手；没有资本进村，就把乡村大戏唱起来，先搞有机社会建设；或者把有机粮食种起来，先搞有机生产建设，都行。然后，其余两项一个一个跟上，最终推进到三位一体建设。总之，有资本、没资本，都可以搞，殊途同归。

二问：给出这样肯定的答案，应该有事实依据吧？

教授工作站：依据是灵丘实践。

①上北泉村案例。红石塄乡上北泉村是灵丘名村，绿化工作做得非常好。当初村里想启动有机生产，但经费不足，思想也不统一，没能启动。一次偶然的机会，他们请来了大同电视台的薛晋诞，编导了实景剧《山水北泉》，一举成功，上北泉村成了灵丘县的一张旅游名片。后来，村里还请来中国农业大学精准扶贫专项硕士研究生团队编写村志。在此过程中，村两委、研究生们天天动员全村男女老少说历史、说传统、说文化，村民们逐渐统一了思想，启动了村庄旅游业，搞活了农产品市场，赢得了人气和资金。目前，村庄硬件设施建设跟上了，有机生产也搞上来了。这是从有机社会建设入手。

②燕家湾天宇瓜菜合作社案例。中国农业大学硕士研究生赵飞（目前已毕业）代表北京平人农场，在灵丘东河南镇建起有机蔬菜生产基地。基地流转了燕家湾天宇瓜菜合作社的耕地，聘用并培训附近村民生产有机蔬菜。从表面上看，

这不只是一个外地企业进村庄、是一个人的到来，更是成熟的有机蔬菜生产技术、模式、销路的引进。这个基地很快便培养出灵丘县的第一批有机蔬菜职业农民，并带动了周边村庄也搞起有机农业生产。这是从有机生产建设入手。

③灵丘县田脊梁合作社案例。段卫国是天津恒嘉利国际贸易有限公司总经理，也是灵丘人，早年外出创业有成，响应县委县政府号召，回乡投资有机农业生产。2018 年，他参与成立灵丘县田脊梁合作社，2021 年有机耕地面积已经从 400 亩扩大到 1200 亩。如今，田脊梁合作社的有机小米、有机荞麦茶、有机黄豆都陈列在自建的五谷杂粮展馆。同时，他引进天津一家企业，与村庄合作社对接，解决了有机农产品的销路问题。在这个过程中，合作社、村庄配套景观、功能设施建设跟进。这是从有机生产建设切入。

④新泰合作社案例。新泰合作社理事长刘锦林不是村干部，是改革开放以来自主成长起来的乡村能人，本土农业专家。他领办合作社，搞有机农业生产，保育本土动物、植物原种，还将农机服务做得火热，为其他 5 个合作社提供农机服务。合作社所耕种的地块，其实是他出生的村庄易地搬迁后留下的坡地。这是从有机生产建设入手。

⑤谷丰合作社案例。张英枝不是村干部，是一位思想超前的近 70 岁的农民。凭一己之力，他长期坚持搞有机农业生产、销售。在自我成长过程中，他影响了更多村民认识有机农业，并共同成立了灵丘县谷丰种养专业合作社。2020 年，村里的第一书记还帮他们建起了有机农产品加工厂。这是从有机生产建设切入。

⑥黍稷合作社案例。中国农业大学精准扶贫专项研究生们将灵丘县部分手工艺人集中起来，组成一个顾问团队，支持手工艺人成立黍稷合作社，支持乡村文创活动。合作社搞培训，把手艺传给更多村民，把大量民俗文化产品投放到车河等乡村旅游市场上销售，不仅增加了民间艺人的收入，还保障了民间艺术的传承。这是从有机社会建设入手。

这一个个串起来的案例，就形成了灵丘全域有机农业建设的棋局。这是非常了不起的成就。

三问：跳出灵丘具体事，在全域有机农业建设方面，还有其他感悟吗？

教授工作站：还有三个感悟。

第一个感悟：全域有机农业建设事实上是县域范围内乡村进行的一场农业生产制度建设。工业文明时代，社会生产力大发展，信息技术革命日新月异。我国实行改革开放，工业化、城市化建设取得了巨大进展，人口规模超 14 亿，城镇化程度超过 60%，人均 GDP 超过 1 万美元，经济规模达到世界第二，在这种情况下，乡村建设必须回答如何适应新的历史发展需要的问题。乡村历史性的发展要求，必须用历史性的思维与行为来对接。灵丘县在短短 10 年间完成了波澜壮阔的全域有机农业建设试点村建设，启动了示范乡建设，推动了数以万计的各界人士积极参与，受到生产者、消费者的深度关注，得到了从乡村到中央的关心。这表明，这一建设的基础性、根本性与普遍性意义，启示我们，应当从新型乡村建设制度建设入手，去思考与解决问题。这是一场改革与完善社会主义乡村制度的建设。

第二个感悟：全域有机农业建设是推动我国乡村部分由工业文明向生态文明升级的建设载体与光明大道。我国的生态文明建设可分为国内建设任务与国际建设任务两部分。国内建设任务又分为城市生态文明建设与乡村生态文明建设两部分。在国际、国内两部分任务中，国内建设任务是基础；在城市、乡村建设任务中，乡村是基础。乡村生态文明建设与城市生态文明建设是同步进行的。因此，在全域有机农业建设的同时，也必然存在全域有机工业的建设，近年来，国内外企业向绿色生态方向发展的趋势就是具体的行动表现——中国城乡全域有机大建设时代已经来临。工业文明时代的口号叫现代化，现代化已经完成历史使命，开始退出历史舞台；生态文明时代的口号叫有机化，有机化已经承领历史使命，正在登上历史舞台。全域有机农业正是在这一历史过程中，应运生长起来的伟大的新生事物。

第三个感悟：必须要有先进的思想，才能完成先进的行动。面向生态文明时代，提高社会大众的觉悟，成为全部时代建设的根本任务。这样的任务必然会落到具体的全域有机农业建设过程中去，因此，应当高度关注全域有机农业建设中群众的学习与思想交流。工业文明时代单纯强调标准化、规模化，追求单一产品生产的高效率，强调局部竞争、部分发展；与此不同，生态文明时代强调全局性、综合性、多样性与可持续性，强调以人为本、城乡和谐、人与自然和谐。而这样一场不同文明的变迁，必须以全社会、全人类思想领域的首先转变与飞跃为前提。

全域有机农业的建设者必须认识到，在一切建设工作中，要努力使自己成为乡村建设的“一懂两爱”人才，明白建设工作与参与群众思想觉悟过程的统一性，高度重视群众性的实践与理论讨论。群众一旦掌握了理论思想方法，就会迸发出无限的创造力与建设力。人类社会贵在知行合一，乡村建设大众真正觉悟之时就是全域有机农业建设事业成功之日，就是生态文明建设取得决定性胜利之日！

很多人的惯性思维是条件全部具备，才能启动全域有机农业建设。这是僵化、消极、懒惰的思想表现。灵丘实践证明，有什么条件，就先唱什么戏，最后一定会走向全面推进。这是一条更务实、更科学的道路尝试。

乡村是个广阔天地，乡村社会是最具活力的细胞，它活跃，日新月异，能够产生无穷大的力量、无限多的人才。这都是我国新时期乡村振兴与社会发展的根本动力。

大江东去，万流归海。我们应当看到，并且务必看到这种大势所趋，并积极参与其中。这是时代赋予我们的使命。

第二篇　全域有机　红乡示范

——赵斌说

赵斌，灵丘县人民政府党组成员、副县长。2016年，他到任红石塄乡党委书记，开始布置全乡全域有机农业建设工作。上要理解县里的战略意图，下要尊重村庄实际；外要对接国际论坛的专家们，内要协调大小村庄的干部们，任务不可能不艰巨，可他却从容不迫。

红石塄乡是灵丘全域有机农业建设乡镇示范点。

2013年，车河村做了村庄试点。2017年，红石塄乡成为灵丘县第一个全域有机农业建设示范乡。这都意味着，红石塄乡要首先担负起为灵丘探索乡镇一级全域有机农业建设系统经验的重任。作为乡村与县委县政府的桥梁，红石塄乡党委政府的作用至关重要，所以我们红石塄全乡一盘棋，全域有机农业建设布局是很有讲究的。

红石塄乡位于灵丘县城东南，距县城25公里，地处晋冀两省交界地，是山西省通往京津冀的东大门。全乡版图面积146.7平方公里，耕地面积9915亩；有7个建制村，共1922户4687人；我乡连续两届被评为“全国文明村镇”。

这些年，县里主抓有机农业建设，我作为乡党委书记，任务就是围绕县里的中心思路开展工作。2016年，我刚调任红石塄乡，就提出3条工作主线：生态立乡、有机富乡、旅游兴乡，然后，围绕主线开始布局工作。

有机生产全覆盖

全乡有耕地9915亩，其中种植有机粮食作物5000多亩，占50%还多。其他的坡地按有机生产方式种植经济作物，桃、李、杏树居多。

全乡禁止使用转基因品种，禁止使用化肥、农药等人工合成农资，统一施用有机肥、菌肥等生态保护农资。你可以在村里、路边、田头随时看到禁用化肥的宣传板，你看不到的是从乡干部到村干部肩负的硬任务与完成任务的自觉性。通常情况下，干部统一思想比较容易，难的是村民。可为什么红石塄乡的村民能自愿配合县里的工作大局，进行真正有机生产呢？因为全乡农民都不用自己买化肥、农药，有机生产成本大大降低；因为大家看到了车河效应，有机生产可以带来乡村旅游业，可以吃旅游饭；因为大家看到了“有机好吃不减产的”口号已经落地，已经得到了有机农业的实惠！干得久了就会知道，农民认可的东西就是最接地气的宝贝。

目前，搞有机农业建设产生的生态效果已经显现。2019 年，我同时看到 11 只黑鹳。常年活动在红石塄乡的大同市摄影协会的人说，他们观察到 22 只黑鹳，经常在唐河上逗留、嬉戏。黑鹳是一种对环境极为挑剔的动物，水好、空气好、远离人类，它们才会选择留下来。可以说，黑鹳给了我们工作极大的肯定，我们十分在乎。

红石塄乡有万亩有机果树基地，以下沿河村月亮湾 2300 亩果园为中心，向外辐射至整个南山区的 5 个乡镇，共 1 万亩，是全域有机农业生产的一个布局。针对当初实施这个项目，我们引进了一个大学科研团队和一家合作社。其目的是提高技术手段，提升职业果农素质，同时降低有机生产的风险。

共青团中央常年帮扶灵丘县，由他们牵线，河北农业大学为这个项目提供技术指导。河北农业大学自主研发的一个苹果品种，品质好、口感好、没有渣子，在 2018 年的一个“果王争霸赛”上得了金奖。月亮湾引进的就是这个品种。

前几年，我们主要在基础设施建设上下功夫，目前已经告一段落。下一步，我们要向生态要效益、向有机农业要效益、向品牌要效益，让农民对有机农业有更高的认可。2020 年，车河村的一等品羊肚菌每斤 1200 元，二等品 1000 元，三等品 800 元，四等品 600 元，效益已经显现。

在全域有机生产建设中，乡党委政府主要做 3 方面工作。

一是宣传发动。传播相关知识，说明重要性、实惠性。干部单方面要做有机农业建设有啥用？一定要让农民认可，他们愿意干才是根本，最重要的是把有机农业认识放到他们的心里。

二是监督管护。全乡有机农业建设，化肥、农药、杀虫剂都严格禁用。我们一方面把县政府采购的有机肥分发给村民；另一方面成立有机农业领导小组、监督小组，从乡到村都设有相应的对接组织，监督村民不用化肥、农药。如果农民不听，要阻止，要停止其享受的一切优惠待遇。

三是组织认证。有机农产品认证由乡政府组织，县政府统一到北京认证，一年一次，为村民节约了资金、时间和精力。

2018 年，红石塄乡杂粮示范片被确定为山西省首批 30 个有机旱作农业封闭示范片。目前，全乡已有 10 多个农产品得到了有机认证。

双管齐下搞建设

有机社区建设与有机社会建设，你中有我，我中有你，分开其实不容易，我们必须双管齐下建设，也必须合在一起研究。

我们的有机社区其实遵循的还是农村运行方式。第一个示范点是车河有机社区，在社区硬件设施建设上更注重村民方便舒适，已摸索出村社一体、村企合作建设有机社区的方式、方法。第二个示范点是龙渠沟有机社区，由以前的3个建制村易地搬迁合并而成，新居民住宅建得别致、漂亮。它采用了“车河模式”，引进企业，将农民从土地的经营者，变成企业的产业工人，他们收入稳定无风险，企业抗风险能力同时增强。

但光做大事是不够的，乡里还必须做足细致入心的工作。

帮助农民适应新生活。为了将易地搬迁的农民团结起来，我们搞了一场活动，提出3个主题：新时代、新生活、新农民，号召大家主动适应新形势。因为大家从土坯房搬到现在的新楼房里生活，原来的各自为营生活变成了集体生活，举手投足都不习惯。目前，大家已经适应。第七届国际有机农业论坛期间，龙渠沟168位村民合力为嘉宾表演了新型实景剧《龙渠沟的老百姓》。这部实景剧的内容就是乡亲们的新生活：儿女结婚，老人祝寿，等等，以新民俗方式展现新时代生活，十分精彩，十分成功！

美化街巷提升社区建设。我们聘请台湾著名建筑师谢英俊团队，对全乡7个村进行了美化、提质。以唐河峡谷自然风光、北魏历史文化，以及有机农业建设为基调，对村庄进行生态保护、文化传承、产业融合、设施完备、空间优化、环境提升6个方面的补充完善，向农户发放花草种子，让房前屋后、街道小巷都开满鲜花，有机社区景观质量大大提升，乡村旅游业更加丰富、精彩，游客总是流连忘返。

协调村企关系。村企合作，车河是成功的，龙渠沟也是成功的，它们都引进了企业，成立了村庄企业党总支，为村企融合提供了一大平台。乡党委政府常常入村，耐心引导村企融合。我们对村干部、村民说，企业拿真金白银投到咱村里，10年才能见效益，十分不容易，企业入驻是咱们的福气，咱们一定要支持企业，要让它有发展后劲，我们才能财源滚滚。反过来，我们也对企业提要求：做事先征求村民的意见，哪个能干，要得到村民的允许，农民的利益要放在前头。

实际上，企业与村民是十分应该互相珍惜的。一方面，农民是企业最好的帮手，他们世世代代在这块土地上生存，对土地倾注的心血，要比企业大得多，对土地的感情比企业深得多。企业来陌生的土地上运营，难以下手，真的不如让村民代劳生产，也就是说，企业的运作和发展，从根本上是离不开农民的心血和支持的。另一方面，农民是企业利益的分享者，他们的脱贫致富前途、乡村振兴目标都与企业关联太紧。比如，企业给他们就业岗位，给他们流转费，给他们分红，都是农民不能靠自己实现的。舟很重要，水也很重要，水能载舟也能覆舟，这个道理用在这里是非常契合的。

我们还用足“四项政策”，帮助农民脱贫、渡难关，建设和谐温暖的有机社会。

一是用足生态扶贫政策。采用合作社＋贫困户的模式，对全乡建档立卡贫困户中具有生态造林能力的贫困户进行生态扶贫。吸纳全乡10个村的62人做生态护林员，落实工资待遇，实现每名护林员年增收5000元。

二是用足政策兜底。全乡建档立卡户中，享受农村低保政策358户727人，享受五保政策67户71人。

三是用足健康扶贫政策。全乡364户767人签订了健康扶贫“双签约”协议；为182名残疾人发放护理和生活补贴4.7余万元；为859名60岁以上老年人年发放养老金154余万元。

四是用足教育扶贫政策。对建档立卡贫困户中参加普通高考并被录取就读二本B类以上本科院校的大学生，给予每人一次性补助5000元；“雨露计划”支助贫困生上学、幼儿入园；全乡所有义务教育阶段学生全部享受“两免一补”政策；全乡没有发生因贫困辍学现象。

现在（2020年）回头看，2016年刚到红石塄乡时，我提出的三条主线基本落地了。

加时三问：

一问：您认为红石塄乡的有机社区旅游卖门票合适不合适？

赵斌：我们也不想收费，但门票10元，体现的是管理费用，包含停车费、卫生费。任何一个地方随便出入，都不是好事情，很多地方得不到保护。

二问：怎样的经历，让您对县委县政府、对企业、对乡村三方协调工作这样从容？

赵斌：我1992年参加工作，一直在乡镇工作，我在灵丘县6个乡镇工作过。我学习每个乡镇的好经验、好做法，学了这些年，积累下一些东西。2016年，有幸到红石塄乡工作，而第二年，即2017年，全域有机农业建设示范就要在这个乡实施。我将前些年的积累，全部倾注在红石塄乡了。

三问：在红石塄乡推动全域有机农业建设，除了需要经验积累，还需要什么？

赵斌：还需要技术和情怀。上面千条线，下面一根针。要将上面的政策落实，就要将政策变成办法，这需要技术；还需要情怀，情怀是一种动力。

第三篇　灵丘作证　有机好吃不减产

——朱安妮说

北京六合神州生物工程技术有限公司副董事长　朱安妮

朱安妮，生物技术高级工程师，有机农业高级咨询师；北京六合神州生物工程技术有限公司副董事长、技术总监；被评为2012中国十大有机行者，2017中国有机农业年度人物。

我与灵丘

很多人将我与灵丘有机农业生产技术紧紧捆绑在一起。其实我与灵丘，不止于技术关联。

我参加灵丘车河有机农业建设项目，缘起于和中国农业大学胡跃高教授的相识。2012年6月，在一次生态理论小型交流会上，我第一次见到了胡跃高、廖宗文（华南农业大学）两位教授。在那次会上，我做了主题发言“生物氮肥在有机农业中的应用”，毫无保留地介绍了我在生物固氮研究上的理论和实践应用的效果，得到了几位大学教授和企业专家的高度认同。胡教授那天非常激动，他说：“朱老师把有机农业的好吃不减产从理论到实践都说清楚了，既能解决环境污染问题，又能解决当前食品安全和粮食产量不可兼得的问题，这是一件了不起的大事情！”廖宗文教授也说：“这样应用微生物固氮技术（生物氮肥）替代化学氮肥，确实是创新科技。”胡教授还在会上介绍了生物质碳在种植上的应用，给了我很大的启发。之后不久，胡教授带着他的研究生，到北京六合生物公司的生产、种植基地考察。他了解到，生物氮肥的生产过程非常节能，试验地里的作物长势非常好，有机瓜果蔬菜尤其好吃，于是提出：“共同建立一个从理论到科研再到示范推广的课题组吧——我们要让好的农业技术即刻服务到农业、农村和农民！”之后不久，胡教授见到了时任董事长叶正光，他们签署了一个10年的合作协议，双方将融合研究和技术优势，共同推进生物氮肥在有机农业中的实践及机理研究。

2013年3月，我和胡跃高教授刚刚参加完山西临汾举办的一个有机果树的扶贫项目会议，就驱车向北到了大同市灵丘县。当天晚上，我们见到了刚刚到任的县委书记张强等领导。在交谈中，他们给我的印象是急于找到一条能改变灵丘贫困落后面貌的路子，迫切希望得到专家们的意见和建议。

第二天，我们考察组一行5人（胡跃高、李波、郑川、贺建增和我）在县、乡领导的陪同下，第一次走进了红石塄乡的一个小山村——下车河村，我第一次见到了村党支部书记王春。考察组和王春在山沟沟里的合影，成了我们与乡村共同迈开生态脱贫工作第一步的见证。

我特别庆幸能参加灵丘县有机农业发展规划核心专家组的工作，从那时起，山西灵丘就成了我魂牵梦绕、每年都要往返多次的地方。

2013年在灵丘的第一阶段工作是和来自各大学、研究规划院、生态技术企业的专家们一起考察、讨论灵丘实况，然后写调研报告。我们走遍了灵丘南山区4乡1镇的山山水水、村村落落、家家户户，每天工作时长都超过了14个小时。我们用了10个月的时间，完成了一部厚厚的规划书。

第二阶段的工作重点是有机种植的规划实施和技术培训、有机种植试验示范技术指导。在这一阶段，我们技术团队成了项目的主力军。

在规划项目落实到第三阶段时，红石塄乡开始进行全部乡村改造、有机产业升级，参与的专家和企业就更多了。我的主要工作有两点：一是为中国农业大学胡跃高教授、王小芬老师的精准扶贫专项硕士研究生们授课，指导他们做有机粮食作物、有机蔬菜、有机中草药种植试验设计、实施；二是连续为8届车河国际有机农业论坛的举办做筹备工作。在这个阶段，最多时，我一年到灵丘6次，对灵丘的每一点变化，都充满了自豪，感觉回到灵丘就是回到了自己的家。

2020年，我先后3次到灵丘。第一次是陪同做有机农业的朋友调研有机农产品的销售情况，在东河南镇清泥涧村田脊梁合作社，负责人段卫国请我们吃了

在朱安妮及其他专家的指导下，车河有机白萝卜与玉米均超常规生产（朱安妮供图）

一顿有机餐。当朋友得知，鲜美饭菜大部分有机食材来自田脊梁合作社时，赞不绝口。有机食材是可以吃出来的！那天，我为灵丘自豪。第二次是陪北京某机构的领导考察有机种植的真实产量，同行的河北某县领导，在新泰合作社的有机田里，看到一片片有机玉米株高穗大，远远超过化肥玉米的长势，他说，灵丘彻底改变了他对有机种植高产的质疑。第三次就是参加第七届车河国际有机农业论坛，疫情后的各级主管领导、中外专家、企业家、新农人和合作社的带头人，聚在一起探讨有机农业发展形势，进行了有机农业技术交流。有一位朋友看到了红石塄乡村民们安居乐业的光景，以及有机粮食丰收在望的景象，由衷地对我说："人在一生中，能亲自参与让穷乡僻壤换新颜的实践，能亲眼看到村民因此富足、安宁，真是一件幸福的事！"我再次为灵丘自豪。

可圈可点五方面

近几年，主动找我谈"车河模式"和灵丘实践的人很多，都希望车河能为更多地方提供借鉴。我觉得车河起码有以下 5 个方面可圈可点，可以学习。

第一方面，灵丘县委县政府领导班子坚定不移走生态脱贫、全域有机农业建设的发展道路，县乡各级领导对生态建设的认识高度统一，并给予了足够大的规划、实施力度，这是灵丘敢为天下先搞全域有机农业建设，并取得阶段性成果的决定性因素。

灵丘的全域有机农业建设是一个整体的、长期的发展规划与实践，所以灵丘壮举是有条不紊推进的，是可以清晰地看到轨迹的，是可以复制的，是可供借鉴的。

第一，集中优势"兵力"、财力把车河村试点样板做好。试点建设那段时间，人们想跟张强书记等县领导谈事，抬脚直奔车河村，一准没错。有人这般入迷地为车河投身，就有“车河模式”的非凡诞生。

第二，灵丘县配套专门机构，普及有机农业技术知识。配套的专门机构是灵丘县有机办，这在全国是少见的。有机办前两任主任赵优文、李志军被大家称为“赵有机”“李有机”，确实他们都做得够专业。普及有机技术知识有两类举措：一是县委县政府的主要领导把国内专家请进灵丘，面向相关各级领导、村干部、农民讲课，办培训班；二是多次组织干部走出去，到上海、浙江等地考察学习。

第三，大规模对外宣传。主要办法是举办论坛，诚请专家支持。县里领导很有国际视野，2014 年刚开始推行有机种植和养殖，就召开了第一届车河国际有机农业论坛，到 2022 年连续召开了 9 届，云集了国内海外专家，比如来自德国、法国、日本、意大利、比利时的农业专家，来自美国哈佛大学的经济学教授，国际有机联盟世界理事亚洲理事会主席周泽江先后 6 次出席论坛并发言。

第四，红石塄乡全域推广。红石塄乡激发了多个乡镇局部启动有机农业建设，这些乡镇的共同点是活跃的村干部、合作社带头人、创业者、企业家投资有机农业的热情被激发出来了。

第五，全部乡镇步入全域有机农业建设轨道，目前还在进展中。

第二方面，与大学开展卓有成效的合作。这是灵丘的一个重要智慧操作。2017 年 8 月，中国农业大学孙其信校长上任仅一个月，第一次出差就是到车河村参加有机农业论坛。灵丘县和多所大学紧密合作，在整个有机农业建设过程中都充分尊重知识、尊重专家，给予专家们很大的自由度与活动空间，专家们则心甘情愿为灵丘贡献智慧。中国农业大学胡跃高教授和中国农村经济专家朱启臻教授，都在灵丘县设有教授工作站，牌子就挂在车河村，那里还有太原理工大学的教授工作站、人才培养基地。中国农业大学常年有一个硕士研究生班驻在灵丘，老师和学生时而分散在各个村里做调研、做试验，时而集中到灵丘县委党校上课、交流、完成调研报告，许多有价值的种植技术、社会实践总结和理论提炼都在这里完成，由此成就了一批非常有价值的有机生产经验及论文。

第三方面，动员企业家，特别是鼓励当地成功企业家通过资金投入和企业管理等方式参与家乡的全域有机农业建设大业。有些企业家一开始对投资有机农业不感兴趣，那是因为不了解。时任灵丘县委书记张强就不厌其烦地和他们交流，并安排他们参加相关会议、培训班、考察团。后来，这些企业家都成了热衷于有机农业的领头人和专家。第一个带头吃螃蟹的是投资车河村的李卫国，他的成功又带动了夏东升、刘会明、段卫国等一批企业家。这个企业家群体成了灵丘全域有机农业建设不可缺少的中坚力量。

第四方面，村党支部书记及其他村干部、农业带头人，为有机种植、养殖项目顺利实施起到了强有力的保障作用。在先期调研中，有几个村子都比较适合做试点村，比如，有黑鹳栖息的白崖台村，自然环境好；上北泉村、下北泉村，经济条件好,文化乡村旅游也开展几年了。最终却选中了上车河村、下车河村,其主要原因是张强书记和胡跃高教授都看中了下车河村党支部书记王春。王春书记能敏感地意识到、捕捉到这次由县委县政府、专家和企业家做后盾的脱贫致富大好机会,他具有迫切希望带领乡亲们走出穷苦落后现状的决心和能力。与其说选中了车河,不如说选中了王春。

第五方面,积极争取上级领导的支持。习近平总书记提出:"如果能够把这些生态环境优势转化为生态农业、生态工业、生态旅游等生态经济的优势,那么绿水青山也就变成了金山银山。"此发展观非常深入人心。车河有机社区在建设初期就得到了国家、山西省、大同市领导的重视。我前后 5 次参加了县里向前来车河村考察的省、部级领导的工作汇报。印象比较深的一次是 2014 年春季的一天,我和团队的技术人员正在地里教农民用生物氮肥拌水稻种育秧,张强书记陪同时任山西省省长李小鹏走到了我们身边,当我汇报完有机种植规划之后,李省长问我,目前有什么问题是需要省里解决的。我提出两点:一是农民的培训费用是不是可以提高一些,培训农民、提高农民的环保意识和种植技能非常重要;二是村里比较缺水,需要一个小型的引水工程。李省长当即向身边的工作人员作了交代:"两件事都要解决!"没想到,第二天一早,山西省水利厅的领导就进村了。那次,李省长考察后落实的基建项目,到现在还时常被灵丘人念叨着:"这条公路、那座冷库都是李省长批的。"还有 2019 年,时任山西省委书记、省长楼阳生同志到了车河村 ,我和胡跃高教授正在中国农业大学教授工作站,我们向楼书记介绍了 7 年来车河有机社区建设情况。那时,恰好遇到几位从上车河村搬迁到车河有机社区的村民,我和她们很熟悉,也知道她们就是当年不愿搬下来的"意见户",我向楼书记讲到这段往事,楼书记走上前,和她们握手,并关心地问道:"现在还有意见吗?"她们笑着说:"太满意了! 没有意见了!"楼书记对张强书记说:"我们的工作就是要让农民满意!"

回想 2013 年,第一次走进上车河村的情景,村落凋敝,人迹罕至,年老的、留守村庄的、朴实的村民拉着我去他们家阴暗破旧的屋里坐坐,十分高兴的样子。临走时全村 11 人都来送别,他们站在村口高高的岩壁上向我们招手,久久不回,我心中的难过也是久久不散。而如今,村民们都住上了崭新的二层楼房——我在心里说道:真是赶上了好时代、好政策、好领导! 为他们高兴!

有机好吃不减产

车河人实实在在把有机种植技术运用到了生产中,他们用事实向世界宣言:"有机好吃不减产!"

为什么说向世界宣言? 有机农业从诞生至今已有 100 多年,在世界范围内,很多有机生产者还没有解决产量问题,还有一些旁观者没有实践却坚定认为有机生产以降低产量为代价，这甚至成了多数地球人的共识，所以全球有机农业推广不顺利。

事实是怎样的？作为一种农耕实践，有机农业到底能否保证稳产、增产？也就是说，有机生产不用化肥，不用化学农药，如何达到可供地球人口生存需要的乐观产量？要讲清产量的问题，先得梳理几个较大的误区。

第一个误区：不用化肥，不用农药，不用激素，不用除草剂及基因工程材料（种子、微生物）就是有机农业。

不是这样的！做到这几个“不用”，只是跨过了有机农业生产领域的最初级门槛。知道“不用”什么并不难，重要的是知道“可以用”什么，特别是知道“应该用”什么，“必须用”什么，才能保证有机农产品的品质和产量。放弃“化工农业”并不是一种消极无奈的被动式逃避，而是认真的、积极的、富有创造力的主动选择。

第二个误区：有机农业就是回归传统农耕方式。

不是这样的！有机农业不是简单的回归，它是传统农业、创新思维和科学技术的结合！中国传统农业从未忽视通过人的能动性与农业技术来改变现实条件的制约。对于外国的有些经验，不能简单地模仿、照搬。比如，人均耕地面积较多的国家，在有机种植中，往往采取轮耕和休耕的方式来恢复地力。德国有一篇有机小麦种植的实验报告记录道：“第一年种豆科植物，当年将秸秆翻到土壤中以增加肥力，然后种两年小麦，不再施入任何肥料。3 年下来，每亩产量 600 公斤，平均每年产量为 200 公斤。”这产量是显而易见的低啊！有人因此得出了“有机农业产量低”的结论。这也是一些专家学者，还有某些媒体最乐于引用的数据之一。实际上，这是一种只强调不用什么，不讲究应用什么的传统农业生产方式。中国人多地少，农民肯定不会这样消极地使用耕地，如果用这样的案例和中国农民说事，他们会笑的。

国际上也有稍微积极一些的实践、研究。瑞士有机农业研究所（简称 FIBL，成立于 1974 年）称，“为了评估有机农业为全球提供粮食的可行性，科学家阿德里安·穆勒及其同事，基于 2050 年全球 90 亿人口和不同的气候变化设定，进行了模拟研究。他们的模型预测要实现 100％的有机农业转化，同时满足全球粮食需求，所需耕地面积将比目前增加 16％～33％。”这就是说，如果全球实现有机生产，耕地将有很大的缺口！最消极的评估农业和粮食对环境影响的最常见方法是生命周期评估（LCA），它认为“有机农业实际上对气候更不利，因为它的单产较低，因此要使用更多的土地来弥补这一问题。”来自法国、丹麦和瑞典的 3 位研究人员在《自然可持续性》杂志上指出，对有机农业的评估不能忽略它的益处：“生物多样性对于生态系统的健康和复原力至关重要（《在生命周期评估中更好地体现有机农业》2020. 3）。”听话听音。他们虽然也在肯定有机生产，但显然，他们也同样默认了有机农业就是“减产”的代名词。于是，“化肥不可替代”“有机不可行”之论四处弥漫，像幽灵一般如影随形。

不过，话又说回来，如果有机种植不能确保作物应有的产量，不能养活全部地球人，就不能称其为可持续的生产方式，确实会受人诟病。

但是事实不是这样的！车河作证：有机好吃不减产！

在放弃化肥、农药之后，在没有完全懂得应该积极选择、应用什么肥料之前，有机农业发展确实遇到了产量瓶颈。可是，如今这个瓶颈问题应该随着技术的创新、理论的突破而消失！不信，请看，在中国，在灵丘，在车河，在这块大胆践行有机农业的风水宝地上到底发生了什么！

2014 年春季的一天，车河村民们在村委会办公室前的空场上席地而坐，村党支部书记王春主持召开全体村民动员大会。我们有机种植技术小组人员，利用这个机会为村民做培训，讲解有机种植方式，讲解田间管理方法，讲解有机农业规章制度。渴望改变穷乡僻壤的村民们，听得特别认真；一些没有参加动员会的妇女们，主动坐在自家的院门前，听着大喇叭的同声广播。正是他们，日后在有机种植过程中，严格按照不用化肥、农药，而用生物氮肥、用有机配方肥的要求去生产、管理。第一年搞有机蔬菜种植，他们就得到了非常好的产量。那是 2014 年，第一届车河国际有机农业论坛就定在车河村举办，与会代表们不仅看到了按有机方式种植的西红柿、茄子、胡萝卜、鲜食玉米长势良好，还品尝到了鲜美的果实，他们除了惊讶，就是赞美。后连续多年的有机旱作山地玉米，亩产量基本稳定在 500 公斤——车河村民们果然将有机好吃不减产的理论坐实了。但这只是开头，好戏还在后头。

2020 年夏天，王春书记在接受北京某网络媒体采访时，他是满脸带笑的，他努力抑制着一股掩饰不住的自豪感对记者说：“我们是全县第一个有机村！我们在 2013 年 11 月 20 日成立了合作社，到 2015 年，所有的贫困户就集体脱贫了。我们的有机种植、养殖，有中国农大的老师和学生们指导，还有朱安妮老师的技术团队作靠山。头两三年，朱老师他们长期住在村里，手把手教农民用微生物肥拌种、追肥，种出来的萝卜，那叫一个大！我以前就从来没见过那么大的萝卜！还有白菜，以前在河北买的大白菜，大的一颗十五六斤，就觉得稀罕了；可后来，我们自己种的有机白菜最大的一颗竟有 26 斤！看到这个，才叫开了眼界呢。那一个大冬瓜死沉死沉的，力气小点儿的人都抱不动！真没想到，比用化肥种的还大！土豆、西红柿、黄瓜也好吃，都是小时候的味道。我可以毫不保留地说，车河率先让全村人吃上了有机粮食、有机菜！”

2017 年，习近平总书记在山西视察时指出，山西的现代农业发展，要坚持走有机旱作农业的路子。前面提到的东河南镇清泥涧村田脊梁合作社的段卫国，更加坚定了搞有机旱作农业的方向。田脊梁合作社有机种植起步晚于红石塄乡，但它在迎头赶上。2018 年，段卫国在了解了车河经验之后，开始学习有机种植的理论知识和管理规则，同时主导复垦了已弃荒 20 年的荒坡地 400 亩，当年就用于有机种植。那时，合作社还举行仪式，请胡跃高教授和我做有机种植顾问。胡教授非常坚定地支持段卫国以合作社组织形式搞有机种植，他说："搞有机种植一定要走合作社的道路，先摸索出方法，积累经验，再带动越来越多的农民加入有机农业的行列。"

田脊梁合作社的有机生产基地高高地分布在一个土坡的脊梁之上，完全不能用人工浇水，所以段卫国选择较耐旱品种，实施有机旱作谷子、玉米种植。

我为田脊梁合作社做的肥料施用方案是：每亩用 40 公斤生物有机肥作底肥，加 50 公斤有机羊粪肥，加 1 公斤生物氮肥作拌种肥，后期分别喷施 2 次生物氮肥各 2 公斤，每亩投入在 300 元左右。初期，这个合作社的播种、施肥都是社员扶着犁、驴拉着犁来合力完成的，杂草也完全是人工用小锄头铲除的，绝对不用化肥、农药、除草剂。2019 年，田脊梁合作社开始申报有机认证，因为耕地是 20 年未使用过的荒地，过渡期缩短，到 2020 年秋季过后，其农产品就得到了正式的有机认证。

在灵丘，种植晋谷 21 号谷子品种，正常耕地、常规生产方式下，亩产量为 400 公斤；田脊梁合作社在山坡上以有机生产方式种植相同品种，2019 年亩产 260 公斤，2020 年就达到了 325 公斤（当年霜冻早，有一些损失，不计入产量），还有增产空间。在灵丘，种植宁玉 524 玉米品种，正常耕地、常规生产方式下，亩产为 650 公斤；田脊梁合作社种植相同品种，2019 年亩产 590 公斤，2020 年就达到了 715 公斤！不减产的效果显而易见啊！

田脊梁合作社获得如此好的收成，当然离不开县里领导的支持。清泥涧村并不在县里划定的全域有机农业示范区内，但合作社成立的那天，主管农业的王怀忠副县长和县有机办的李志军主任都到了现场，他们完全支持田脊梁走有机农业道路。县有机办还对合作社购买的生物有机肥给予了额外的补贴。

2020 年，田脊梁合作社的生产规模从 400 亩扩大到了 1200 亩。当年，社员的盈余分配，低的 12000 元，高的 48000 元，皆大欢喜。更多村民加入了合作社。

中国农业大学的精准扶贫、乡村振兴专项硕士研究生们，长年在灵丘搞有机种植试验，他们也非常给力。比如，高游慧（现为中国农业大学在读博士）当时的科研课题就是在灵丘种植有机中药材黄芪。她的 2019 年试验结果表明，有机种植不仅可以保证黄芪产量，而且提高了黄芪的品质，有机黄芪的甲苷含量达到了 0.15%，是《中国药典》低标含量 0.04%的 3.75 倍！

从事生物肥料替代化学氮研究的还有一位就是胡君尉。他曾是胡跃高教授的硕士研究生，他当年的硕士毕业论文也相当优秀，他的试验将生物氮肥应用到有机燕麦种植上，燕麦产量高到了连他自己也不敢相信的地步。

现代有机农业种植和养殖既需要理论研究的学者，也需要技术实践的专家。现代化的有机农业包含了传统农业，又融入了现代元素——人的能动性与生态友好型科技。这两样新元素在有机农业的发展进程中可以发挥重要作用。

和灵丘县结缘已有10年之久，我是越来越热爱这里的山、这里的水、这里的人了！我期待下一个10年，灵丘县人民全部过上更加幸福美满的有机生活！希望他们在发展经济的同时，依然能保有青山绿水，永远福泽子孙后代！

第四篇　开启县域有机农业的全面规划与实践

——贺建增说

贺建增，衡荣农业创办人，耕读大学执行校长。兰州大学物理系毕业，从事 IT 通信业 10 多年。33 岁那年，他决定离开深圳，回到老家，把农民组织起来，开发山区资源，搞有机农业。他发现，乡村人口逐渐减少，不仅仅是因为农民赚钱少，赚钱难，还存在生活舒适感、儿童教育、农民的身份认同和尊严等方方面面的问题。所以单从生产层面入手，无法阻止乡村衰败和消失，而是必须同时兼顾三项内容：有机生产、生态乡村、人文社会建设。于是，他创办衡荣生态农场，后来又参与华夏儿童启蒙教育项目并创办耕读大学，开启了一场以乡村振兴为核心内容的“新乡村运动”。灵丘县有机农业规划、“三驾马车”理论凝结了他的实践经验和理论探索。

衡荣农业创办人　贺建增

一开始，是李波老师主动与张强书记沟通，劝他搞有机农业。张书记研究了灵丘的资源禀赋，认为搞有机农业确实有优势。李波老师发现，张书记能听得进去，就找到我和郑川，一起去灵丘考察了一趟。张书记让班子里的相关干部带着我们考察。在这个过程中，我们的有机农业理念和思想影响到了这一圈子里的人。后来，我们把胡跃高教授和朱安妮老师也请来。胡跃高、朱安妮、李波、郑川和我，灵丘有机农业园区规划的核心五人团队就组建起来了，由胡教授任组长，我们正式启动了灵丘县有机农业规划的推进工作。

2013 年五一节后，我们跟县里签了协议，正式启动调研规划。当时确定的是南山地区 5 个乡镇的规划，包括红石塄乡、白崖台乡、下关乡、上寨镇、独峪乡，后来在调研规划过程中，又增加了东河南镇的银厂区域。2013 年 5 月中旬至 8 月，调研规划工作持续了近 4 个月，胡跃高教授于 7 月放假后进驻灵丘。我们前后邀请了 71 位专家、老师来灵丘调研，一拨一拨地来，我和郑川一拨接一拨地做向导，引导他们全方位了解灵丘。在这 4 个月期间，我们走过了 5 个半乡镇的每一寸土地，最后的成果是《山西灵丘有机农业园区实施规划(2013—2030)》那本书，还形成了有机生产、有机社区、有机社会建设“三驾马车”理论。我自己把这叫作有机生产、生态乡村、人文社会。对我来说，这规划是对过去多年实践、理论的梳理、总结和提升。规划在完成论证后当即落地实施，效率极高。在实施期间，规划全部内容有些成体系到位了，有的还没有。

以车河村为例，有机种植的技术体系基本到位，有机养殖内容部分实现，整个循环体系、环保、食用菌、农产品加工、教育、农民组织体系还没有到位。我们的规划是奔着有机县去做的，用 3～5 年时间实现化肥、农药、除草剂、转基因种子不进灵丘县。具体计划是 2014 年，全县每个乡镇，至少有一个车河这样的样板村，然后启动全乡有机农业生产；2015 年，其他具备条件的村庄开始复制样板村；2016 年，大部分村庄跟进，5 年之内县域全覆盖。一个县，只要县里主导，技术保障跟上，村两委的工作跟上，完全落地是能实现的。

贺建增在修剪树木

循环体系没有建起来。每村一个堆肥场没能建起来。如果建起来，垃圾分类后有机废弃物不出村，就可用于自制有机肥，实现垃圾—有机肥自行转化。

环保体系没做起来，是因为没进行垃圾分类和污水源分离，倒是把市政天然气接到了车河村。规划是在村里建一个沼气站，再加一个净化装置，出来就是生物天然气。同时建设太阳能集热系统，再加上分户太阳能收集，村民冬天取暖就有了保障。

在农民组织方面，规划中是每个村至少组建一个合作社，由地域、耕作习惯、习俗相近的村庄合作社再组建合作联社，逐步形成充分尊重个体权益的集体经济组织，土地不流转给企业，企业不管种地，只管深加工、营销有机农产品。也就是说，农民干不了的事情企业干，企业干不了的事情农民干，而不是企业流转了土地，再雇用农民干活。

在社区建设方面，乡村建设的房子不用企业、政府给农民盖。企业、政府可以出资把村里的基础设施做好，农民的房子还要保留，修或盖都是农民自己的事。要充分尊重农民的选择，并且发挥好村集体经济组织和农民的内生动力。

规划落地往往做不到全面实现，领导也有自己的见解以及面对现实的考量和决策。理论要跟实际和解，能理解。

第五篇　步步为营　健全有机农业发展体系

——李志军说

李志军，灵丘县政法委副书记(2021年到任)，原灵丘县农业农村局副局长、灵丘县有机农业园区建设领导组办公室(下称有机办，现为灵丘县现代农业发展中心)主任。有机办代表灵丘县，与外界对接有机农业一切相关事宜。国内外人才齐聚灵丘，数届有机农业国际论坛成功举办，有机肥发放等大小有机事，李志军主任均统筹安排，内外调停，举重若轻，游刃有余，被当地人誉为“李有机”。

灵丘县原有机办主任　李志军(李志军供图)

2020年工作还未结束，我来把2019年灵丘县全域有机农业建设进展总结一下。2019年，灵丘县入选山西省有机旱作农业示范县创建名单。2019年，灵丘县全域有机农业建设“车河模式”继续完善，各项建设继续推进，整体呈蓬勃发展态势。主要表现在以下几个方面。

有机农业发展体系进一步健全

一是有机农业基地建设不断推进。实施了红石塄乡全域有机农业示范基地项目，配套补助有机肥3000吨。

二是实施了“双千”有机种养示范工程。红石塄乡千亩果园、独峪乡千亩板栗等产业规模进一步扩大。

三是全县共获得58张有机农产品认证书。

四是智慧农业发展迈出新步伐。深化与中国质量协会合作，建设有机农产品质量安全追溯中心，车河社区、龙渠沟社区、月亮湾千亩果园等7个追溯点智能传感设备全部安装完毕。

五是加快建设平型关国家有机农业公园。围绕建设布局，加快推进车河、城头会、龙渠沟、沙岭台、烟云崖、花塔六大有机社区建设，车河“梦幽谷”“冰雪缘”等项目投入运营，车河亲水鱼庄项目正在加快推进。

六是发挥有机农业对全域旅游的促进作用。下关乡第四届塞上“插秧节”、白崖台乡第二届乡土文化旅游节、赵北乡第三届农民运动会等活动接二连三，有机农业成为推进全域旅游和美丽乡村建设的重要力量。

对外交流合作进一步扩大

一是深化校地交流合作。在白马寺村创建中国农业大学有机旱作农业示范园，流转土地 40 亩，试验示范种植 160 多个农作物品种，其中豆类 64 个、甜玉米 2 个、糯玉米 28 个、糜子 18 个、甘薯 7 个、藜麦 1 个、荞麦 4 个、旱稻 28 个、薏苡 17 个，推进了中国农业大学乡村振兴专项硕士研究生联合培养工程。2017 年入学的精准扶贫专项研究生 15 人已顺利毕业，其中 1 人留在灵丘县农业农村局工作；2019 年“精准扶贫-乡村振兴”研究生班 9 人录取工作圆满完成；中国农业大学人文发展学院学生在灵丘的社会实践活动圆满结束。2019 年 10 月 30—31 日，中国农业大学农学院党委书记张远帆等一行 5 人来灵丘洽谈深化合作事宜，并对下一届“精准扶贫-乡村振兴”专项研究生班的培养深入交换了意见。

灵丘县三任有机办主任，第一任赵优文(中)，第二任李志军(左)，第三任刘文光(右)

二是加强有机农业招商引资工作。推进田脊梁、天宇瓜菜等合作社与有机农业技术专家进行对接，推动我县农产品直供京津市场。全年共吸引多地市县领导及海航科技集团有限公司等 30 多家企业来灵丘县考察有机农业。

三是荣获全域有机创新奖。2019 年 11 月 13—16 日，中国有机 30 年大会在福建省南平市举办。其主题是“有机 30 年，致敬绿水青山”，灵丘与全国其他 4 县荣获全域有机创新奖。

四是加强对外交流学习。2019 年 12 月 11—12 日，我县有机农业相关人员赴浙江省建德市参加国家有机食品生产基地建设经验交流会暨现场推进会，深入交流学习有机食品生产基地建设经验，并对建德市有机食品生产基地进行考察学习。

五是承接大学生暑期实践活动。2019 年共安排接待各高校实践大学生 200 人次，实践地点包括武灵、下关、赵北、红石塄等乡镇，有效推进了青年学生与我县农民的结合。

六是成功承办了第六届中国·大同车河国际有机农业论坛。论坛主题为“有机农业与高质量发展”，先后有近 50 位嘉宾发言，各地基层实践者积极深入交流，吸引了更多市县政府单位前来交流学习。

第六篇　构建灵丘有机生产技术体系

——中国农业大学灵丘教授工作站说

在灵丘实践中，有机生产比重最大，因此，有机生产技术体系的建立必须走在前列。

2022 年 7 月 1 日，中国农业大学农学院胡跃高、王小芬等教授和专家一行 11 人深入灵丘县多地调研，开始实施“深化省校合作共建‘12 大基地’工作计划”。当天，中国农业大学农学院还为其中的 5 大基地举行了揭牌仪式：在中共灵丘县委党校举行了“大学生联合培养基地”揭牌仪式，在东河南镇三合地村北京平人农场灵丘生产基地举行了“有机蔬菜供应基地”“高校科技成果转化基地”揭牌仪式，在东河南镇清泥涧村田脊梁合作社举行了“有机杂粮供应基地”“高校科技成果转化基地”揭牌仪式。当日，灵丘县委、组织部及科技教育局、农业农村局、乡村振兴局等部门相关领导人，以及东河南镇、田脊梁合作社、平人农场等企业代表、农户代表同时参加揭牌仪式，并进行交流座谈。灵丘县政府重视省校合作，注重科技发展，依托中国农业大学灵丘教授工作站，于 2021 年 8 月，在县污水处理厂建立了“生物资源农用转化科研平台延伸基地”，双方就垃圾、污水及污泥处理转化为生物肥料进行了共建，在车河有机社区建立了“灵丘智库基地”。目前，省校合作的 12 大基地建设了 7 项。灵丘县与中国农业大学依托中国农业大学人才资源、科技成果富集等优势，围绕发展有机旱作农业、实施乡村振兴等方面工作进一步开展深度战略合作。

建立有机旱作农业技术体系

2017 年，习近平总书记在视察山西时指出，要坚持走有机旱作农业的路子，完善其技术体系，使其成为我国现代农业的重要品牌。灵丘县位于黄土高原东部地区，群山环绕，干旱少雨，但当地光温资源丰富，有适于农耕的黄壤土，而且污染少、矿物质丰富，发展有机旱作农业具有得天独厚的优势。灵丘全域有机农业经过 10 年实践，建立了全国第一个乡村有机社区——车河有机社区，以多种模式在全县 30 余个点进行有机粮食作物、有机蔬菜、有机果树、有机食用菌、有机中药材、有机蛋鸡、有机猪、有机羊、有机肥、种养循环工程示范推广，建立了一整套有机生产技术体系和技术规范，其中《中药材酵素生态种植技术规程》获批省级地方标准项目支持。

教授工作站通过有机种植、养殖、生态循环等项目的示范推广，全面推进了灵丘有机旱作农业建设，解决了种养过程中生物资源循环利用问题，同时为农业生产提供高品质有机生产资料，构建了以微生物产业为核心的种养循环生态网，并通过多种模式进行推广。灵丘落地的相关技术体系可为全国复制和推广提供实践基础与理论指导。

1.建立有机小杂粮生产示范基地

教授工作站在田脊梁合作社建立了以玉米和小杂粮为主的有机生产示范基地。基地连年有机种植表明，可实现玉米高产优质（见下表）。谷子等小杂粮也有类似的效果，比如，新品种谷子晋谷 21 号亩产可达 445 公斤，与常规产量持平。多年试验证明，施用有机肥能够保持作物高产，同时显著提升品质，这一结果为灵丘发展高产、优质有机农产品提供了技术支撑和示范标杆。

车河有机社区有机玉米肥料试验数据表（高永提供）

施肥量/（千克/公顷）	粗灰分/%	粗蛋白/%	籽粒产量（14%含水）/（千克/公顷）
不施肥（0）	1.41±0.17ab	8.36±1.54b	7007.92±709.79b
复合肥（600）	1.52±0.03ab	8.96±0.47ab	8059.80±405.56a
有机肥（20010）	1.33±0.11ab	9.53±0.70ab	8245.73±280.27a
有机肥（30015）	1.56±0.17a	8.93±0.59ab	8286.37±499.55a
有机肥（40020）	1.48±0.09ab	8.82±0.56ab	7961.44±712.86a
有机羊粪肥+矿物肥+拌种（20010+990+30）	1.42±0.15ab	8.40±0.53b	8616.11±223.49a
有机羊粪肥+矿物肥+拌种（30015+990+30）	1.30±0.06b	8.65±0.18ab	8553.71±29.51a
有机羊粪肥+矿物肥+拌种（40020+990+30）	1.39±0.05ab	10.27±1.16a	8622.79±610.55a

注：表中数据后面的字母不同表示差异显著。

田脊梁合作社负责人段卫国介绍有机旱作谷子种植模式

2022 年田脊梁有机谷子和有机玉米长势喜人

2.建立有机蔬菜生产示范基地

灵丘县夏季气候凉爽，适于开展反季节蔬菜生产，供应北京等城市蔬菜市场。受教授工作站胡跃高教授推荐，北京平人农场进入灵丘县东河南镇三合地村，流转 100 多亩耕地，建立灵丘生产基地，开展有机蔬菜生产示范，吸纳了周边 20 多位村民到基地就业。同时，平人农场灵丘生产基地不仅带动了周边 4 个村庄多个农户走上了有机种植、有机养殖的路子，而且为他们提供了稳定的销路。总之，北京平人农场灵丘生产基地为灵丘有机蔬菜产业发展提供了直接的模式、生产技术和经验，引领灵丘有机蔬菜生产快速走上了正轨。平人农场同时也推动了灵丘有机蛋鸡与有机食用菌的生产发展。

如今，北京平人农场灵丘生产基地已经建立起完整的有机蔬菜生产体系，产量每年以 20％～30％的速度增长，仅 2021 年，就为北京市民提供了 20 多万斤的优质有机蔬菜。

北京平人农场灵丘生产基地的有机蔬菜

3.探索有机旱作农业种养循环新模式

种养结合是灵丘县有机农业的研究重点。第一种方式是通过建立蛋鸡、猪、羊等有机养殖示范点，形成有机种植-有机养殖循环体系。比如，在灵丘县韩萍村建立生态养猪示范点。其具体做法是将秸秆、园林垃圾等废弃物铺垫在猪圈地面，并喷施农用酵素；垫料与猪粪尿混合后，经过猪踩踏和发酵，形成肥料，再返回农田，这样就将养殖业和种植业结合起来，形成了有机种养循环生态链，为当地畜禽粪污、作物秸秆、餐厨垃圾的有效利用，提供了新的技术体系。第二种方式是通过堆肥技术，将牲畜粪尿与城乡生产、生活垃圾混合发酵，生成有机肥后还田。第三种方式是利用残余果菜制作农用酵素，利用农用酵素生产有机饲料，将有机饲料用于有机猪肉、富硒羊肉等高品质肉产品生产。

微生物工程支撑的种养循环模式图

有机养鸡场

4.建立有机中药材种植示范基地及技术规程

黄芪作为山西省著名的道地中药材，名闻国内外。近年来因规模化种植造成产量与品质下降，经济效益逐年下滑，中药材种植合作社迫切需要种植模式转型和种植技术突破。2017 年 8—12 月，教授工作站在当地进行了为期 5 个月的有机生产调研后，确定以发展有机中药材生产作为灵丘县特色农业发展方向。2018 年 3 月，教授工作站在灵丘县规模最大的药材种植合作社——落水河乡宝鼎中药材种植合作社，开展了以微生物肥料为核心的有机种植试验。当年，黄芪产量比常规生产提高了 13.25％，经济效益提高了 1.74～7.10 倍，关键是探索出了一套适合黄芪有机种植的技术，得到了合作社的认可。之后，教授工作站连续 5 年在赵北乡白马寺村和东河南镇下野窝村进行有机黄芪生产示范，不仅显著降低了根腐病发生率，还将产量提高到了原来的 3.4 倍，经济效益提高到原来的 4 倍，品质也得到了大大的改善。农用酵素防治黄芪根腐病的作用机制发表国际论文一篇，它是国际上黄芪根腐病生物防治的首篇报道，中药材有机种植技术获得了《中药材酵素生态种植技术规程》山西省地方标准的项目支持。目前，教授工作站正在探索建立相关中药材产业高质量发展技术规范。

高游慧与她种植的黄芪

灵丘有机黄芪种植试验数据表(高游慧提供)

处理	产量/(千克/公顷)	根系干物质积累/(克/株)	总黄酮/(毫克/克)	多糖含量/%	经济效益/(元/公顷)
化肥	11593.33b	14.20b	5.27ab	12.52	44060c
有机肥	9672.50c	13.42c	4.82b	11.23	85127b
有机肥＋矿物肥	11990.006	15.05ab	5.25ab	11.63	107687a
有机肥＋矿物肥＋农用酵素技术	13130.00a	15.82a	6.63a	12.39	120767a
	产量提升13.25%		品质毋庸置疑		效益增加2倍以上

注:表中数据后面的字母表示差异显著。

5.创建"1＋3＋1"县域有机肥生产技术体系

土壤健康、土质肥沃是有机生产建设的核心。目前,市场上缺乏质高价廉的有机肥,灵丘当地还没有建立起有机肥生产体系,这成了灵丘有机生产发展的一个短板。针对这个短板,教授工作站创新建立"1＋3＋1"县域有机肥生产体系——硬件建设:建设一个县级"微生物工厂";配套建设县、乡、村三级有机肥厂。在此基础上,建设县域特色有机农业生产基地。其运行方式:微生物工厂由教授工作站提供技术支撑;有机肥厂与大型养殖企业合作建立有机肥生产运营中心;微生物工厂为有机肥生产运营中心提供微生物菌种和有机肥制作技术,让种植、养殖废弃物就地变废为宝,转化成有机肥,弥补灵丘短板,大幅度降低灵丘有机生产成本。农民个体也是有机肥生产体系的组成部分,他们一手提供生产、生活废弃物,另一手换回有机肥,用于有机生产,由此穿插形成了"资源中心＋农户"模式。

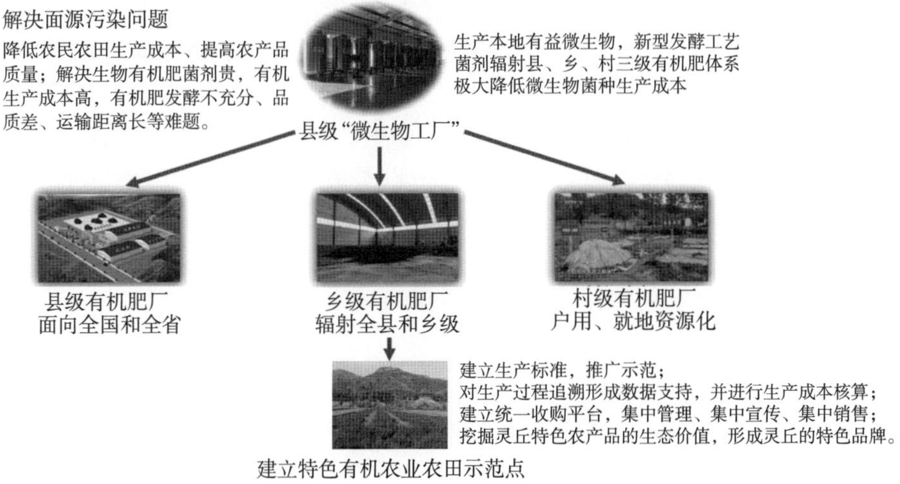

县域有机农业"1＋3＋1"战略模式图

总之,“1+3+1”县域有机肥生产技术体系,就是以资源转化技术为抓手,联合志同道合的政府、企业、有机合作社、家庭农场等组织机构,共同构建的区域性有机种养循环体系,这个体系将废弃资源生物转化为生物肥料,可保障有机农业生产健康发展。如果站在更高的台阶上看,这是创建了一个经济、生态、社会三效益相统一的有机农业发展新体系。

建立“种养循环”技术体系　成就零废弃农业

将废弃物转化成有机农业投入品需要依靠微生物工程。在废弃物发酵实验过程中,教授工作站曾多次对单独秸秆、单独粪、秸秆+粪便三种情况作对比,发现混合发酵效率显著高于单独发酵。秸秆来源于种植业,粪便来源于养殖业,那么通过种养循环系统同时获得秸秆和粪便并将其混合发酵的方法竟然是老天爷安排的最佳组合。为了优化种养循环系统中微生物的发酵条件,教授工作站又做了大量对比实验,找到了秸秆和粪便混合发酵的最佳比例,使得种养循环系统物质和能量实现高效循环利用。

教授工作站研究表明,秸秆和粪便混合发酵能促进堆肥发酵,单独秸秆或单独粪便发酵,都会因碳氮比不合理、含水量不适宜,而造成发酵失败或效果不好。那些无法及时发酵的废弃物积少成多,最终会造成面源污染。也就是说,种植业和养殖业规划配置不合理,会造成秸秆和粪便的大量剩余。

依据秸秆和粪便混合发酵的最佳比例,我们用逆向思维倒推,以确定最科学的种植、养殖规模比例,从而实现零废弃农业目标。其原理其实不复杂,更通俗地讲就是,在发酵过程中,微生物需要食物,如果C(碳)、N(氮)元素配比合适,微生物就吃得好,发酵工作就做得好。那么,我们就搭配好秸秆(主要提供C)与粪便(主要提供N)的比例。依照这个比例需求,运用数学方法逆向推算出具体种植多少、养殖多少。最终,通过混合发酵过程,种植、养殖农业废弃物可全部循环返回耕地,零废弃农业目标就实现了。

有机、生态、循环,是我们全域有机农业生产技术构建的根本支撑点,通过微生物工程,链接废弃物资源化和农田生态化,最终实现农田健康调控的目标。

加时四问:

一问:除了有机生产技术体系,教授工作站还有怎样的探索?

教授工作站:创建过程控制标准!

目前,有机农产品认证,每个品种每年认证一次,费用数万元。不可否认,有人为了这个证,作假了。有人干脆不去搞认证,而是自创有机生产标准,比如中国科学院的蒋高明老师创立了“六不用”生产标准:不用农药、不用化肥、不用除草剂、不用人工合成激素、不用地膜、不用转基因技术。

怎样解决这个矛盾？要从源头上审视这个矛盾。农产品之所以是有机产品，是因为耕地、环境无污染，生长期施用有机生产资料，并采用有机管理方式。可见，产品的检测只是结果，过程才是根本。我们应建立过程控制系统，制定过程控制标准。

除了制定生产过程控制标准，我们还应该配套产品追溯体系，最终形成健康产品流通系统。在这个系统中，生产是有机的，产品是有机的，运输是有机的，销售是有机的。中国农业大学是农学航母，有责任、有能力尽早建立有机农产品质量保证新体系。

这就是我们的“不忘初心，牢记使命”。

二问：除了有机生产，对其他“两驾马车”怎么理解？

教授工作站：其他两驾马车要与有机生产合力向前进。

①通过有机农业生产，把种养循环搞起来；通过合作社，将企业家、农民等多种生产主体组织起来，实现人对有机生产的有序管理。

②人们一边过着现代化的生活，一边怀念故乡故园，这叫失去了才开始乡愁。解决这种矛盾的灵丘方式是，将现代化的方式与传统的文化内容结合起来，保存、保护故乡故园的硬件特色，比如，老院子老房子；同时将内部设施升级，比如老房子里装空调。这都会让人们的生产、生活方便舒适，并愿意为此埋单，这就意味着，将有更多人加入全域有机农业建设行列。

③为实现文化传承保护与生产效益发展共赢，要让商业运作登场。有机社区引入恰当的商业运作，才有实力充分挖掘乡村文化，才能充分提升乡村文化、技艺、民间艺术的经济价值，才能促进有机生产发展。

将资本与农业实践相结合，与中国实际相结合，形成了近10年中国农业生产模式。建议灵丘县，一方面在销售方面加油，另一方面要尽早建立起种养循环体系。

三问：教授工作站担负生产技术体系建立重任，为什么还要考虑为生产者提供销售渠道、认证体系？

教授工作站：我们得全面打通，才能让有机农业产业链各环节顺畅运转起来，种养循环才能建立起来，有机农业生产才能可持续发展。

我们原来的注意力只停留在专业技术上，后来与一些企业家、金融家碰撞之后，就关注上农村经济了。而后又发现，农村社会才是很多事情的根源，所以又开始关注农村社会。当我们能解释农村社会的事情后，就形成了一个关于农业、农村发展的思想体系。最终，我们用这个思想体系返回去解释并解决农村社会、农村经济、农业技术推广问题，发现这是通畅的、有效的。所以，要使我们的专业技术高效地为农业生产服务，就得打通它周围的各种关键脉搏，就得解决农村方方面面的问题。

附:2017 年以来参与灵丘县有机农业建议工作的学生名单

序号	姓名	研究内容	导师	学院	年级
1	徐鹏举	灵丘县上北泉村全域有机农业建设研究	胡跃高	农学院	2017 级研究生
2	高　永	不同肥料配施对丘陵山区玉米生产的影响	胡跃高	农学院	2017 级研究生
3	高游慧	不同肥料处理对黄芪有机生产的影响	胡跃高	农学院	2017 级研究生
4	宋志伟	灵丘县粮食作物机械化程度调查研究	曾昭海 胡跃高	农学院	2017 级研究生
5	王亚晓	山西省灵丘县农作物秸秆资源利用问题与对策研究	张海林	农学院	2017 级研究生
6	杨铭远	灵丘县域有机农业发展研究	朱万斌	农学院	2017 级研究生
7	赵晶晶	灵丘县有机种植对蚯蚓生长影响的调查研究	解超杰	农学院	2017 级研究生
8	宋晨菲	灵丘主要旱地作物水分生态适应性评价	陈　阜	农学院	2017 级研究生
9	揭晓婧	基于 SIMETAW 模型的山西省灵丘县主要作物需水量评价	褚庆全	农学院	2017 级研究生
10	徐忆楠	灵丘县生态资产评估及其与经济发展的关系研究	陈源泉	农学院	2017 级研究生
11	李　莎	灵丘县有机农产品互联网销售模式研究	谢光辉	农学院	2017 级研究生
12	潘　婷	灵丘县苦荞产业发展现状、问题及对策研究	王志敏	农学院	2017 级研究生
13	刘亚茹	种子处理对黄芪种子硬实解除及种苗质量的影响	董学会	农学院	2017 级研究生
14	李　晴	两种海洋寡糖对玉米生长发育的影响	杜明伟	农学院	2017 级研究生
15	龙　钏	两种新型植物生长延缓剂对玉米抗倒性的影响	杜明伟	农学院	2017 级研究生
16	冀利仙	灵丘有机旱作农业产业发展分析	曾昭海	农学院	2018 级研究生

续表附

序号	姓名	研究内容	导师	学院	年级
17	赵琳琪	灵丘县白马寺村不同作物生产可持续性与优化施肥研究——基于能值与经济分析	陈源泉	农学院	2018级研究生
18	韩晓楠	灵丘县农业产业扶贫模式与对策研究	文新亚 陈　阜	农学院	2018级研究生
19	范祖玮	山西灵丘地区有机旱作鲜食玉米品种筛选	隋　鹏	农学院	2018级研究生
20	吴一凡	灵丘县有机农产品营销现状及对策研究	胡跃高 李志军	农学院	2019级研究生
21	王　照	灵丘县有机农业生产现状与对策研究	胡跃高 李志军	农学院	2019级研究生
22	杨雨欣	特色农产品包装设计美观性评价体系构建与应用——以灵丘县苦荞茶为例	陈源泉 李志军	农学院	2019级研究生
23	类洪瑞	山西省灵丘县玉米产量潜力和产量差研究	孟庆锋 王　璞	农学院	2019级研究生
24	郝帅丞	山西省灵丘县有机农田地表节肢动物与土壤微生物群落多样性研究	陈源泉 李志军	农学院	2019级研究生
25	高游慧	农用酵素防治黄芪根腐病作用机制	王小芬	农学院	2019级研究生
26	马小如	生防菌与农用酵素组配对黄芪根腐病的防治效果探究	王小芬	农学院	2020级研究生
27	任鑫玉	不同肥料处理对黄芪种子生产的影响	王小芬	农学院	2020级研究生
28	卢静洁	餐厨生物饲料转化	王小芬	农学院	2020级研究生
29	谷孝辉	乡镇生活污水生物肥料转化	王小芬	农学院	2021级研究生
30	陈娇月	不同有机肥施肥量和农用酵素管理对西红柿有机生产的影响	王小芬	农学院	2021级研究生
31	赵凯	资源型经济对农村发展的影响研究——以山西省灵丘县为例	张雪梅	人文与发展学院	2020级研究生
32	张强	山西省灵丘县涉农电商发展现状及影响因素分析	于乐荣	人文与发展学院	2017级研究生

续表附

序号	姓名	研究内容	导师	学院	年级
33	霸雨辰	生态农业建设对农户生计的影响研究——以山西省灵丘县为例	齐顾波	人文与发展学院	2017 级研究生
34	高翔	山西省灵丘县多维贫困视角下的边缘人口贫困研究	左　停	人文与发展学院	2018 级研究生
35	吴琼	农用酵素乳酸菌复合菌系的构建及其接种效果	王小芬	农学院	2020 级研究生
36	热合曼	土壤根结线虫防治相关研究	胡跃高	农学院	2020 级研究生
37	宋文越	灵丘谷子有机旱作模式探索	王小芬	农学院	2022 级研究生
38	于丁一	农用酵素改良土壤中黄芪根腐病拮抗真菌的分离鉴定与防效试验	王小芬	农学院	2018 级本科生
39	安春月	农用酵素对黄芪种子萌发及幼苗生长的影响	王小芬	农学院	2018 级本科生
40	黄雪霜	生防菌(哈茨木霉菌)与不同农用酵素组合后防治黄芪根腐病的效果	王小芬 谢光辉	农学院	2018 级本科生
41	徐润钰	低糖农用酵素原料发酵特性及工艺优化	王小芬	农学院	2018 级本科生
42	周睿	灵丘全域有机农业体系的探索与建立	王小芬	农学院	2019 级本科生

第七篇　创建有机农产品销售公益平台——农臻集市

——中国农业大学农臻团队说

中国农业大学农臻团队，有机农业生产者与消费者直接对接公益平台农臻集市的创建者，由中国农业大学全域有机农业课题组王小芬教授及其学生组成。灵丘全域有机农业建设从种子落地到开花结果，没有哪一个环节缺得了中国农业大学的“大脑”与“臂膀”。而中国农业大学也不把自己当外人，有困难要上，没有困难创造困难也要上——一队师生意气风发，要为灵丘探寻销售捷径，这无疑是在解决天大的难题！但他们就干了！神速成立了农臻团队，创建了农臻集市，进行了运营探索，建立了规则秩序，发动了成百上千名消费者！赤子之心，至诚之道，日月可鉴。

缘起

灵丘县域有机农业建设，探索出了一条高校＋政府共同规划，乡村进行全域有机农业建设的模式。从 2020 年开始，中国农业大学全域有机农业课题组（下称课题组）陆续与山西省多县签订县校合作协议，如 2020 年 4 月与山西省沁源县签订沁源县全域有机农业示范县建设项目协议，2020 年 3 月与左权县签订左权县拐儿镇桃园有机社区总体规划项目协议，2021 年 9 月与长子县签订长子县全域有机农业建设项目协议，开展县域有机农业的建设工作。在课题组深入各县进行全域有机农业建设的过程中，生产者不约而同地提出同样的问题：“我们用你们的技术生产出的有机农产品，能否卖出去？能否卖得好价钱？”基于这个问题，课题组做了多方的尝试，每个成员都不断地把有机农产品推荐给自己的朋友和亲人，但是推广效果非常有限。

在此过程中，立君小菜篮创始人朱立君和中国农业大学胡跃高教授在左权桃园有机社区建设中，提出了“城乡互助驿站”的方法：在生产端推广有机生产技术，在城市消费端进行有机农产品宣传和推广，通过互助驿站，让生产端与消费端直接对接，以实现有机农产品的高效销售。在此过程中，中国农业大学教授、灵丘教授工作站负责人王小芬成了一名有机农产品消费者，她深深感到有机农产品存在价格高、种类少、购买不方便的问题，从此建立了一种从消费者立场来思考有机农业的视角。

产生社区团购想法还缘于王小芬教授居住的小区。小区恰巧有一个热心于给大家推荐好资源、价廉物美农产品的社区团购微信群，群里的氛围非常好，负责张罗好事的都是社区的邻居志愿者，大家都是义务给邻居们提供服务。得益于社区团购良好的基础，王小芬教授初步形成了把灵丘科研基地优质的农产品，通过社区团购微信群推荐给大家的想法。

这一想法在2021年8月初步实现。那一天，王小芬和她的邻居朋友——同是山西人的秋日暖阳（网名）到灵丘考察有机农业生产基地。这位秋日暖阳非常热心，在小区张罗过几次老家苹果的团购，小区邻居非常喜欢她，每年秋天都惦记着她给大家团购苹果的事情。她了解到王小芬在山西的工作后，就提出去灵丘有机农产品生产基地看一看，她们一拍即合。谁知这次灵丘考察为她心里深深地埋下了有机农业的种子。在灵丘平人农场和田脊梁合作社生产基地，她被赵飞和段卫国那股浓浓的对土地的情感、对家乡的热爱、对有机农业的信心所感染。尤其是，段卫国神采飞扬地介绍农民拔草的经验和发展有机合作社的经历，这些她都牢牢地记在心里，挥之不去。回到北京后，秋日暖阳就开始筹划，要把段卫国的新小米在小区做团购，这次团购很快就筹集到200多斤。不出意料，邻居们对田脊梁的小米非常认可，团购群里好评不断。基于邻居们的好评，小米团购又进行了第二次，这一次邻居们都是5斤、10斤地买，很快又筹集了200多斤。有了这两次团购的经历，王小芬和秋日暖阳对社区团购充满了信心。

2021年底，中国农业大农农学院本科生黄媛媛和刘小丫到办公室找到王小芬，希望她能指导她们做URP（大学生科研训练计划）。王小芬把自己对有机农业的思考和希望构建有机农产品社区团购的想法和两位学生进行了交流，当时两个孩子眼中就冒出了兴奋的光彩，连连说：“这项工作太有意义了！”说干就干，两位同学根据讨论内容，连夜查资料、做计划，申报学校的URP，将项目计划书命名为“构建县域高校技术支撑的有机农产品城乡互助产销模式”。2022年初，两位同学申请到了北京市大学生创新创业计划，并获得1万元的项目支持经费。

发起农臻集市

从2021年12月起，课题组的博士、硕士、本科生开始筹备构建链接生产端一消费端的产销新模式。经过团队成员多次讨论，最后确定以“‘农臻’——变废为宝，有机生产增产降本不是梦”为题，开展大学生创新创业活动。2022年2月16日，团队成员黄媛媛建立了“农臻”微信公众号，在平台上发布团队介绍、科普知识、活动预告等内容。

农臻团队微信公众号（农臻团队供图，下同）

2022 年 3 月，第三届中国农业大学“兴农杯”创新创业活动开始报名，团队博士研究生高游慧作为项目负责人，组织同学们进行创业计划书的撰写，通过网评和现场路演，荣获院级一等奖、校级三等奖。经过院级和校级的层层筛选，高游慧成功进入北京赛区的决赛。

第三届中国农业大学“兴农杯”创新创业校级三等奖证书

2022 年 4 月 2 日，农臻团队经过精心筹备，首次在中国农业大学绿苑小区开展社区科普宣传活动，让小区居民更好地了解有机农业，以更优惠的价格体验质量上乘的有机农产品。当日，胡跃高教授到现场支持指导，14 名学生共同参与，向小区居民宣传推广了山西灵丘的有机杂粮、有机黄芪和实验室自制的食用酵素，同时以有奖竞答的方式，让大家进一步了解有机农业的科学知识。答对题的朋友可以获得开心套圈体验，运气好的朋友多款体验产品直接带回家！现场还有红枣小米茶、蜂蜜酵素饮、香浓小米粥等产品供居民品尝，大家直呼好喝！此次活动取得了超出预期的良好反响，小朋友边学边玩不亦乐乎，叔叔阿姨、爷爷奶奶们买到了安全健康的心仪产品，团队的成员们体验了一场别有趣味的学习之旅。也在当日，农臻团队接受成员周睿的建议，组建成立了“中国农大农臻有机农产品绿苑群”。

农臻团队首次在绿苑小区开展社区科普活动

紧接着，在 2022 年 4 月 17 日，农臻团队联合北京平人农场、立君小菜篮、寻蜜人生等农大学子创业团队，共同在中国农业大学绿苑小区开展了第二次有机农产品推广活动。中国农业大学关爱农老师和博雅西园小区居民张娜参与活动，帮助学生顺利开展活动。活动现场出现有机蔬菜被抢购一空的火爆场面，平人农场不得不再次补货。立君小菜篮的现磨有机胚芽米也售罄，田脊梁的有机小米和农大的蜂蜜也受到一致好评，复购率非常高。

本次活动再次提升了农臻团队的服务能力，队员们继续探讨有机农产品走进城市社区团购的模式，并致力于将有机生产者与消费者直接对接，让消费者以最低的价格购买到真正的有机好产品。

2022 年 6 月，农臻团队到山西省灵丘县开展了为期一个月的实践调研活动。其间，队员们在灵丘县风和美苑小区开展社区有机农产品推广活动，灵丘县现代农业发展中心主任刘文光、县委组织部人才办公室主任郭伟等领导参加活动，共同向居民推荐灵丘有机农产品，让大家知道有机产品产量不低，好吃不贵。

2022 年 7 月 31 日，农臻团队驻灵丘服务成员在灵丘县旅游集散中心举办了灵丘县东河南镇首届乡、镇长直播带货的暖心助农活动。本次直播活动累计观

农臻团队联合农大学子创业团队在中国农业大学绿苑小区开展社区科普活动

看人数达3.3万人次，点赞50.1万个，评论1.4万条，累计销售额1万余元。那次直播活动的好效果不止于可观的数字，它更大的意义在于农臻团队与东河南镇政府、有机生产基地携手推进了灵丘县有机农业发展，助力开辟灵丘当地有机农产品消费市场，让更多的人了解并认可有机农业和有机农产品。

农臻团队在灵丘县风和美苑小区开展社区有机农产品推广活动

农臻团队参加灵丘县东河南镇首届乡、镇长直播带货的暖心助农活动

社区宣传及推广工作展开

经过两次社区宣传活动，农臻团队逐渐得到了绿苑小区老师们的认可。但是，由于疫情期间封校，同学们没有办法外出活动，小区也不允许聚集举办各种活动。由此，团队开始寻求志愿者开展科普、团购活动。

在社区团购组织、模式等方面的探索中，发动社区志愿者是一项重要工作。经过不断地和志愿者探讨交流，团队更充分了解了大众需求，由此建立“中国农大农臻有机农产品绿苑群”团购机制、与生产基地合作模式、科普形式等框架和细则，为建立更多团购群打下了基础。

2022 年 7 月，“中国农大农臻有机农产品博雅群” 建立。2022 年 11 月，“中国农大农臻有机食品学生群”建立。博雅小区和农大教师群按照群规展开团购，学生群则选择适合于学生购买的苹果和有机面点。在形成群规及每日配送的规则之前，农臻团队与消费者做了充分的沟通，双方达成共识：所有的规则都以降低运营成本、适应消费者生活习惯为宗旨。消费者对平人农场有机西红柿、灵宝市建国果蔬专业合作社的有机苹果好评不断，西红柿简直是供不应求。同时，有机社区群内老师们也经常探讨关于有机农业生产技术、农业战略思想、商品品质等话题。

2022 年 8 月 28 日和 10 月 6 日，农臻团队分别组织了平人农场和良之悦品农场线下参观活动。博雅西园、绿苑等多个小区的消费者代表踊跃报名、积极参与。通过线下参观活动，大家不仅品尝到了有机健康的美味菜肴，更增进了对有机农业的认识，特别是老师们从各自的专业角度出发提出了有价值的问题，增进了彼此的理解。

农臻团队组织农场线下参观活动

截至2023年3月,“中国农大农臻有机农产品绿苑群”成员已经达到306人,“中国农大农臻有机农产品博雅群”成员已经达到198人,“中国农大农臻有机食品学生群”成员已经达到245人。农臻团队在群内已发布科普知识100余条,“农臻”微信公众号总用户数达480人,全部发表记录57条,最高浏览量达834人次,累计浏览量达11083人次。农臻团队在绿苑小区、博雅西园小区、清上园小区等居民消费者中的社区团购累计用户超1000人,累计订单数超8000单,联系有12家有机农产品生产者,共计销售金额353263.70元,其中平人农场216233.55元,良之悦品29492.43元,喜乎面点18884.74元,石磨豆腐19137.68元,田脊梁14863.90元,有机苹果27180.15元,有机沃柑8568.20元,蜂蜜5423.36元,小黄姜9112.00元,有机柠檬827.71元。

农臻集市获得一等奖

2022年5月,第八届中国国际“互联网+”大学生创新创业大赛开始申报,农臻团队围绕有机农业助力乡村振兴实施的路径,针对有机农业生产成本高、产量低、信任缺失造成的技术危机和信任危机采取措施:在生产端,利用农用酵素和生物有机肥技术,将农业废弃物变废为宝,实现降本增效,以破解技术危机;在消费端,搭建农臻集市公益平台,以农大绿苑小区和博雅西苑小区为中心,广泛深入社区,在北京高校居民区开展线上线下有机科普教育、社区团购等活动。生产者与消费者直接对接,让消费者以最低的价格享受安全、健康的优质有机产品,增强生产者与消费者的互动交流,为城乡对接提供沟通和信任桥梁,以化解信任危机。

获得“互联网+”大学生创新创业大赛北京市一等奖

获得北京市“百强创业团队”称号

农臻团队经过第八届中国国际“互联网+”大学生创新创业大赛院赛、校赛、北京市网评初赛及复赛的层层选拔,荣获北京市决赛一等奖,并且在“京彩大创”

中也取得了北京市“百强创业团队”的荣誉称号。在此期间，团队成员不仅齐心协力反复优化参赛PPT、宣传视频及商业计划书等材料，而且在生产端坚守山西一线，服务乡村，打造低成本高质量的有机生产样板基地。同时，在消费端，教师志愿者和社区志愿者们也在共同助力农臻集市线上团购和社区科普宣传活动。

2022年8月5—8日，第九届中国·大同车河国际有机农业论坛举办，农臻团队负责人高游慧在大会上做了“‘农臻’构建城乡互助桥梁，助力有机农业低成本高质量发展”的报告，得到了参会领导、专家及老师们的一致认可和积极响应。随即农臻团队与贵州农业职业学院、山东齐鲁大学和河北农业大学等师生团队达成共同构建“全国大学生有机农业科普联盟”的共识。

农臻团队负责人高游慧在第九届中国·大同车河国际有机农业论坛上做报告

在此期间，农臻团队成员还在灵丘县赵武灵王主题公园参与了以灵丘好味美食节、“大同好粮”农特产品展、文创产品展、灵丘县美丽乡村图片展为主要内容的“一节三展”活动。活动期间，团队成员针对有机农业十大认识误区进行宣讲和科普，并介绍了有机杂粮、酵素等有机产品。

农臻团队参加灵丘县“一节三展”活动

此外，农臻团队针对北京市平谷区南独乐河镇的产业发展需求，结合“五统一分”的指导思想，定制当地的发展方案，助力合作社建设“五统一分”的组织模式和有机生产，打造南独乐河镇有机农产品品牌，建设有机零废弃示范基地或示范村庄，将为南独乐河镇带来强大的经济、社会、生态效益。该发展方案在2022年“挑战杯”首都大学生创业计划竞赛“青振京郊”专项赛中获得银奖。

获“挑战杯”首都大学生创业计划竞赛“青振京郊”专项赛银奖

农臻集市引发的思考

农臻团队开展社区团购从王小芬教授开始有想法到落地是本着朴素的助农想法，本着一名消费者希望获得健康农产品的初心来推进的。虽然获了不少奖，也得到了老师们和邻居们的认可，但如何把农臻这件事情变得更有意义，让更多的城市消费者接受这种模式，可能还要经历更多艰辛。无论什么事情，有初心，能够推进前行，就有必要对其机制进行分析和总结。

虽然农臻团队开展社区团购从表面上看是一场由中国农业大学师生发动的、面向教师群体和邻居群体的社区团购，但是其实质是将多年积累的全域有机农业理论和实践体系，通过社区团购的方式展示出来。其实，让消费者从口袋里拿钱买农产品不是一件容易的事情，而农臻团购活动却有那么多消费者响应、好评、下单！这是对团队研究成果最高级别的验证。我们要对农臻模式进行总结，为未来全域有机农业建设发展提供参考。

一、有机农业生产端和销售端需要同时抓起来

多年来，课题组根据自己的专业特长，在生产端以农业生产技术的示范推广

为主要工作，其实并没有太多思考销售端的工作。经过农臻这项工作才明白，如果想充分带动生产端的积极性，销售端必须给力，这个给力不是依靠别人，而是依靠自己。消费端如果要吃到真正的有机农产品，也必须依靠生产端的农民掌握真正的技术，生产出质优价廉的农产品。总之，生产端和消费端的工作必须同时抓起来，仅仅在一端下功夫，是行不通的。

二、降低有机农产品的价格需要从生产端和消费端同时入手

大部分老百姓明白有机产品好，但是目前有机农产品价格高也是真的，这是必须要解决的问题，社会主义国家不能搞某个阶层专供的食品，那么降低有机农产品的价格是一项重要的工作。其主要有以下几种途径。

①通过技术，在生产端降低成本，比如推广户用堆肥技术、农用酵素技术，以山西沁源基地为例，每亩地可降低300元的成本。

②在符合作物生长规律的前提下，通过有机生产技术体系管理，做到保质、增产。

③通过构建全域有机村庄来整体发展村庄。全域有机村庄是这样的：收集村内所有秸秆、餐厨、生活垃圾、人粪尿、生活废水等有机资源，通过发酵工程制成有机肥，进行有机生产；通过废弃物收集、还田，创建零废弃社区，进行有机社区建设；通过有机合作社，组织村民发展旅游和养老等产业，进行有机社会建设。三个方面共同发力，可以综合提高农村的生产力，农民的辛苦劳动终能得到较丰厚的回报，慢慢地，乡村会吸引更多青年人回归，投入有机生产。

④通过有机农产品进社区团购，减少中间流通。仿照疫情期间社区服务模式，通过社区志愿者服务，减少产品流通成本。目前，开展团购活动的小区，通过互助服务，加强了生产者和消费者的交流，也促进了友邻关系更和睦。

三、有机农产品必须是真的

以上所有工作的基础是，有机农产品必须是真的！如何保真？

①生产者和消费者互助交流，所有信息公开透明。

②科技部门和农业管理部门建立有机农场的生产过程控制管理标准，并对生产者广泛开展科普教育，加强农场肥料－种子－土壤－农作管理的过程控制和管理，从源头杜绝有害化学投入品进入农业生产系统。

③让消费者参与农场监督管理，也是一个有效办法。

有机农产品质量、产量及生产过程是检验做有机农业是否完美的最高标准，如果有一点虚假，这个产业都不会发展好。

四、农科高校教师以及医生群体钟爱有机农产品

农科高校老师和医生等有农学和医学专业背景的人群，能更多地接触到人

类健康问题，会更多地思考健康问题，同时，他们懂得药食同源，所以非常认可有机农产品。我们选择走全民有机的这条道路，首先要重视这个群体，赢得他们的支持，将他们变为我们的同盟军，扩大有机农业影响面。

五、高校是食物健康保卫战的主力

推动有机农业这项事业，需要农业高校在这场食物健康保卫战中做主力，带动农业生产者生产，带动城市消费者消费。

实现人人享用有机农产品是一项艰巨的任务，需要从科学技术体系、社会宣传推广等方面进行助力，而“政府＋企业＋合作社＋农民”的力量才是最大的、最根本的力量。

六、农业生产还是由土生土长的农民来做

跟土壤、农作物打交道是农民祖祖辈辈传承下来的本事，农耕文明、传统农业技术早已融入农民的血液和骨髓中，他们才是乡村振兴的主力军。农民在生产上有着天然的优势，他们种自己的地，不用一天一天地算工资，有机农业成本最高的就是人工费，而由农民自己做，这项成本就变成隐形的。不过，他们要争取农业生产利益最大化，还需要做一些工作。

①农民需要组织起来，成立真正的有机合作社。如果合作社采用“五统一分”的生产组织方式进行运行、管理，成本就低，效果也好。灵丘县田脊梁有机种养合作社在这方面做得很成功，我们可以借鉴。

②农民需要学习理论知识。农民往往有实践经验，但容易忽略理论知识的学习，有机农业生产技术要真正掌握在有机农业主力军的手中，必须加强理论知识的学习。当然还需要有人将专业知识转变成通俗的农家话。

③有机合作社采用“五统一分”的组织机制。“五统一分”的建设经验是胡跃高教授全域有机农业建设理论和实践体系的重要组成部分。它是通过“五统”汇集资源，减少生产成本，减少生产风险；通过“一分”，即分户生产来体现个人创造的价值，多劳多得，避免吃大锅饭。

七、充分发挥高校学生力量

高校的学生是农臻团队主要的生力军。他们依托团队多年工作的基础，组织社区团购、进行科普宣传，并借助农学院的全国农科学子创新联盟，开展全国的农臻模式的复制和推广。在此过程中，学生们遇到了课本上不曾遇到的难题，开始向社会学习。农臻创新创业项目锻炼了一批创业者，未来是属于这批年轻人的。这一点也呼应了第五点，这是大学开展有机食物推广运动的优势。这批具备专业知识、有胆有识的年轻人就担起了我们的未来。

八、城市社区45岁左右的中年妇女可能是社区有机农产品推广的主力

北上广等大城市是人才汇集之地。近20年来，大量的地方优秀学子通过考学进入大城市，毕业后就地成家立业。但随着经济和社会发展，一些受过高等教育的女性选择在家带孩子，当孩子考入大学后，这批妇女恰好是45岁左右，自然而然就成了社区有机农产品推广的主力。女性对孩子的未来、食品健康更加在意，在这场保卫食物的运动中，这批中年女性扮演着重要的角色。

九、政府的推进作用

山西灵丘的工作是灵丘县委县政府和中国农业大学一起推进的，他们合力开启了县域有机农业发展的先河。在此过程中，政府的积极推进、制定政策，为项目的顺利实施铺平了道路。政府的推动是首要的力量。

十、提供健康食物的机制是构建社会信任机制的基础

如果无法保障人们每天吃进嘴里、导入胃里的食物健康安全，那么这个社会最基本的信任是缺失的。如果人们每天能在享受有机美食的同时，对农人的辛苦工作给予极大的认可，对自己身体健康感到十分满足，那么，重建社会基本信任是大有可能的。在社区团购中，生产者和消费者的交流以及社区志愿者和邻居间的交流，是非常正能量的沟通。在农臻社区服务过程中，我们感受到了消费者的热情。除了在微信群收获各位老师和邻居的认可，也经常在志愿活动中，获得大家真诚的祝福和称赞。这些鼓舞和认可，让我们感受到尊重和信任。从小家到大家，以小见大，这种信任会从一个社区影响到若干社区，那么这个提供健康食物的机制，就是构建社会信任机制的基础。

十一、实现人人吃到有机农产品需要全社会的努力和参与

目前，农臻团队这项有意义的工作只是在中国农大教师社区和周边的一个小区做了试点，这项工作的推进只靠农业大学教师和学生的推动是远远不够的。它需要靠全社会、靠大家一起努力才能实现。

愿天下人人都能吃到健康安全的有机农产品！

附：中国农业大学农臻团队成员表

农臻团队	姓名	备注
创始人	高游慧	博士
创始成员	程小倩	博士
	黄雪霜	硕士
	刘宇	硕士
	谷孝辉	硕士
	徐润钰	硕士
	刘小丫	本科
	黄媛媛	本科
	周睿	本科
新成员	裴振昊	硕士
	彭晨晨	硕士
	唐雨昂	硕士
	孙舒畅	硕士
	刘炎	硕士
	胡义城	本科
	刘子涵	本科
	李沂桐	本科
	武克贤	本科
	李金霞	本科
	朱锐	本科
	张芷若	本科
指导老师	王小芬	中国农业大学教授
	胡跃高	中国农业大学教授
	张娜	社区负责人
社区志愿者	姜芳辉	绿苑小区居民
	关爱农	绿苑小区居民
	李晨英	绿苑小区居民
	李国英	博雅西苑居民
	宫小燕	博雅西苑居民

第八篇　深度体验有机灵丘
——赵飞说

北京平人农场灵丘生产基地经理　赵飞(赵飞供图)

赵飞,2020 年 6 月毕业于中国农业大学,获硕士学位,导师正是胡跃高教授。目前任北京平人农场生产经理,长期驻守灵丘生产基地。其任务是执行生产计划、提供技术指导、管理农场,并与村庄协调好关系。他管理着 26 个大棚 110 亩耕地,培养着灵丘县的有机生产职业农民,是从零开始的。他既是灵丘的有机农业生产者,又是灵丘有机农业建设的观察者、研究者。他的热情、正能量和专业学识,会感染身边的每一个人。有机农业有这样的年轻人侍弄,甚幸。

体验灵丘优势

为何北京平人农场大老远来灵丘种菜?

我认为灵丘具备发展有机农业生产的优势,有些优势是其他地方无可替代的。

一、大环境好

灵丘从 2013 年开始宣传有机农业，后来布局全域有机农业建设，县委县政府对有机农业相当重视，有配套政策和措施，已经形成了有机农业发展体系。当初，我们来灵丘考察，在路上不断看到"禁止化肥"的标语，非常惊喜。更可喜的是，普通农民对有机农业都有一定的认识，普通消费者对有机农产品也都认可。也就是说，灵丘有深厚的有机农业干部、群众基础，这一点是其他地方不具备的，起码现在是这样。所以，灵丘整个大环境对有机农业企业进驻非常有利。这一点，是我们放弃地理条件相似的河北省某县，而选择灵丘县的一大原因。

事实证明，我们的选择是对的。一开始，与合作社合作，与政府对接，我们是人生地不熟，两眼一抹黑啊！所以当时对能否扎根，能否进行大投资，心里没底。可意外的是，县农委领导、东河南镇领导竟然来基地看望我们了，关问有无困难，需要什么帮助。他们首先做了一件事：与合作社牵线，帮助我们解决了两个根本性大问题——用地问题和劳动力问题。

灵丘随处可见的有机农业科普宣传牌

灵丘重视我们，我们也不会无动于衷。我们请镇领导、合作社负责人以及下野窝村党支部书记王树琴到北京平人农场考察；我们带动灵丘农户做规范的有机农业生产，为当地人做种植示范，也做有机养鸡示范。后来延伸到，我们与合作社合作养殖，为他们订制无化肥菌棒。现在，我们形成了有效的合作方式：平人出钱、出技术，合作社出劳力、出管理；平人收购合作社的有机农产品，双方共同分担生产风险。这样合作的结果是，双赢！2021 年，我们基地开始与周边 5 个村庄的一些村民个人合作，一方面教他们做有机种植和有机养殖，另一方面负责收购他们的有机产品，结果是多赢。

二、气候适宜

灵丘夏天凉爽，夜晚温度最高不超过 20 ℃，非常适合叶果类蔬菜生长；昼夜温差在 13 ℃以上，蔬果品质更好。

三、光照好

雾霾发生率低，海拔 1026 米，空气透光性好，农产品日光照射充分。

四、土壤好

我们测过土，大棚土壤属于自然背景土壤，也就是说，重金属含量低，农药残留少，按 2018 年标准，为一级土壤；按现行标准，为风险值较低土壤。这与灵丘历史上无化工类工厂有关。虽然灵丘重金属矿多，但矿都集中在一定区域，且没有加工提炼，没有污染物排放到南山区。

五、交通条件好

到北京房山，走高速，只需 2.5 小时。我们早上 4:30 采摘蔬菜，上午 9:00 发车，12:00 前菜到达平人农场，经过入门摘捡、分装、物流，到 13:00，已装进客户的菜篮子里了。从灵丘出发的短距离陆地运输，让蔬菜损失率低，成本低，利润空间相对大，增强了产品竞争力，也增强了平人农场的市场竞争力。

六、生产成本有优势

土地流转费用、劳动力工资，这两大块成本较北京低得多，让整个生产成本大大降低。

感受灵丘实践

一、灵丘的成功之处

我个人认为，灵丘有机农业生产成功之处有 5 个方面：

①允许工商资本进村，进行全方位经营。

②用政策激励当地能人放手做有机农业。这与县里主要领导的有机农业思想分不开。

③吸引当地企业进行有机生产，吸引县外企业进入灵丘进行有机生产，吸引灵丘县在外地创业人士回乡做有机农业生产新型主体。

④包容性越来越大。本来是小县城、小气候，人却不小气。他们思想开放、纯朴、不排外，懂得合作共赢。这其实是留住投资企业与人才的难得条件。

二、灵丘的不足之处

不足之处人人有，灵丘肯定也有。

①没有成熟的有机农产品品牌。

②配套政策还有待创新。可以借鉴一些地方的做法，比如，如果生产者到商店购买有机农资，给予半价的优惠，差价由政府补贴商店。这样做的地方并不少，灵丘县如果走出去，多看多借鉴，会促进有机生产规模扩大。

③没有有机农业生产资料配套市场。比如，种子、有机肥、有机生产农具，都不齐全。我们基地有时紧急需要一些农具，在灵丘找不到，还得从北京、山东调运，会耽误农时，增加生产成本。有一次，我在灵丘买不到除草机，只能从北京购买，物流费用高。事后却看到一位村书记买到了，就在灵丘买的，还很便宜。问他才知道，有一个农机店，一下进了三台除草机，三年都卖不出去，好容易他要买，低价卖他了。不过，这个也是有原因的。本身，灵丘县农业产业水平偏低，而有机农业目前还是高端农业，所以整个县域农业体系还不能满足全域有机农业生产需求。不过，随着灵丘有机农业的发展，产业配套市场应该会越来越完善的。

④销路不畅。政府可整合有机农业生产者、有机农产品，以整体班子、整体形象对外做广告、找销路，形成灵丘有机农业硬实力。有些县主要领导在网络上为当地带货，效果不错。北京市平谷区的大桃很有名，还有销路，并不是单个农户找的市场，而是凭借了平谷区大平台的整体营销实力。

赵飞向参观学习者介绍有机生产水肥一体化系统

⑤人才缺乏。我们在北京招聘人容易，但一说分配到灵丘生产基地，都不愿意了，主要是年轻人不愿意扎根小县城，住房、医疗、教育等大问题是他们的主要顾虑。这种情况一时没办法改变。但灵丘可以凝聚当地人才，尤其是走出去的人才，一方面继续倡导他们投资家乡有机农业，另一方面引导他们，一边在外做事业，一边充分利用关联资源，把灵丘的好东西带到全国、全世界；而其投资的有机生产，则由家乡的职业生产者代为做好。这叫“里应外合”。

三、人才问题

我要多说说人才问题。

①人才，还可以向大学量身定做。比如，灵丘县已经和中国农业大学合作培养过 20 多名专项硕士研究生，给他们办工作站、生产基地，等等，但最终只留下徐鹏举一个人。怎样才能留下一批呢？让他们生活上无顾虑，住房是个大问题，家属就业是大事情。这些大事能不能尽量超前解决？同时，工作上要为人才设计好学习、晋升的梯子，让他们能看到努力工作的美好前途。

②人才，还可以吸引灵丘籍大学毕业生回乡，同样也要让他们没有后顾之忧，能看到前途。我帮他们算了一下：外出10年打工能挣50万～100万元，而在农村从事有机农业生产，可以与此持平；即使略多略少，都能留住他们，因为还有乡愁、亲情做辅助定力。

③人才，还可以寻找“农根未尽”的知识青年。前几年，我本科毕业之后，不能到政府农口工作，就在北京干农村建设公益工作，当时我对农业不关心。后来，我看到农业越来越受国家重视，政策、资金、项目、人力都往“三农”领域集中，我想，自己投入大农业，应该是不错的选择。而且，当代农业开始需要有文化的职业经理人，我可以成为这样的人！从2015年起，我跟着中国农业大学胡跃高教授攻读硕士研究生学位，学习农业技术，然后到北京平人农场做有机农业，并且成为灵丘生产基地的职业经理人。

投入有机农业生产领域的不只是我，还有很多年轻人，学历都很高。我们的灵丘生产基地，还有两个外地大学毕业生，一个毕业于太原理工大学，一个毕业于长治医学院——他已经做医生三年，还改行到农业领域，可见农业的魅力。虽然我们来自不同大学，学不同专业，但我们有共同的特点——出身农家，我们天生与农业、农民有缘，有交集，有感情。我们永远是“三农”的组成部分，我们的思想从来没有远离农村，我们的文化、逻辑、技术都会让我们更有能力回头、更爱农村大地！这也是灵丘寻找人才的一个线索——“农根未尽”人才。对了，我们基地所在村的大妈正在张罗着给其中的一位管理人员找对象，如果好事玉成，这个同事就跟灵丘扯不断关系了。

还有一点，不算优点也不算缺点，应该算特点：有机农业产业和政策环境不在同一个阶段。有机农业产业业态处于启动阶段，而政策环境是初级阶段。说产业在启动阶段是因为时间短，产业呈现小规模分散状态，未形成一定的产业大势，相应的农资市场、消费市场只是涉及，还未到成型。说政策处于初级阶段，是因为政策已经引导产业取得一定成果，推动农民认可有机农业，吸引企业、资金、人才进入有机农业产业。更可贵的是，灵丘借有机农业建设场景做起了乡村旅游业，将村庄全部资源重新整合，全部带入第三产业，也就是将一二三产业融合发展。继续做下去，文章大得很。

品味有机认证问题

从灵丘立场出发，再跳出灵丘，我对中国有机农业也有一些思考。

平人农场灵丘生产基地的蔬菜全程严格采用有机种植方式，但产品未必都进行有机认证。原因有几方面。

第一，多年培养的客户相信平人农场品牌，认可我们的产品，认可我们的诚实，无须认证。当然，我们的产品不能以有机农产品的名义在市场上销售。我们与客户的信任，源自让他们了解平人农场有机生产全过程。比如，六一儿童节，我们邀请客户、经销商到灵丘农场参观生产过程，让他们看到有机肥施用过程，让他们感受到灵丘的好空气、好水等优势条件，让他们体会到我们的实际与宣传内容相符，感受到企业的可靠性、产品的可靠性。

第二，有现实困难。我们的产品有100多种，有机认证却局限于有限的几种，不能满足我们的需要；每个品种都需3万元认证费，却只有1年有效期，100多种，一年就是300多万元认证费哪！这得多种多少菜才能挣回来啊！我们没有时间、精力去应对这些事，所以一直在回避。

第三，现实中，有机认证并不能让人信任，因为对第三方认证机构的权威性不了解。其实市场也是这样，人们对持有机认证的农产品将信将疑，最后不敢冒风险花冤枉钱，还是选择放弃购买。

北京平人农场以有机生产方式种菜，已有13年的积淀，有机认证对它来说不是很重要；对于刚刚起步的有机农业生产组织来说，很重要，那是它们进入有机农产品市场的敲门砖。我相信，有机农业的概念、标准是发展的，将来它会向着越来越合理、科学、务实的方向升级。

回头看现行的有机农产品认证体系，它存在自相矛盾。一方面规定不施用人工化学合成物，另一方面承认大自然化学合成物。比如，空气中的氮元素(N)，在雷电作用下发生化学反应形成氨(NH_3)，固化在土壤中，最后形成氮肥，被作物吸收，这大自然化学合成氮肥，是符合有机认证规定的；如果是人工化学合成，就是不符合规定的。其中存在问题：是否所有人工化学合成物都对人、对环境有害？是否所有有机肥都是无害的？是否所有大自然化学合成物都是无害的？不尽然。有些仿生化学合成物，比如大蒜油，对身体是无害的。可不可以这样说，目前的有机认证是一刀切，执行的是一种简单的、部分脱离实际的有机认证标准？所以说，有些标准的科学依据是不充足的。但我相信，有机认证会向更科学的方向变革。

有机农业生产有一个口号是："有机好吃不减产！"这真的能做到！但是，其中暗含一个事实——成本增加。大量施用有机肥，成本增加；人工管理、收割，也让成本增加；有机农业生产更讲究技术，对生产者的农技、农艺要求更高(常规农业技术人员算不上有机农业技术人员)，人力资源成本也增加了。所以，有机农产品价格高，并不是没有原因的。

要想"不减产"，光施有机肥远远不够，还要控制好病虫害。其实这一点更难，目前没有成熟的、公认的方法与农资，只能是有机生产者们各自揣摩、各显其能。我们摸索出了一个有机茄种植针对蚜虫虫害防治办法——以虫攻虫，2021年开始试用，亩产量1万多斤，这与常规种植的产量是一样一样的，这就是"不减产"。其具体办法是先在大棚里种植适合蚜虫食用的低矮植物，让蚜虫先出生；然后引进蚜虫天敌蚜茧蜂，蜂寄生蚜，繁殖更多的蜂；最后才是种植有机茄，蚜茧蜂继续杀蚜虫，直到全部收获。以前没引进蚜虫天敌时，蚜虫为害会导致我们的有机茄亩产量只有 3000～6000 斤。当然，以虫攻虫成功的前提是别的病虫害也能有效控制，否则，只攻蚜虫也不能保证不减产。于是，“有机好吃不减产”是在我们的茄子上应验了。预计 2022 年试用效果会更好。再举一个不减产的例子。我曾经和一个村民做过一个对比试验。当我在基地栽植黄瓜秧苗时，这位村民同时在他家院子里栽植同品种黄瓜秧苗。当他开始采摘时，我们还没有。当他开始拉秧时，我们的还在采摘期。为什么？因为他施用了化肥，初期产量高，但很快秧苗生命到尽头；而我们用有机方式管理，足足比农户多采摘了半个月，平均 2 天采摘一次。总体来说，我们的产量比农户的高得多，关键是品质高得多，收益大得多。

但是产量高、品质好，就能多赚钱吗？不一定。生产有机蔬菜赚钱不容易，只不过，通过有机蔬菜，我们可以跟进客户，将其他有机农产品一并输送到客户餐桌上，以此来平衡利润。

常规菜走成熟流通渠道，有机菜走高效的物流、快递渠道，运输成本高，吃掉了有机品质赢得的利润。这是有机菜赚钱不多的又一个原因。怎样解决成本高的难题，我还没想好，以后再说。不过，2022 年 8 月，我们基地引入了一家公司的水肥一体化设施，这样有机肥成本将会大大降低。在第九届中国・大同国际有机农业论坛召开期间，专家们到基地参观，非常认可这套设施。

第九篇　灵丘灵丘　我回来了
——徐鹏举说

灵丘县农业农村局干部
徐鹏举

徐鹏举，毕业于中国农业大学，硕士。2019年8月，作为大同市引进人才，在灵丘县农业农村局工作，也是《上北泉村志》的主要编撰人。

2019年，在时任灵丘县委县政府的关怀下，我在县城解决了住房问题。住房是异地就业第一大问题，非常感谢！

我本科就读于山西农业大学，其间有幸接触到生态农业。大学二年级加入北京梁漱溟乡村建设中心（简称乡建中心），这个机构是中国人民大学农业与农村发展研究院时任院长温铁军教授组建的。大学三、四年级，继续对接乡建中心。经过学校学习、社会实践，逐渐加深了对生态农业体系的认识。

到灵丘工作不是拍脑袋主意，而是因为我的硕士研究生"教室"就是灵丘大地。2018年3月，作为中国农业大学精准扶贫专项硕士研究生，我到灵丘驻村学习，持续近2年。我们是首届，共15个人。其间，我们分3个小组，到不同村庄搞有机种植试验，整理民俗文化资料，调研有机社区建设情况，了解灵丘县情、村情，以及有机农业建设状况，并与灵丘人民结下了深厚的友谊。我们就是新一代上山下乡青年，边做事边收获，比传统的教室课堂学习收获多多了。

2017—2019年，我在灵丘县攻读硕士学位期间，主要做了3件事：一是写《上北泉村志》；二是动员北泉村村民参加有机生产；三是研究村庄全域有机农业建设。为写村志，我走村串户，对这个村庄的历史与内涵有了较深刻的理解，更加懂得了乡村、农民的酸甜苦辣。我的毕业论文《灵丘县上北泉村全域有机农业建设研究》重复率只有3%，令中国农业大学毕业论文答辩委员会的老师们难以置信。

中国农业大学精准扶贫-乡村振兴研究生班在灵丘白马寺村的试验田

毕业后，作为大同市为灵丘县引进的实用人才，我被录用到灵丘县农业农村局下属的农业技术推广中心，属事业单位。我觉得自己不是引进的人才，我是回来了！是一年级升二年级！种瓜得瓜，种豆得豆，一切都那么自然而然。

经历了学习、录用、使用的历程，我感受到了灵丘县在引进人才机制方面作的努力，同时也有几条建议。

一、创新校县结合培养人才机制，还要具体问题具体分析

我们15人到灵丘，在实践中学习，是执行灵丘县与中国农业大学的人才合作培养计划：灵丘为中国农业大学学生提供实践课堂，让学生在全域有机农业建设中和国情中学习知识，成为“一懂两爱”人才；中国农业大学为灵丘县招录人才、培养人才，为人才提供系统的、科学的学习平台。校县结合培养人才的流程如下：

中国农业大学联合县有机办、县政府提要求→中国农业大学招生→硕士研究生驻县接受2年实践培养→人才录用到县→县继续培养使用人才。

我被录用后，按程序，要经过1年的试用期，到2020年8月结束。其实，我们这批人，不同于从外地引进的、零起点工作人员，先前已有2年的灵丘学习和实践经历，完全可顶抵常规的1年试用期。也就是说，具体问题具体分析，我们可以直接进入第二个阶段——乡镇挂职一年，这样可以节约培养时间，让我们提前为灵丘做贡献。

二、针对招录人才机制配套针对性使用人才机制更科学

我想，人才是针对性引进，所以，使用人才也要有针对性才对等、才科学。比如，认可有机农业的，挂职乡镇岗位；适合经营业务、办公室工作的，放到适合的

岗位发挥对口才干。挂职乡镇岗位,可分管农业工作,带出一批新思想的村干部,让村干部再带出一批职业农民,引进人才的效益就会成几倍地放大。驻村第一书记,也是培养、使用人才的一个途径,如果业绩可观,可直接提拔为乡镇干部,兼任农村干部,这需要配套的政策到位。

三、执行晋升机制也可以兼顾破格提拔

经过一段时间磨合,人才愿留的,提拔为乡镇核心干部,抓乡镇全局工作。5年后,考录为县干部。安徽省有从乡干部直接提拔为副县长的先例。

四、淘汰机制用于事前预防更有效

经过一段时间使用,人才不适合岗位,或思想有问题的,要提前解决,换岗位或淘汰,不要等到出现挑战法律的大问题时才革职查办。

由于刚入职,历练不到位,实践加联想,如有唐突,海涵指正。

第十篇　把有机黄芪论文写在灵丘大地上
——高游慧说

高游慧，中国农业大学在读博士研究生，生物质工程专业。其导师王小芬说，这名学生把对接灵丘的风土人情、协调方方面面的事做到了出神入化的地步，言语中满是自豪。2017 年 8 月至 2019 年 12 月，高游慧为中国农业大学硕士研究生，当时师从胡跃高教授。2018 年 3 月，在胡教授安排下，她与徐鹏举等其他 14 名同学，作为中国农业大学第一批精准扶贫专项硕士研究生进驻灵丘县，在黄土地上学习、做试验、做论文。她主要搞有机黄芪种植试验，开始，她与一个中药材合作社合作，流转 5 亩耕地做试验。后来，与多个村合作试验，取得有机黄芪种植技术参数，并无偿贡献给了村庄。

中国农业大学在读博士研究生　高游慧

（高游慧供图）

我为什么选择有机黄芪做试验？又为什么选择上北泉村？其原因有二：一是这是胡教授确定的研究项目；二是我国中药材已经受到化肥、农药侵蚀，经常达不到市场要求。我们倡导用有机方式种植中药材，实际上是想拯救这个行业。灵丘的环境条件十分适合黄芪生长，黄芪是灵丘的道地中药材。选择红石塄乡上北泉村做试验，是因为这里有较好的群众思想基础，以《山水北泉》实景剧为核心的乡村旅游业早已兴起，人们见多识广，思想更开放一些。

我们的试验思路是探索种植有机黄芪的技术，推动村庄进行有机黄芪生产，增加农民收入。这是我们的本分，因为我们是精准扶贫专项硕士研究生。

胡教授带着我们 7 个人小组驻村，对村情先展开调研，徐鹏举被选为负责人。我们发现，很多村民想搞有机农业生产，但是有 3 个困难：不懂技术，没有销路，没有资金。第一个困难就由我们来担当吧！我们的步骤是先搞试验，摸出技术，做出样子，教给村民。

在上北泉村党支部书记郑海水的支持下，我们在山坡上找了一块 2 亩的试验田。先作规划，再用有机方式种下玉米、黍子、谷子、黄芪。从播种到管理、收获，全程都做。要知道，我们中近一半人是城里娃，从来没摸过土；另一半虽然小时候在土里滚爬玩过，但与生产无关，也需从零做起。

我们从车河村要来羊粪，然后一袋一袋背上山坡，个个累得七歪八倒，但很乐意；我们从县城坐车到村里，再爬到山坡上，自带干粮，中午就在地头围坐，吃馒头就辣条，很踏实；我们枕绿草，赏青山，听鸟鸣，很享受！总之，上山下乡，苦是苦了点，但感觉无比美好。于是我们爱上了上北泉，爱上了灵丘。

上北泉的经历让我们终于体会到“粒粒皆辛苦”的真实内涵，终于理解了农民的不易。更重要的是，我们 7 个人，每个人都可以单独搞全程黄芪有机种植了！这种转变、这种实力、这种感觉，坐在教室里根本想象不出来。习近平总书记说，要培养“一懂两爱”“三农”人才，我们不就是在自我培养吗？我们作证，中国农业大学已经创建了校地合作有效培养新农人的方式！

我们将施用有机肥和不用有机肥的黄芪做多重对比试验，最后取得了黄芪有机肥、矿物肥、菌肥混合施用的最佳配比结论，算是为灵丘县摸索出了有机中药材种植技术。

2018 年，我们是小有收获的。我们种的小米，以每斤 8 元的价格卖给朋友圈的人们，并把收获分享给村民——我们以此助力村民解决技术和销路问题，还促进了村里合作社带头人小五哥——张星，下定决心种植有机鹰嘴桃 20 多亩。当初我们驻村，他是郑海水书记派来与我们对接的人，我们在村里所有的事都要找他解决；到最后，他却成了受我们影响最大的人。

亲手种植的有机谷子丰收了，高游慧难掩高兴（高游慧供图）

2019 年，我们跟东河南镇下野窝村党支部书记王树琴对接上了，这是我们的幸运，她太支持我们了！她是县委宣传部介绍来的，也在搞有机中药材种植，她给了我们极其好的照顾。王树琴书记说，你们用多少地，我村马上就提供多少地，全免费。于是，我们在下野窝村选了 8 亩地搞试验，另外，还在白马寺村选了 3 亩，在落水河村选了 2 亩，共 13 亩试验田。我们种黄芪，侧重于摸索其适应的生物肥料、水分、密度、酵素防病农艺标准等有机生产技术。

2019 年，我们种下的黄芪，由于灌溉设施不到位，旱得没发芽。而 2020 年种的 8 亩黄芪，我们抢雨播种，灌溉到位，都发芽了。

我带了 2 位师妹住在王树琴书记的弟弟家，免费住、免费吃，灵丘的特色饭挨着吃了个遍，幸福得我们都不想回家了。如果我们离开村里一阵子，返村前电话告诉房东具体时间，那么她就开始忙乎了，我们还没走进院门，就会闻到饺子味，不用说，已经给我们煮好饺子了。灵丘纯朴的民风，开放、包容的胸怀正是我们这些外地人能长驻的原因，更是有机农业建设能在这里扎根、开花的原因。

除了做试验、摸技术，我也观察灵丘，思考全域有机农业建设的事。

目前，有机农业生产的技术、销路、高附加值还没完全到位，大部分有机农业生产者还在不停地投入，效益旺盛期还没到来。在这个阶段，有以下几种方式能把有机农业生产发展起来。

一是有技术的村民与村干部相结合。村干部有号召力，擅长协调村庄资源，如果村民有技术和管理经验，他们结合，可以成事。比如张星和郑海水可以结合起来；比如，王树琴书记，具备有机思想，有胆识、有闯劲，也可以和能干的村民一起做。她曾经说："不走有机农业的路，就是死路，一定要坚定信心走下去！"

二是有机合作社。这是有机农业生产的最好组织方式。团结就是力量，它有条件解决土地、劳力、资金、销路等问题，起码耕地这一大项的成本会很低。

三是村企合作。企业资金充沛，村庄资源丰富，但它们独立干有机农业的事很难，村企合作最好。虽然合作难度大，但如果能把双方利益的结合点、平衡点找准了，合作的问题就解决了。车河与企业的合作就很好。

四是灵丘外出创业者。他们带着感情和事业心，返回灵丘二次创业，将资金、销售渠道、管理经验等要素嫁接给了灵丘。

我归纳了 3 项灵丘有机农业建设的成果：一是吸引企业将先进的有机种植方式、农资、技术输入灵丘，比如北京平人农场到灵丘建生产基地；二是车河乃至红石塄乡的全域有机农业建设成型；三是借中国 · 大同车河国际有机农业论坛影响力，对外宣传了灵丘，对内引入技术、人才、企业等力量，效果明显。

个人认为，灵丘有机农业建设需要解决的两个问题：一是耕种技术仍然欠缺。有机农业需要精细化生产技术和方式，但当地人耕种办法比较粗糙，这可以去晋南学一学。二是一些民俗文化正在消失。老年人的手艺正在消失，如纳鞋底。因为年轻人不愿学习，归根到底还是利润太小。乡镇、村庄应该组织妇女们把这些老手艺传承下来，将其纳入有机社会建设范畴去传承。具体做法是将民间艺术产品放到有机社区的乡村旅游市场上，让它们与有机农产品搭在一起卖出去。经济效益一上来，就有可能吸引更多人来传承民俗文化，良性循环就形成了。

第十一篇　愿与灵丘互补共赢

——刘嘉坤说

山东省平邑县九间棚村党委书记　刘嘉坤(九间棚村委会供图)

刘嘉坤,1954年5月出生,山东省平邑县地方镇九间棚村党委书记、山东九间棚集团公司董事长、中国经济林协会金银花专业委员会主任委员、山东省金银花行业协会党委书记兼副会长;先后当选为全国劳动模范,中国共产党第十四次全国代表大会代表,第九至十二届全国人民代表大会代表,全国十大杰出村官;两次受到习近平总书记接见。

灵丘县委县政府深知,目前,销售与品牌是灵丘全域有机农业大发展的短板,必须积极探索补短板方法,视野不局限于一县一省,而是全国、全世界。于是,山东九间棚村进入灵丘视野。2020年8月底,刘嘉坤书记受邀率领九间棚村干部一行5人,到灵丘县考察全域有机农业建设状况。

九间棚村听起来门面很小,肚子却很大,而且能量十足,尤其在全国金银花行业,有举足轻重的地位。近20年来,在刘嘉坤书记的带领下,九间棚村做起金银花全产业链,并拥有两项新品种核心技术。九间棚还做起了有机餐厅,广纳八方有机食材,在中国有机农业界享有盛名。其金银花等有机农产品统一使用"六不用"品牌,销路通畅,更不用说了。

不过，九间棚村也有短板。地处沂蒙山区龙顶山上，耕地面积才 600 多亩，所以它在全国多地建立金银花生产基地，有 20 多万亩的规模。近 3 年来，有机金银花成了九间棚村的新宠，做大做强势不可挡。但是，缺耕地的老问题始终未能解决。如果随便找一省一县解决耕地问题，倒是轻车熟路，可有机金银花身价高，不可随便安置。于是，刘嘉坤书记也在全国搜索真正的有机生产环境。于是，灵丘县进入九间棚的视野。

一个干柴，一个烈火，理论上，两下一对接，必能燃起熊熊烈火。接到灵丘县诚心诚意抛出的绣球，九间棚村干部们当即启程，星夜赶路，赴灵丘考察 3 天，临别留言：非常满意灵丘有机生产环境，邀请灵丘县干部、企业家、群众到九间棚村考察！希望合作、共赢！

灵丘考察感悟

2020 年 8 月 28 日，在参观灵丘县有机农业生产基地途中，穿越万丈绝壁之下的唐河大峡谷，我第二次来到平型关大捷纪念馆(第一次在 1994 年)。

平型关大捷震撼天下。忆历史，深刻思虑，惊心动魄，热血沸腾，头皮都发麻！

我之辈，不能忘记英雄前辈不顾生死战斗，赢得今天强大的国家！

我之辈，要踏着先烈的血迹向高峰攀登！

刘嘉坤非常严肃地到平型关大捷遗址学习

九间棚村5位干部此行目标很清晰:愿把“六不用”高质量农产品做大做强,让它遍布海角天涯,让它服务更多民众。

多少年来,寻求真人,寻找真货,我走遍祖国的山川湖洼。灵丘之寻,有幸遇上了智慧大家!

时任县委书记张强同我们谈“三农”还拉家常,他贴心为民、和蔼可亲、睿智果敢、刚正不阿的个性给我添了无穷的想法。还有县长、副县长、有机办主任都全程指导——灵丘诚心可鉴!十分感动,十分感谢!

车河有机社区、上关村有机水稻产业园区、北泉村,让我感受到了灵丘农村有机农业发展的星火希望。我深受启发:一定要发挥好本土优势,做好我们的农村文化。

考察学习收获重在实施,重在见效果。尽管九间棚、灵丘互为需要,但合作过程中肯定会碰到错综复杂的问题。我叮嘱自己:用心践行,绝不怕狂风巨浪吹打!

灵丘考察学习3天,时间虽短,但结下了友谊。王怀忠副县长、李志军主任等领导最后还送我们到高速路口,我们依依不舍,招手再见。

综合考虑,灵丘具备有机生产的自然环境。不过,我们考察的不只是自然环境,还有社会环境。灵丘从县领导到生产者都以开放的胸怀与我们对接,以十分的诚意与我们交流,这样的有机社会环境,这样的人,对有机生产发展十分有利。

车子向东南,在回程的高速路上飞驰,想、想、想,看、看、看,愿化友谊为合作,希望把共同美好的愿望,续写成一篇好文章……

“六不用”之道

2017年,九间棚村集体就把承包耕地全部从村民手里流转回来了,共600多亩;又流转周边乡镇耕地1000多亩,全用于“六不用”有机金银花生产。同时成立九间棚村集体农场,专用于有机金银花生产、经营。“六不用”,即农业生产不使用六类常规农业投入物:不用农药,不用化肥,不用除草剂,不用地膜,不用人工合成激素,不用转基因种子。实际上,这比国家规定的有机农业生产标准还苛刻。我们现在与中国科学院植物研究所首席科学家蒋高明老师合作,“六不用”是他提出来的理念。

我们这里全是山坡地,石头多,必须改造,一亩地花了1万多元,有的甚至花了2万多元。自2017年以来,光改造高标准耕地,我们已经花出去400多万元了。这些地,我们全用于有机金银花种植。

有机金银花销路我们有两个:一是内部,九间棚集团公司有10多个小公司,每个都需要接待顾客,都从农场购买“六不用”产品,如金银花茶、金银花牙膏、金银花沐浴露等;二是电商,线上、线下一起销售,供不应求。

有机金银花,我们现在有1000亩,我希望2023年能达到5000亩。我们的地不够用，在外面找地，一点也不降低标准，一定要完全符合有机生产标准。

蒋高明老师在全国多地设有试验田，一个村、一个乡搞有机生产，有小麦、豆子，山西、云南、贵州等地都有。九间棚的产品他可以销，但我们用他的产品多，因为每年要接待很多人，出自蒋老师之手的产品我放心。

除金银花之外，还需要“六不用”大枣，每公斤 90 元。我们还需要大量的有机农产品，因为我们有有机餐厅。

我们的有机肥有两个来源：一是到内蒙古收购牛羊粪，当地人自己发酵生产有机肥；二是有机豆泡发水，由山东省潍坊市一家单位供应。

杀虫办法：前两年，用杀虫灯，后来用 10 多种中药熬制成中药杀虫剂。廉士东副书记在全国范围内找生物农药，已经找到，试验无农残。但是由于成本过高，我们得另想别的办法。

除草不用除草剂，一年锄 6 次，大多用人工，费用每亩每次 1000 元，300 亩，一年除草费就是 30 万元。

友情赠送五点体会

一次考察就把灵丘当好朋友了，所以赠送它一些体会、建议。

一是灵丘全县搞有机农业真不简单！一家一户一个合作社好说，一个县的农民都接受有机农业，真不容易。但灵丘做到了！佩服！

二是羡慕你们能解决村庄解决不了的难题。能解决集中连片用耕地的问题。我这里，只有一个农户的耕地没能流转回村集体。我们找南京一家认证机构搞有机认证，工作人员来实地考察，就发现了这个农户在用农药，认证没通过。后来，我下定决心，把所有耕地收回村集体。灵丘举全县之力做这个事，有县委书记亲自抓这个事，这些事都不是事了。

三是灵丘最大的问题是缺乏有机农产品销售渠道。如果能给九间棚村供货，就有销售渠道了。

四是建议灵丘县搞双标经济。我们的有机农业对内要搞计划经济，对外要搞市场经济。这种表里不一是有原因的：市场经济是常规共识，但它解决不了有机农产品的质量问题、销量问题，必须统一计划、规范解决。比如，必须有计划地布置生产外部市场需求的品种，必须统一用经过检验的有机杀虫剂，等等。其实，这也属于具有中国特色的市场经济。建议灵丘县，对内搞计划经济。

五是提醒生产者及早自立。目前，县政府包办了许多有机生产上的事，但政府迟早会退出，生产者迟早要自主生产。所以在政府退出之前，灵丘的有机生产者们一定要学会自立，要么会自己生产有机肥，要么能找到好的购买渠道，等等。不然，政府一退出，有机生产就坚持不下去了。

第十二篇　把有机食堂道路走好

——刘小平说

四川省泸县得胜有机农业基地负责人　刘小平(刘小平供图)

刘小平,四川省泸县得胜有机农业基地负责人,1988 年毕业于西南农业大学植保专业,坚持有机种植 10 多年。他种植的有机玉米、蔬菜,产量比常规种植高得多,常常让周边的农民惊叹不已:到底谁是庄稼把式?

有人说,我的微信朋友圈内容集合起来就是有机农业操作实务。这可能不假,但这个领域并不缺技术资料,估计出书也不会受重视。我是偏向生产实践的,还是潜心种有机蔬菜吧。我的有机生产基地经常有全国各地的人来参观,开车来的,坐飞机来的,我们谈的内容都很有机。

我发展有机农业是为了生存环境,为了自身健康。我不明白,为何人们找医生,而不找我?要知道,不安全食品才是万病之源。

2011年,我刚开始做有机农业时,非常困难。那时,有人质疑我、反对我,我都不开腔。我只是坚持。

我一个人种有机蔬菜,一年收获几十万斤,供应朋友们,供应当地餐馆、食堂,所以销路没问题。但我不想做大,就是尽己所能种那么多,也不想做宣传。

有机农业必将越来越受到社会重视。以前办农业博览会,哪有有机产品的位置?现在没有有机产品,还能叫农业博览会?

刘小平和他的有机西红柿(刘小平供图)

中国·大同车河国际有机农业论坛,我参加过好几届。深感灵丘县推动全域做有机农业建设不容易,但做得很好。星星之火要燎原,灵丘需要继续大力推进。全国像灵丘这样做有机农业的没多少,因为不容易。如果不是县委县政府主导、推动,灵丘也做不到现在这样。灵丘这种方向是对的,给很多县树立了旗帜。

灵丘实践,参与的人越来越多,有回乡青年、企业主、专家、学生、媒体,等等,因为灵丘代表一种正确的方向。

"车河模式"给当地人带来大量的技术、人才,它将对全国有机农业发展起到指导作用。政府重视就是好!

不过,灵丘有机农业的技术不在灵丘,是中国农大的老师及其他社会机构在为它输入,也就是说,灵丘有机农业在靠输血生存。如果要改变现状,灵丘就要在有机农业体系建立起来后把政府推动、外力支持转变为靠自己的内生动力自主发展。而为了培养内生动力,灵丘要解决两个问题:人才、销售。

内生动力首先来自人才。内外结合也许是好办法:外面人才引进来,本地人才培养起来。

销售是最大的问题。如果把所有耕地用于有机种植,产品销售却不好,农民的收入并不能增长,有机农业还是不能可持续发展。所以销售是卡脖子的环节。

没有消费,就没有销售,就没有发展动力,所以灵丘要引导有机食品消费。我的有机农产品全部供应当地餐馆、食堂。建议灵丘县号召当地餐馆、食堂都来消费自产的、最放心的有机食品。一定要先内销一部分,然后再外销。内销不局限于灵丘,范围可以扩展到大同市、山西省。要把食堂道路走好。

有机肥不必买。当地的农业废弃物、生活垃圾全可以用于生产有机肥。我种有机玉米,每亩产量2000斤,但秸秆产量更高,都做成有机肥了。

北京市政府建了有机肥厂，把园林废弃物、生活垃圾做成有机肥，一吨卖 600 元，接受政府补贴 200 元后，卖出价格是每吨 400 元。有机肥厂积极性倍增，购买者积极性也不低。

灵丘的有机肥场应该自己做，建议政府多倡导，其实就是制定科学政策、机制，这事可以借鉴北京市。

第十三篇　尽早学会全程有机农事

——李鹏飞说

李鹏飞，河北省张家口市野菜夫人生态农场主。2006年，在北京蔬菜批发市场打拼的李鹏飞回乡创业，建立了农场。目前，农场种植面积为300亩，采用环境友好耕种模式，使用草原散养羊粪发酵肥，总之是采用有机生产方式生产蔬菜、粮食。农场最早以种植蒲公英、沙葱等生态野菜为主，2014年开始种植羊粪土豆、水果洋葱，现在种植各种时令蔬菜、西瓜、麦类、豆类等40余种。农场在2019年初开始小规模养殖鸡和土猪，以便于消化农场的残余粮菜。他还种植有机中草药材，用于抗病防病。农场目前基本实现种植—养殖自然生态内循环。

河北省张家口市野菜夫人生态农场主　李鹏飞（李鹏飞供图）

我搞有机农业20年了，这几年情况越来越好，最大的变化是，销路多了，因为接受有机农业理念的人越来越多，接受我的人也是越来越多。

销路是有机农业最大的问题。除了朋友圈，我还有500个会员。我从一个北京开发商App买了一个“铺位”，专门管理我的会员们。会员都是预收费，他们在平台上下单(和在淘宝下单模式是一样的)，我们省了不少人工费。会员共有50亩地，供货是季节性的，一次性付多少款，用完再续。这500人比微信朋友圈的好友多多了。

以前，有人要羊粪土豆，由于重量太大，快递费很高。后来，销量上来了，可以跟快递公司谈价格了。

这几年走过来，觉得搞有机农业关键要做好两方面：一是要把品质做好，二是把诚信建立起来。

品质方面，有机农业，要是真做，路会越走越宽；要是假做，早晚会荒。比如，人的内心起了邪念，假装搞有机种植，其实是为了套政府的项目补贴，最终他们反而怪消费者不买账。你欺骗消费者，他们又不傻，还能买你账！还能长期支持你！卖不出去产品事小，重要的是，他们这么邪恶地搅一棍子，会在全社会产生负面影响，有机农产品的名誉绝对受损。这就需要消费者心明眼亮，会甄别——这也太难为消费者了。不过，资深有机食品消费者就练出来了，很多人的甄别功夫十分了得，尝一口，闻一下，看一眼，试试头皮痒不痒，肠子蠕动得快不快，就能辨别出真假，你当真欺骗不了他们。最终还是市场决定你的存活。

质量上靠自觉性来保证，不管人家监督与否，自己就真正做有机生产。质量还由品种来保证，我一直有试验田，多品种、多种类试种，不行的淘汰，行的扩种。

有机肥主要用羊粪，从内蒙古拉回来，自己发酵，用简单、实用、古老的方法；也会用一些机械，比如，用铲车来提高效率。每年要拉回 3000 多吨羊粪，以满足 300 亩有机田的需要，足足的。

李鹏飞坚持用他的有机生产方式种菜（李鹏飞供图）

地是流转来的，集中连片的，还行，就是价格高。

有机种植成本比“化工农业”增加了，用有机肥、用人工除草，等等，都会增加不少成本。

一个生态农场一定是多样性的，不能是单品，要讲究轮作。我正是这样做的。

灵丘全县搞有机农业建设，与我一个人搞农场生产相比，它的优势太大了，我都羡慕得不行。

全县搞有机农业，影响力大，一个人、一个村庄正相反。我这里没有什么政策、项目支持。灵丘全域有机农业建设有多方面优势，比如，有机认证是县里代劳，钱是县里出；有机肥是县里发的，也太幸福了。但我也有优势，自由，没人管，可灵活操作，主观能动性发挥得极好。比如，加入北京开发商 App，赢得不少会员，我一个人说了算。

我有点多想，灵丘县政府推动的有机农业建设，开始阶段生产者感觉非常美；如果政府日后撤出去，生产者还没学会发挥主观能动性搞生产，还习惯于依赖，会对有机农业建设非常不利。

我的意思是，虽然起步阶段政府支持特别重要，但生产者要在政府退出之前，学会做一切有机农事！人无远虑，必有近忧。

第十四篇 直面问题 直面未来

实践历程，业绩成果，通过众家之说，大致明了，但不能回避问题。直面问题，就是直面未来。下面几条，归纳众家提出的共性问题和解决办法——提出问题不是目的，解决问题才是落点，不断解决问题就是不断前进。

一、全域有机农业体系不完整

政策—机制—措施—人才—建设—全产业链—宣传—文化，在这个建设体系中，起码第一项、最后一项不明显。在有机农业全产业链中，生产资料—技术—管理—加工—销售—消费，第一项及最后三项做得不充分。

①生产资料不能自足。有机肥、有机杀虫剂等生产资料，大部分需在县外采购，不仅成本高、效率低，在质量方面也有潜在的风险。

解决办法：建立农牧循环体系——农户、合作社利用农业废弃物、生活垃圾，通过微生物工程，自制有机肥；创建企业，引进企业，规模生产有机肥；与外部生产企业结成稳定供给关系；政府补贴，双向降低生产者与购买者成本，可向北京等城市借鉴。

②销售渠道不多。生产主体各自为营，自谋销路，都很吃力。这是瓶颈，影响收益，影响积极性，影响竞争力，影响发展动力。

解决办法：鼓励有机农业投资者填补销售环节。企业家参加全域有机农业建设，生产只是一个选择，销售更加需要有经营力、有渠道、有资金的人去做。一方面，农民做销售困难，企业家却擅长；另一方面，利润往往倾向于产业链下游，做销售利润更丰厚；再一方面，灵丘全县一盘棋，社会化分工、合作是必然趋势。销售企业需要整合全县有机农产品及其品牌，开辟内销、外销双渠道。其中，大食堂是一条趟出来的路子，用好不吃亏。当然，这不妨碍各生产主体在微信朋友圈销售，购买开发商 App 网络销售平台商铺，取得固定会员群体支持。还可向中国农大农臻团队学习，将产品直通社区。只是，企业销售与个人销售要协调统一，避免价格战，防止自毁市场。县有机办、行业协会可以从宏观上规划产业链。

③加工环节弱。卖原料，附加值始终不会太大，这恐怕是灵丘有机农业生产者利益没有最大化的一大原因。

解决办法：县里从全产业链结构出发，鼓励企业投资有机农产品加工业，尤其是引导外出创业有成者回乡投资有机粮食加工业,资金回笼快,利润厚,要看懂它的吸引力。注意,加工与销售环节紧密互动是上策。

④内部消费没有做大。内部不仅仅指灵丘县,而是指山西省。

解决办法:一是大环境宣传,让更多当地人认可有机食品,让更多当地人相信灵丘;鼓励销售企业先把当地消费做起来。二是可以不做全产业链。如果灵丘县目前财力或人力有限,可以将有机农业作更大范围的社会化分工,在销售、加工等环节寻求与县外有实力的企业合作,也可以承包。很多资源性企业提着现金要寻求绿色产业搞投资却找不到门路。

二、有机认证成本过高

这当然不是灵丘县的缺点,是国家有机农产品认证体系的问题,但灵丘可以向上提出需求与建议。一个品种一年一次认证,每次3万元的认证费用,给生产者造成巨大的成本压力与不便。虽然目前灵丘生产者接受政府补贴基本能抵消这项成本,但政府成本也是成本,是来自更多生产主体的成本,不可忽视。即便如此,仍不能避免假冒产品入市,破坏有机农产品市场、信誉,损坏真正生产者和消费者的利益。

解决办法:创建更加科学的有机生产过程控制体系,可与中国农业大学等高校或研究机构联合完成,希望灵丘县能及早行动。与此同时,也要从人性、商道上加以引导,让生产者诚实地做有机农业,自觉建立生产信用,以取得消费者深度信任;消费者凭着对生产者的信任,无顾虑购买以有机方式生产的农产品,并不在意一纸有机认证。当然这只能是辅助手段。

三、有机农业建设人才缺乏

灵丘县外出创业有成人士返回投资有机农业生产的不少,他们是投资者,也是生产者,还是经营者。然而他们由于离乡太久,早已疏于生产,并不愿意整天陷入生产细节,而是想把主要精力放到销售上,这无疑是正确的思路。可由于灵丘目前还缺乏有机农业职业经理人,这些投资者不得不陷身于生产,不能竭尽全力开发销售渠道,而销售其实是目前的最大问题。

解决办法:一是针对性引进外部人才,针对性使用人才,包括有机农业产业链上各环节人才。二是开展培训,通过师傅带徒弟的方式,在实践中培养县内能人。三是将内部能人送到外地学习,最终成长为内部有机农业人才。所有这些方式,都可以纳入省、市、县农民培训及其他项目中,或者专门为此立项。

四、生产者对政府依赖性强

启动阶段,政府布局、大力推动,这是情势所需,而且全域有机农业建设,涉及公共设施建设,必须靠党政主导。但政府迟早会退出市场,到那时,如果生产者的依赖性还未退去，生产可持续性将受到打击。

解决办法：在政府退出之前，生产者尽早学会有机农业建设的一切事情，比如，学会自制有机肥，找到优质有机肥供应渠道，等等。

有问题，没关系，出来一个消化一个、解决一个。问题不表现出来，不代表不存在，反而是隐患。这是万事发展的基本规律，没有什么可怕的，每消化一个问题，就是为后来过河的人们添置一块可以踩的石头，甚至是为他们架一座桥，好事情！只要用心尽力，没有过不去的河。全域有机农业大发展的时代终究会到来，而灵丘一定要成为最早到达彼岸者！

第七部分

全域有机农业建设——乡村振兴有效途径

宏大的思想源于伟大的时代。

伟大的时代孕育伟大的精神，伟大的精神推进伟大的事业。

第一篇　乡村发展主旋律

滔滔黄河，蜿蜒九曲，从青藏高原出发，绵延5464公里，流经9省区，东入渤海。

“黄河之水天上来，奔流到海不复回”，讲的就是万流入海，大势所趋。站在黄河与大海宏伟交汇之处，我们人类是何其渺小！那么，我们在天地间的作为就是：识天下大势，知大势所趋，顺势而为！顺势而为，是老祖宗教给我们的生存思想、发展哲学。

目前，中国“三农”领域的大势就是：乡村振兴！

顺势而为怎么为？请看发生在黄河入海口的故事。

在山东省黄河三角洲农业高新技术产业示范区的盐碱地上，航天大豆试验品种的最高亩产可达850斤！2021年10月22日下午，习近平总书记在山东省济南市主持召开深入推动黄河流域生态保护和高质量发展座谈会，针对黄河流域发展，提出两个战略重点：一是生态保护，二是高质量发展。

生态保护、高质量发展，也是新时代乡村发展的主旋律！这是本书贯穿始终的线索与大背景，脱离此背景谈论发展，就跑偏了、落后了。

由于海水侵袭等原因，东营市黄河三角洲区域80%以上是盐碱地。但是近年来，这方土地上却长出了产量高、品种好的多种耐盐碱作物。据农技人员介绍，这是育种思维转变的结果——从治理盐碱地去适应植物，转变为选育耐盐碱植物去适应盐碱地。习近平总书记对此表示赞同：“这就像发展旱作农业，不是治理旱地，而是要推广适宜的耐旱植物品种。”

是这个理啊！那么，有机旱作农业如何高质量发展？找适合旱地的品种！而非破土动工倾尽所有，把山坡坡上的旱地都改造成水浇地！

灵丘做有机农业，恰恰用的是这样的思维。正如2019年8月26日，习近平总书记在中央财经委第五次会议上强调的“要支持各地区发挥比较优势，构建高质量发展的动力系统。沿黄河各地区要从实际出发，宜水则水、宜山则山，宜粮则粮、宜农则农，宜工则工、宜商则商，积极探索富有地域特色的高质量发展新路子。”灵丘的比较优势显而易见。车河偏僻，则独善其身，做纯净的有机农业生产；田脊梁干旱，则自得其乐，贡献品味浓郁的小米、红豆、苦荞……劣势是平常思维下的定论，其实那是比较优势！保护生态，发挥比较优势，贡献特色产品，取得最大收益，保持可持续发展的势头，就是高质量发展。将地区比较优势转化为人才、政策、项目、机制、方式、方法，其总和，就是高质量发展的动力系统。灵丘在全域有机农业建设推进过程中，已经构建起了高质量发展的动力系统。这个动力系统太重要了，有了它，可以运转更多工程。它就是一种底气。

以生态保护、高质量发展为宗旨，顺应新时代发展大势，完成乡村振兴国家战略任务，是每个乡村、每个涉农组织机构与人员应有的觉悟和责任感。

第二篇　科学对应

1981 年，党的十一届六中全会指出，在社会主义初级阶段，我国社会主要矛盾是：人民日益增长的物质文化需要同落后的社会生产之间的矛盾。

2017 年，党的十九大报告指出，我国社会主要矛盾已经转化为人民日益增长的美好生活需要和不平衡不充分的发展之间的矛盾。

在不能满足人民日益增长的美好生活需要方面，乡村是有责任的。比如，人民需要更安全、更健康、更好吃的粮食，乡村是不是生产出来了？

习近平总书记在党的十九大报告中明确要求"实施乡村振兴战略"，中共中央、国务院印发了《乡村振兴战略规划（2018—2022 年）》，其推进时间表为：到 2020 年，乡村振兴取得重要进展，制度框架和政策体系基本形成；到 2035 年，乡村振兴取得决定性进展，农业农村现代化基本实现；到 2050 年，乡村全面振兴，农业强、农村美、农民富全面实现。一种紧迫感迎面而来。

2000 年 3 月，湖南省一位乡党委书记李昌平上书朱镕基总理，提出"农民真苦、农村真穷、农业真危险"的"三农"问题，引发全国人民关注。2050 年，乡村振兴将实现的"农业强、农村美、农民富"目标，与上述"三农"问题相对应，可称为"新三农"前景。

"农业强、农村美、农民富"是乡村全面振兴的目标，全面振兴主要是五大振兴：产业振兴、人才振兴、文化振兴、生态振兴、组织振兴。

乡村振兴是战略，地方能否让战略落地，落得稳不稳、美不美，很大程度取决于是否找到恰当的项目、路径，这是一个战术问题，也是一个经典难题！所谓"上面千条线，下面一根针"，每一次穿针引线都正确，才能保证全部正确，不然就会陷入剪不断、理还乱的困境，让战略落地走了样。五大振兴如果单独设计、单独立项、单独完成，这样的战术好不好？需要多长时间？需要多少人力？需要多少机构？估计没有人傻到要一一操作。但能够让五个振兴一起落地的好办法存在吗？

答案是：存在！

有一种智慧叫作："一拖五。"

它的真名是：全域有机农业建设！

立全域有机农业建设为项目，综合设计，有机生产建设、有机社区建设、有机社会建设分层次推进、一体化完成，则可实现"一拖五"，完成乡村五大振兴任务。

以前乡村完成项目，是单项式的、阶段式的、运动式的。深刻理解乡村振兴战略精神，就会明白它的本意是五个振兴统筹落地，这需要乡村工作者转换思维、领会精神、统筹设计、统筹布局、统筹行动。全域有机农业建设运用的就是统筹思维。

全域有机农业的有机生产、有机社区、有机社会三项内容，以及“三驾马车”理论，此处不再赘述，只是重复强调一下“全域”二字的两个孪生内涵：一个区域的全部乡村都搞有机化建设；每个乡村的方方面面都搞有机化建设。

那么问题来了：凭什么说全域有机农业建设可以完成乡村五大振兴任务呢？我们先从理论上一一分析。

①有机生产建设。其目的为：生产安全、健康的粮食、食品，保护生态环境，实现农业可持续、高质量发展。

②有机社区建设。其目的为：保障居民生活舒适、生产方便，保护并美化乡村环境。

③有机社会建设。其目的为：使乡村成为和谐向上、文明互助、共同发展、共同富裕的高效率、高质量、科学运转机体。

以有机社会建设为目标，以有机生产建设为支撑，以有机社区建设为保障，三项建设互通互融，最终融合成为全方位高质量发展、实现共同富裕的乡村社会。

想想看，乡村的事情，除了生产（链）、环境建设、社会建设，还有什么？也就是说，全域有机农业建设，几乎抓住了乡村全方位发展的纲——纲举目张。

回头看乡村五大振兴的内容，更是涵盖了乡村整体发展的方方面面。

由此可见，全域有机农业建设与乡村振兴有同一个出发点和同一个目标，它们在灵丘不期而遇，彼此发现高度契合！这太难得，应倍加珍惜。只不过，前者是战术、路径，后者是战略、目标。可以说，全域有机农业建设是乡村振兴的科学抓手，在灵丘是一条基本路径，在全国至少是一条有效途径。

从另一个角度再审视一番。乡村五大振兴是高度概括的、抽象的。如果用“产业兴旺、生态宜居、乡风文明、治理有效、生活富裕”来具体表达，就看得见摸得着乡村振兴的样子了。这就是党中央确定的乡村振兴的二十字总要求、总任务。全域有机农业建设恰好能完成这二十字总任务！也就是能完成乡村振兴战略任务。不信请看以下心有灵犀的科学对应。

全域有机农业建设与乡村振兴内容的科学对应表

全域有机农业建设	二十字总任务	乡村全面振兴
有机生产建设	产业兴旺、生活富裕	产业振兴
有机生产、有机社区建设	生态宜居	生态振兴
有机社会建设	乡风文明、治理有效	文化振兴、组织振兴
三位一体建设		人才振兴

1.有机生产建设首先完成产业振兴任务

如果按近40年的“化工农业”方式进行生产，不仅不能满足人民日益增长的对健康、美味食品的需求，还会继续保持粮食低价格效应——让玉米保持每斤1元左右(2009年0.75元)，小麦保持1.1元左右(2010年0.9元)。在这样的行情下，农业产业大概率不可能让大部分农民靠生产主粮致富(企业集中用地、规模生产主粮有可能致富)，则农业的身份偏向单一：它是国家安全的基石，而非农民的致富产业。

主粮一直独守农业产品的身份，而未实现农业商品的华丽转身，农民却用卖农产品的收入去购买农资商品和生活必需商品！即农民购买化肥、农药、种子的钱，买白面、大米、洗发水、电视机的钱，用的是出卖农业产品的微薄收入。这肯定是不够的，所以他们必须外出打工！农民以农业为职业，而不能靠农业致富的这种尴尬，归根到底还是价格的尴尬！以至于人们早就形成一种共识：农业不能富民！要想致富，必须发展工业！当然，一个乡村农业不兴旺，也许其他产业兴旺，但是农业是根本啊！是压舱石啊！它的威信、地位是铁定的！

不过，大家不要绝望，市场需求决定价格，这一条市场规律一直在发挥作用。如果我们生产的粮食不能满足大家对健康、美味食品的需求，则价格只能随大流。但如果我能满足呢？怎样满足呢？

搞有机生产！一方面，能满足市场对安全、可口食品的迫切需要，所以，目前有机粮食的价格可以高开高走，其身份已经是农业商品。另一方面，种粮人有利可图，生产积极性高涨，并因此富裕起来，更加积极投入生产。既然最基础的种植业搞上来了，那么乡村六业兴旺也不为过，农业商品加工业、乡村旅游业搞上来也就不意外了。不管是农业独大，还是一二三产业融合发展，总之，产业兴旺、生活富裕就到位了，而这正是产业振兴的表现！

五大振兴首当其冲就是产业振兴。产业振兴则经济发展，可为其他四项振兴奠定物力、财力基础。

2.有机生产、有机社区建设完成生态振兴任务

有机生产尊重农业环境，不用化肥，耕地不再板结，有机质、有益菌群闻讯归田，小草依然长在田边，河流不再被化肥“骚扰”，庄稼成为大自然的有机组成部分。有机社区建设，让居民生活、生产节能节排，有节制地、科学地利用山、水、林、田、湖、草、沙乃至阳光、空气等资源，人类与大自然形成互相尊重、互相依存的紧密关系。如此，一切生物、非生物都在以它们该有的样子存在，生态宜居可成现实，生态振兴核心任务可以完成。这时候，旅游业、康养业、教育事业随之进村落户，生态保护投资更多地跟进来，都可能成为现实。良性循环，长此以往，生态更加振兴。这都不是理论推断，是来自灵丘实践的归纳总结。

3.有机社会建设完成组织振兴、文化振兴任务

乡村没有组织，一切资源都是散沙。组织就是生产力。将乡村四通八达的

关系全部理顺的是乡村组织。村民之间互助互让，村民与村干部彼此爱护，村民与村两委和谐互信，村民与企业互相依存，村两委协调统一、共谋大事，村两委与企业坦诚相待、互相成就，等等。这些关系的总和，就是有机社会该有的样子，是一切乡村运转的保障、背景，是乡村振兴的深层生产力。其中，各组织之间协调统一，各自分工担当，而又互促共进，各自将职能发挥到极致，逐渐走向成熟，共同完成建设任务，则组织振兴任务可完成。

同时，有机社会建设对人进行教育、引导，让村民相信科学拒绝迷信，相信努力拒绝躺平，相信合作拒绝对抗，村民的文明素质、文化素质都会大幅度提高。作为乡村的真正主人，农民的这两大提高，正是乡风文明、治理有效的体现，是乡村振兴可持续的、深厚的基石。

4.全域有机农业的三位一体建设完成人才振兴任务

①领导型人才。在全域有机农业建设中，领导层从决策到设计、推动、服务，都必须做，做多了，样样在行，他们有担当、有胆识、有热情、有措施、有恒心。

②创业引领型人才。看中方兴未艾的有机农业，这样的创业人，敢于投资，有胆识，坚韧务实有情怀。他们为乡村引入资金、资源、市场渠道及活跃的思维，他们带动农民投入有机农业建设，培养了稀缺的有机农业职业农民。

③生产型人才。那些自发的和被带动进入有机农业产业链上的农民不仅吸收了有机农业知识，遵守有机农业规则，还坚定不移地搞有机农业生产。

④研究型人才。身处乡村振兴激流之中，本土人才立足传统农业创新，外部人才将国内外先进理念、技术、市场引入乡村，等等。这些人才是乡村发展的最活跃生产力。有了人，一切皆有可能！但是怎样吸引人才这么做，是需要智慧的。灵丘县依托全域有机农业建设工程，每年举办一届国际有机农业论坛，吸引国内外人才甘愿全方位贡献智慧与资源。

人才振兴是各方面振兴的根源。全域有机农业建设，是人才振兴的一个重要依托。

乡村振兴是全国人民合力完成的一道大题，一题多解，全域有机农业建设算其中一解：为乡村振兴战略实施提供一个动力系统，包含政策、规划、路径、方法、经验、教训、理论等要素及其融合体。

至此，可以整理出一个解析过程：乡村振兴→五大振兴→二十字总任务→全域有机农业建设。而解题过程则是逆向操作：全域有机农业建设→二十字总任务→五大振兴→乡村振兴。于是，乡村振兴战略落地生根、开花、结果的一条清晰的路径就此呈现出来了。

如果只是因为顺畅的理论对应，就下定论，说它是它的基本路径、有效途径，显然底气不足，那是本本先生的做法。底气终究来自实践！实践是检验“灵丘理论”的唯一标准。2013 年，车河试点启动。2015 年车河试点脱贫，提前 5 年进入乡村振兴新历史阶段。2017 年红石塄示范乡推广，全县多点启动有机农业建设。

2019 年 4 月,灵丘县整体脱贫,提前 1 年 8 个月进入乡村振兴时代。重要的是,灵丘的精准扶贫与乡村振兴无缝对接,脱贫成果得到巩固、扩展、提升,乡村振兴以脱贫成果为起点,更高、更快、更强地向前进。这都是全域有机农业建设工程一脉相承、稳步推进的功劳。

理论与实践都在证明:全域有机农业建设是乡村振兴的一条重要的、有效的途径!

第三篇　全域有机农业建设普适做法

以全域有机农业建设为途径，去实现乡村振兴战略，这事已经被灵丘实践证实可行，可供各地借鉴。如果各地借鉴，灵丘实践就得跳出灵丘，变得更具普适性。具体怎么操作？要基于灵丘实践，提升“灵丘经验”，补齐灵丘不足，要与本地实际相结合。

一、选区域

以一市或一县一区的所有乡村为一个单位进行全域建设。关键点：具有领导型人才和有机农业生产条件。也可以多市、多县齐头并进（以下以一县为例）。

二、作规划

请专家调研县情，对全县功能区作规划。预设生产区、商贸区等功能分区，避免盲目、无序、重复、错位建设。

三、设机构

成立全域有机农业建设办公室（统称有机办）等专管机构，县委县政府主管领导任主任，设常务副主任；常务副主任直接对接县相关部门主要领导，负责协调对内、对外所有有机农业相关事务；建立与农业农村局等主要相关部门对接的机制与通道，这一点尤其重要。

四、定步骤

先试点，后示范，再推广。先选择一个乡镇作为试点启动建设，试点乡镇党委书记需觉悟高、有权威、能力强、有恒心；用1～2年时间总结试点建设经验、教训，同时培养更多内部人才，凝聚更多外部支持力量。

五、搞培训

建设启动前，有机办邀请专业人士对全县干部、乡村带头人、村民进行轮流培训，组织干部群众到成功地区实地参观学习，引导各种建设主体形成坚持全域有机农业建设、实施乡村振兴战略的共识，从而赢得最广泛的群众基础。

六、选模式

三种模式（方式）：一是工商资本进乡镇或进村，三位一体建设同时开工；二是村两委主导，先从一项建设开始，最后三项建设并进；三是农村能人或创业者带头，首先从有机农业产业链做起，逐步推动、带动村两委、村民投身整体建设。三种模式可同时进行，最后汇合成为全域建设。同时，也要因地制宜创新第四、第五种模式。

1. 工商资本进乡镇、进村模式

①县委县政府引进专家团队，共同选中试点乡镇或村庄，详细调研后，针对性作出全域有机农业建设计划。

②县委县政府经过考察后，选择本土优质企业或引进外部企业，作为投资者进驻乡镇、村庄；可以一企对全部乡镇，也可以一企对一村；县委书记亲自主抓最好。

③村庄成立有机合作社（合作联社、经济社），全体村民带耕地经营权入社成为社员，理事长一般由村两委主要干部担任，尤其是村党组织书记最好，以方便权威协调各组织之间的关联业务。

④社员、村集体将全部耕地、林地、荒地、道路、山水、住宅等资源的经营权流转给有机合作社。

⑤村集体（村委会）与投资企业成立股份制有机农业企业（下称有机企业），确定好村企占股比。

⑥有机合作社将耕地资源以外的资源经营权流转给有机企业；合作社保留耕地经营权，自主开展种植、养殖生产。

⑦社企合作。有机合作社进行种植、养殖，搞有机生产建设；同时加强村民文化、法制、团结等方面的教育，搞有机社会建设。有机企业则三管齐下：一方面负责收购、加工、销售有机农产品，搞有机生产；另一方面对乡村其他资源进行整合、经营，包括住宅区新建、改造或美化，山、水、林、田、路建设，旅游资源开发、经营，等等，搞有机社区建设；同时兼顾文化传播、公益事业，搞有机社会建设。强调两点：有机合作社要定时进行盈余分配，让社员获得财产性收入；有机企业要保障全体社员劳力优先就业，让他们获得工资性收入。村两委要让村庄安定团结，保障有机企业顺利运营。

⑧村企合作。有机企业经营村庄资源所得利润，按占股比给村集体分红；村集体按比例二次分配分红：一部分用于村民分红，一部分用于公益投资，一部分用于村集体经济积累。

⑨有机种植严格按照有机生产方式操作。使用非转基因种子，自制有机肥，或寻找可靠的有机肥供应渠道，采用人工或机械除草，生物或无害化治理病虫害。有机养殖包括对环境无污染，使用有机饲料，严禁使用含促生长激素类添加

剂。构建种植—养殖循环体系。农产品加工过程中一切加工机械、方式方法都以保护有机农产品安全、营养为标准。销售渠道包括线上线下、旅游平台、单位食堂、饭店餐厅、居民团购、与大品牌合作,等等。

⑩追求一二三产业融合发展。有机企业将全部有机生产、有机社区和有机社会建设成果整合为旅游景观,做起乡村旅游业。生态文明思想传播、有机农业知识科普、有机种植养殖劳动、有机农产品加工以及有机社区居住、餐饮、购物等方面的沉浸式体验旅游,将会放大企业经营全域有机农业建设成果的效应,从而实现一二三产业融合发展。旅游业引爆其他方面的产业发展也应在意料之中。乡村产业振兴可实现。

⑪建设互利共赢软环境。企业、乡村与大学等研究机构合作,举办积极向上的文化活动:民俗表演、论坛、有机食品交流会、有机农资展销会,等等,将人与人、人与企业、企业与社会的关系拉近,建设成内部团结、外部支持、内外互利共赢的有机社会软环境。

⑫推广。试点乡镇村三位一体建设一旦成型,即归纳、总结、提炼、创新,后推广至全县,实现全域有机农业建设。在这个阶段,县委县政府及有机办总揽全局,全县一盘棋运作,进行农资市场完善、产品市场开发和品牌宣传,以及人才技术共享,等等。其间需抓五大系统构建:一是构建有机农业全产业链,即政策—规划—人才—组织—农资—种植养殖—管理—收获—加工—销售—服务—研发—文化;二是构建种养循环系统;三是构建有机农业生产技术体系;四是构建人才培养、使用系统;五是构建组织协调系统。这些系统共同构成全域有机农业建设动力系统,也是乡村振兴动力系统。

⑬工商资本进村模式评价。此过程可保障村民获得 4 项收入:盈余分配收入、财产性收入、务工性收入、分红性收入,同时保障其身不离土地,心里踏实安定。此过程实现了激活乡村资源,让资源变资产,资产变股份,农民变股东,可谓农村土地“三权分置”的特别创新。此过程概括为党政主导,规划先行,产业支撑,市场运作,社会参与,共同富裕。此过程实现了村社一体化,村企融合发展。此过程需企业主胸怀宽阔、有远见,村党组织书记有魄力、有公心、善协调。此过程可预见效益:村民回流、生态恢复、产业成长、人才倍增,乡村活力明显增强,将形成乡村振兴新格局、新机制。此过程应边进行边记录,及时做阶段性、项目性总结,出经验、出教训、出理论,搞改进、搞完善、搞创新,为全县全域有机农业建设做好铺垫。

2.村两委主导方式

①争取资源。通常情况下,村集体资金不充沛。村两委主动担当,主导建设,尤其是村党组织书记要动脑筋,争取一切可能的资源,需要在以下几方面做努力:研究全村实际情况,自己做规划;充分利用村集体现有资金,挖掘村庄各种可利用资源;积极争取县委县政府政策、资金、物资、技术、人员支持;统筹运用

政府各职能部门下拨的专项资金，比如，将农业农村、环保、水利等部门的涉农资金集中用于耕地改造升级；争取村外力量支持，在不违法前提下争取资金、项目、实物、人才、技术，等等。

②先启动一项建设，拉动其余两项。有什么条件唱什么戏。比如，民俗文化、体育运动、集市庙会传统悠久，影响力大，先改造升级这些项目，做大、做好，扩大影响力；做好媒体宣传，吸引人进村，启动旅游业，为有机农产品建立门口边的销售平台，所谓人聚财聚。瞅准时机，启动有机生产建设。两项建设使村集体实力增强，则有机社区建设跟进，逐步按规划改造山、水、林、田、路，美化生态住宅区，集中全村秸秆、粪便建有机肥场、建设供热系统，等等。这个过程是有机社会建设先行，拉动有机生产建设，然后有机社区建设跟进，最后三位一体建设成型。

③加强村集体经济积累。村两委设计好运作方式，以股东身份名正言顺地获得村集体收入，增加物质积累。

④加强宣传。三位一体建设有层次启动，及时向县里汇报，主动与媒体联系，借助外力加强宣传，赢得政府、社会关注和支持。政策项目倾斜，人才资金聚集，招商引资顺畅，年轻劳动力回归，村庄活力增强。

⑤对村两委主导方式评价。循序渐进，稳妥，不会引起大的纷争，降低犯大错误概率；但资金不足，缓慢，建设周期长。需要进取型村党组织书记撑起村庄整体发展。

3.农村能人或创业者带头方式

①县委县政府充分调动农村能人积极性，发挥其思想活跃，关注新形势，最懂得本地小气候、小生态环境的优势，引导其带头投入有机农业建设。有机办尤其要对这个群体给予及时引导，给予政策便利，支持其办合作社、小企业，直接投入有机生产、有机社会建设，并带领一部分村民参与建设。

②相关领导出面，邀请本土外出创业有成者，回家乡参与有机农业建设，给政策、帮协调，引导其发挥有资金、有市场渠道、有客户资源的优势。将企业资源与乡村资源结合，有机农业产业链建设进展会很快。如果每个乡镇有一两个这样的创业者，则星星之火可以燎原。

③内部能人与外部创业人才都可以带动一部分农民首先投入有机农业产业链建设，这部分农民要首先获得满意收入，为其他村民做出示范。这时候县、乡镇党委政府和村两委就要因势利导，鼓励合作社或企业做起有机社区建设、有机社会建设，或者让合作社、企业参与村两委主导的两项建设。

县委县政府、有机办要建立奖励机制，表彰三种模式的主导者、参与者，树立榜样，鼓励更多人才参与乡村建设。

以上三种模式可以单独进行，也可以并排进行。当建设进展到一定阶段，县委县政府要及时整合、融合，形成全域有机农业发展大势。这一点很重要，不然成不了大气候，甚至会半途而废。

经过3～5年全域有机农业建设，一个县的生产、农资、加工、旅游、文化、培训等一二三产业融合发展起来；住宅区域、生产区域、风景区域、公共设施更加完备；村民富裕文明，职业素质和文化素质提高，外流人员回村创业，生活医疗养老保障条件到位，人才聚集，市场活跃……乡村五大振兴就实现了！

以上是以县为单位进行全域有机农业建设的操作方法。如果以市为单位，则先以一县、一镇为试点。依此类推，直至全域。

总之，乡村振兴战略指引方向、明确任务，全域有机农业建设为其提供路径、项目、措施——全域有机农业建设是乡村振兴战略落地的一条有效的路子！

曾有人提出一种担心："有机社会"这种提法是不是与中国特色社会主义理论相错位了？可以肯定地说：没有错位！我们来审视一下二者的关系。

有机社会相当程度上是隶属于地理系统的一个科学概念。地理系统的基本结构分为：生产系统、社区系统与社会系统三部分。显然，有机社会属于地理系统之中的社会系统。

全域有机农业建设是对乡村地理系统进行有机化建设的行为内涵。有机化建设包含了社会主义的城市建设与社会主义的乡村建设，也就是社会主义的地理系统的建设，其运动属于地理系统运动，其概念属于地理科学范畴。作为全域有机农业概念的子概念，有机社会、乡村有机社会、城市有机社会等也隶属于地理科学范畴。而中国特色社会主义是新的历史时期，我国社会主义建设事业的总称谓，包含明确的国家政治内涵、社会内涵与性质规定。如果将中国特色社会主义与有机社会放在一起说明关系，那基本的说明就是：有机社会在中国特色社会主义内涵之中，属于其城乡地理系统中社会可持续能力建设的一部分。

此外，全球化建设仍在发展之中，21世纪的世界生态文明建设正在稳步发展。在世界可持续发展中，不同国家地理系统存在有机化建设的任务，也存在有机社会建设的任务。从这一个意义上讲，作为科学名词，有机社会有通用于世界的意义。而中国特色社会主义只属于我们伟大的中国。

简而言之，有机社会不是一个独立存在的机体，而是乡村系统的一个方面。乡村系统是中国特色社会主义大前提下的相对独立系统，所以本书中的有机社会和中国特色社会主义不能比肩讨论。由有机社会、有机生产、有机社区建设融合而成的乡村系统有机化建设恰恰是中国特色社会主义建设的一个具体体现。

创新，一要有前提，二要有边界，三要务实大胆，切不可因害怕犯错误而无所作为。

新思想源自新时代，新理论指导新实践。由于全域有机农业建设是全新的建设领域，是创新性的理论与实践相结合，尚存在大量的未知事物和探索空间，欢迎大家提出问题商榷。

第八部分
灵丘民间艺术与全域有机农业建设

人类能传承下去的，不是厅堂馆舍，不是金银珠宝，而是文化。

文化是大多数结果的根源。

第一篇　让民间艺术与有机农业融合发展

——李栓明说

灵丘县文化和旅游局局长　李栓明(右)(李栓明供图)

近年来,灵丘县的非物质文化遗产保护工作取得了显著成效:一是完善了全县国家、省、市、县四级非物质文化遗产名录体系,到2020年,有国家级非物质文化遗产保护项目1项,省级2项,市级10项,县级27项。二是加强了传承人的申报工作,灵丘县有1人入选国家级非物质文化遗产项目代表性传承人,4人入选省级传承人。

以前,农业与文化、旅游,是不搭边的。但现在,在灵丘县,三者早就融合在一起了,形成了以有机农业托底的乡村旅游业新局面,而文化贯穿其中,毫无违和感。其原理是:近10年来,有机生产不仅贡献了有机农产品、有机食品,还使生态环境质量得到大大提高;有机社区建设则提供了良好的基础设施与景观建筑,于是,乡村旅游业水到渠成。独立存在的文化是孤独的、凄凉的、萎缩的。有机农业文化、旅游文化却能让人看得见摸得着,因此文化搭载有机农业建设和乡村旅游业的快车,走进了人们心里。反过来,文化让有机社会建设、乡村旅游业更具魅力,可以说,没有文化的有机社会建设不能实现,没有文化的旅游业没有灵魂。所以，胡跃高教授曾说，要把文化与全域有机农业建设融合起来发展，我是赞成的。

许多非物质文化遗产（下称非遗）以前保护力度小，都快消失了。我把剪纸、草编、铁艺、打铁、打树花等非遗或民间艺术请出来，把手艺人请出来，聚到一起来，形成合力，集中展示，集中传播，让大众知道灵丘民间艺术品、民间艺人的存在，形成了文化艺术产业链。

其实，过去的民间艺人一直没有中断创作，但他们的作品没人看，因为他们没有传播能力，因为没有产业支撑。在这种情况下，县文旅局把非遗产业园区建在上北泉村，把民间艺人请进去，让他们展示民间艺术，同时卖出艺术产品，借助乡村旅游平台，把名气打出去了。民间艺术也不是空搭便车，它充实了上北泉乡村旅游业，否则，乡村旅游只看景，少了文化，少了历史，就少了灵魂，少了魅力。而正是因为兼容了民间艺术文化的魅力，乡村旅游才有别于城市旅游，让游客耳目一新、赞不绝口。人与人、人与自然景观互相成就，上北泉村的有机社会建设上了好几个台阶。

2023 年新春，李栓明（右）组织“书墨飘香　悦享新年”春联进万家活动（李栓明供图）

我们跟胡跃高教授合作，在国际有机农业论坛期间做过两次乡村文创艺术作品的展览展示。好多中国农业大学学生将剪纸、小米画等作品作为留念收藏，我们也把这些作品送给参加国际有机农业论坛的国内外嘉宾们，以增强灵丘文化传播力、感染力。

但持久传播是需要经济支撑的。我们的民间艺人靠手艺早已不能养家糊口，有的不得已放弃了手艺，做其他事业去了。挽救民间艺术文化，刻不容缓！灵丘县文旅局于是开始引导民间艺人们边创作、边展示、边销售。要让他们有艺术收入，他们才能坚守艺术，才能传承艺术，才能研发出更多与时俱进的艺术产品。他们的剪纸、麦秸画，已经有了自己的销路，有的还是订单生产。

我们搞了一个“传统工艺激活民间艺术”的主题展，把埋没了好多年的好东西请出来，展示出来，受到了社会的认可。民间艺人们一下子信心百倍，兴趣盎然，最近发展得挺好。

李栓明(中)在2023年灵丘县车河“村晚”现场对民俗表演提出要求(李栓明供图)

通过在各种平台上的展示，李秀兰等妇女的草编作品受到领导、媒体的关注，销路就多了。我们虽然没有充足的资金，对她们的支持少，但一直在帮她们。在开始阶段，为她们打气，为她们搭建展示平台，鼓励她们参与，为她们出主意、想办法、指方向，后来则帮她们销售。她们的草编一开始只是草垫子，我们建议她们创作既好看又能用的作品。按这个思路走，果然编出了新产品，销售很好，比如玉米皮拖鞋。我们还给她联系上生产蚂蚱酱的人，用她们的草编篮做蚂蚱酱外包装，一篮4瓶，有文化，有品位，有档次。李秀兰的男人不支持她，嫌她不顾家，我就去说服她男人，草编前途非常好，你得支持她，他还是听进去了。

李秀兰的草编拖鞋，纯手工，效率低，成本高，编织妇女分散居住，能坚持下来不容易，需要更多人的支持。她们现在的生产模式是，几个妇女分别在家作业，李秀兰负责收购她们的作品，再对外销售。她们的模式可能有问题，销售靠人托人，靠感情支持产品销售，后劲不大。

但李秀兰这样的人才不能丢，她是文化的传承者。有她们这帮人坚持，灵丘文化才有希望传承下去。所以，我们将继续帮她寻找最合适的草编发展路子。

孙阔，我去民间挖掘剪纸艺术成就比较高的人，就找到了他。没有组织，没有平台，他主要是给白事人家做纸扎，可他是灵丘剪纸大腕啊！我鼓励他重拾剪纸艺术，并帮他宣传，他知名度大增，有一个公司请他去工作，专业制作剪纸、麦秸画、烙画，他终于可以放开手脚尽情发挥专长了。

胡三荣会剪纸，与孙阔一起做麦秸画。丁翠莲也会剪纸。他们风格各不相同。建一个平台，他们就聚到了一起，互相交流，水平都有提高，他们合起来，就可以代表灵丘剪纸水平了。他们的剪纸作品，除了寓意传统的吉祥如意，还有浓烈的时代气息，比如习近平总书记、灵丘县委书记、灵丘县长的头像，平型关大捷的复杂场面等。杨兴国擅长面塑，还捏糖人，经常外出学习，研发产品，但没人知道。我们搭建了平台，推出他的作品，大家都非常喜爱，小朋友尤其喜欢，有些学校已聘他当校外老师。张高是学美术的，先去天津学习，后来去日本学习，学成归来自己创业，他的铁壶艺术品常年有人订购。

这些艺人们自己都有钻劲。看起来坚持的是个人爱好，其实是为灵丘传承、发展民间艺术文化。但每个人都努力还不行，还得都朝一个方向努力。就像一颗颗珍珠，需要一条线串起来，才能成为好器物。这条线就是有机社会建设。我们把这些民间艺术品作为旅游商品放到有机社区，向游人展示，向市场开放，旅游市场会给艺人经济回报，会明示他们民间艺术品的改进方向。

乡村民间艺术文化可以化身为乡村历史、仪式、老物件、生活方式，等等。老物件身上有一个个的时代烙印。比如，面塑是在做饭过程中，弄个花样，让家人们吃得开心。生活开心，这就是初心，不要忘了。再比如，柳条编，原料的取用不伤树木的根本，它代表那一代人的思维：在敬畏自然的前提下，充分利用自然，保护生态环境；而不是为了效率高、产量大，把柳条换成塑料条，再去建一个塑料加工厂。这就是老物件给我们的有机生活启示，也是我们保留它的意义所在。

第二篇　让地方戏为地方建设服务
——薛晋诞说

在灵丘县文旅局的引导、激发、帮助下，不少人投身到文化建设中。

2020年10月31日，灵丘县“山水北泉实景演出”项目入选全国新时代文明实践志愿项目交流会。也是在2020年10月底，我完成了灵丘罗罗腔《平型关下》之一情景剧剧本创作。我的初心是，为地方建设出力，为政府工作做铺垫。

千万别把《平型关下》当罗罗腔戏来看待。我写的这个本子并没有按照“戏剧”的“戏”去写，因此，在剧情的构造中，矛盾并不突出。也就是说，剧情一直在一条线上推进，没有沉下来，转出去，而是以人物性格和戏剧场次的转换来构成表演形态，把“戏”推向高潮，再跌落下来，最后往某一个方向去发展。它不属于典型的“戏”，不含有“戏法”。我是按照一种情景构造来写的，因此叫情景剧更合适。

这种情景剧比较少，只作为一种状态化的情景展示，有点像大合唱前面的朗诵词，似乎有诗的语言，但又不是诗，可它会为后面的演唱做铺垫，有渲染气氛的效果。它也类似于黄宏与宋丹丹表演的小品，又类似于2020年国庆晚会中的抗疫故事短剧。

演这个情景剧的目的不是要解决一个“戏”要解决的问题，而是透过这个戏，让大家去理解另一个问题：为什么灵丘会创作几个实景剧？也就是说，上北泉村、龙渠沟村的实景剧演出是怎样表达生态村的价值、易地搬迁村的乡愁，怎样拉动有机社区文旅产业的发展，怎样完成“搬得出，稳得住，能致富”的课题，尤其是解决了老区怎么在大发展中保持原有风貌，怎样建立村庄与政府、村民与干部、村民与村民之间和谐鱼水关系的问题。其实这是为解决有机社会建设中的一类大问题提供了参考。

假如这个剧演出来，能把灵丘这几年易地搬迁、脱贫攻坚、有机农业建设、不忘老区精神的情况作一个汇报，那么它就完成了一个导游的任务。剩下的，就让别人去看、去想。

我们要让艺术以情景剧的方式融入地方工作，就好像搞了一个罗罗腔“灵丘脱贫专场”演出一样，以此证明在脱贫攻坚过程中，在有机农业建设中，艺术文化也有自己的一种作为、实践，地方剧在为地方发展做出最好的贡献。

仅此而已。

如果，要单独写戏，我肯定要作另外的构思。

排演这个剧是十分困难的。你写得再好，也只是一个剧情，关键是要演出来，要让人有所感悟。那么，县里的剧团，不能为戏而演戏，要理解现实中的事，让文化成为县域经济、社会建设的组成部分。也就是说，我们用另一种思维，短平快地将非物质文化遗产展演跟政府领导的脱贫攻坚、乡村振兴工作紧紧地贴在一起，以反映地方建设实情，为地方建设呐喊助威。我不求这个剧能演多久，我在乎它能渗入地方建设有多深，能为地方发展做多大的贡献。

从另一个角度看，罗罗腔剧团的出路是唯一的：必须一年弄出两三个紧贴政府、紧贴地方建设的戏，以“快炒饭”的形式，以艺术文化的方式为政府代言。这也是县级剧团的更好出路，也是不景气的地方剧的翻身机会。内蒙古自治区的乌兰牧骑为啥好？他们走的就是这条路。

地方戏，根本的出路，就是地方——适应地方，服务地方，宣传地方，成为地方建设的一个组成部分。具体到灵丘就是，让罗罗腔成为全域有机农业建设工程、乡村振兴战略实施工程的一个组成部分，甚至是必不可少的组成部分。

目前，我正在准备《平型关下》之二，主题是乡村振兴。灵丘的实景剧明年继续升级改版，因为实践是不停发展的，我会与时俱进，做更细的工作。2022 年 5 月 15 日，我带了 200 斤的行李，向上北泉村开拔，为的是《山水北泉》实景剧升级改版。

虽然我的主业是导演，但文学创作是我的最爱，导演是捎带干的事。不过，编剧、导演的身份不能局限我的大思考和大实践：文艺为谁服务？文艺怎样服务？这些经典的问题，前辈已给出了答案，至今不过期。顺着这个答案，我站在灵丘大地上，作了一番思考。

车河、沿河、北泉、黑龙河、龙渠沟、烟云崖、柳科等灵丘的村庄，我都去过、看过。我认为，目前这些村庄全都面临着一个产业振兴的大问题。于是我想写一部剧，给老乡们提出一个思路，让大家知道，我们有办法走出新时代乡村振兴的新路子！我用行动回答了“文艺为谁服务”的大问题：为大众服务，为新时代服务。

我在半个月前给曾经的徒弟发过一个微信，其中谈道：“我们不要给地方政府当导演，要当参谋，要用自己的专业，做出地方政府想做而做不了的事情。要站在时代的前面，做有前瞻性、有示范效果的工作，这样，艺术，就不再是装饰，而是成果，是核动力。”从另一个角度说，我回答了“文艺应该怎样服务”的问题：当好参谋，做前瞻性、示范性服务。

灵丘的民间艺术文化根植于久远的历史，灵丘的当代文化艺术就蕴藏在一个个产业里、一项项建设中，真实、纯朴、现实，它为大众提神，为灵丘全域有机农业建设大业提供向心力、润滑剂和宣传平台。

附:《平型关下》剧本

人物:

孙铁头　男,八十五岁,老党员。

李玉香　女,四十五岁,笑水村党支部第一书记。

张怀亮　男,六十岁,笑水村党支部书记、村委会主任。

赵书武　男,四十岁,笑水村村委会委员、会计。

孙铁头儿女:老大、老二(女)、老三。

孙磊磊　孙铁头孙子 男,二十八岁。

张小燕　女,二十七岁,张怀亮之女。

妞　妞　女,九岁,留守儿童。

奶　奶　女,六十五岁,孤寡老人。

村民若干。(出场时,可随意称呼)

由于是无场次演出,开场前奏音乐起,大幕启后直至剧终,中间不再落幕。

舞台结构是两层斜坡,便于演员表演。背景是山梁,山梁上有几棵有些孤独的树。

随着剧情转换,所需布景采取暗转移动。

幕启:

以《朝阳花开》歌曲做引子——

朝阳盘盘开花朝阳盘盘艳,
朝阳盘盘开花朝着那平型关。

朝阳盘盘开花朝阳盘盘艳,
朝阳盘盘开花朝着那平型关。
平型关下英雄多,英雄多,
朝阳盘盘开在那平型关。

阳片片上山阳片片红,
阳片片照着那平型关。

平型关下英雄多,英雄多,
阳片片照着那英雄关。

阳片片上山阳片片红,
阳片片照着那平型关。

在歌曲声的间奏过门中，八路军战士，于烟雾中冲过平台，其中一战士带着两个孩子上场，手里还拿着一块小黑板，黑板上写着繁体字：共产党，劳苦大众，幸福生活。

《朝阳花开》歌曲结束后，爆竹声响，罗罗腔欢畅的音乐起——

孙磊磊、张小燕欢快地跑上。

孙磊磊 （唱）
爆竹响，欢天喜地。
笑水村，又逢大喜。
住够了破旧的老窑洞，
今天要搬迁住进新居。

张小燕 看把你高兴的。

孙磊磊 能不高兴吗？我现在恨不得马上就飞到我们的新社区，那里的楼房，那里的广场，那里的公园……燕子，咱们终于盼到这一天了——（唱）
多少年盼望搬出穷山沟，
盼得我少年人都白了头，
你爸爸说没新房不领结婚证，
如今是住新楼办婚事再不发愁。
（白）**燕子**——（接唱）
我们在移民社区把婚事办，
恩爱的日子到白头。

张小燕 呀，你羞不羞！还恩爱的日子到白头呢！我问你，你家爷爷同意搬啦？

孙磊磊 这一回呀，不同以往，我爷爷第一个举双手同意搬迁。今天一大早，老人家就换上了新衣服，还自己刮了刮胡子，像小孩似的，在院子里走来走去，口里还念叨：搬家啦，这就搬家啦——哈哈哈（大笑）。

张小燕 太好了，我爸爸就担心你爷爷那个牛脾气一上来，谁也劝不动。这下好了，咱们全村，终于要搬迁出去啦，再见了，我又穷又破可怜的老村庄——
（众人叽叽喳喳热热闹闹地上场，这时候，很多人做着搬家的准备，有的拿着家具、被褥、锅碗瓢盆，还有的用三轮车、手推车拉着东西过场，有的忙于贴搬家的标语。赵书武做抖音直播。李玉香与村支书张怀亮匆匆上场——

赵书武 观众朋友，现在请看快手直播，笑水村，今天有大事要发生！穷村要挪窝，搬迁到新居，欢迎大家围观，欢迎大家转发——

李玉香 书武兄弟，你这快手上有多少粉丝呀？

赵书武 玩玩儿的，玩玩儿的，李书记，有何指示？

李玉香 书武兄弟——
乡亲们兴高采烈忙搬迁，
眼睛里闪的是美好祈愿；
一张张笑脸让人动情，
笑水河边迎来巨变。
脱贫攻坚，搬迁是第一难，
要和乡亲们共闯这道关，
搬得出，稳得住，能致富，
我心里更有那千斤重担。

赵书武 你放心吧，我的第一书记——（板）
我一大早，就跑东跑西，
坡上坡下，里里外外跑得个急，
全村的百姓我是挨家挨户，
找人头，做登记，
不落一个老，不丢一个少，
不缺一个男，不少一个女，
客车五辆专拉人，
货车十辆拉家具，
准备了爆竹鞭炮和标语，
就等着书记一发号令全出发，
笑水村今日搬迁没问题！
（群众中的张小燕发现了李玉香）

张小燕 玉香姐——

赵书武 什么玉香姐，不知道叫书记，李书记，第一书记。

张小燕 我就叫玉香姐。

赵书武 论辈分儿那也不能叫姐，叫姨。

张小燕 我就叫姐，姐年轻，漂亮。

李玉香 好好好，别拿我抄话题了。书武，准备得怎么样？

李玉香 书武，咱们今天要把每个细节考虑到，家家户户，老人孩子，尤其是孤寡老人和留守儿童，要专人负责去帮他们。搬上搬下，要注意安全，万无一失，十点钟时间一到，准时出发。

赵书武 哎呀（一惊一乍地）我忘了跟你说，乡里领导让我告诉你，县领导说今天搬迁仪式上专门邀请咱们村里的老党员孙铁头老汉代表村民讲话——

张怀亮 好啊，我去跟他说，让他准备一下。

李玉香 你们看那不是孙老伯过来了吗——（众迎上去）孙老伯——

孙磊磊 爷爷——

孙铁头 小李书记——

李玉香 孙老伯,啥书记呢,我就是小李——

张怀亮 老爹,今天换行头了?

孙磊磊 我爷爷一早就准备上了。

李玉香 孙老伯,县领导说,专门请您这个老党员在搬迁仪式上代表村民讲话——您给讲几句?

孙铁头 我讲话?

赵书武 大爹,你可要好好准备哪!这可是全县脱贫攻坚的最重要最重要的大活动,市里、县里的领导全看着呢。我要给你现场直播,去哪儿都能看得见您老人家。

孙铁头 哦,小李啊,你说咱们这一搬走,这老村,还留着吗?

李玉香 孙老伯,按照政策,搬迁了,原住户的宅基地就收回了,这老村庄就要彻底改造,将来要建成生态观光园区。

孙铁头 那眼前的这些,就都没了?

赵书武 全拆,一户不留,全推倒,全拆了,一间不剩。

孙铁头 哦,一户不留,全推倒,全拆了,一间不剩。(转身走)

李玉香 孙老伯,您去哪里?

孙铁头 我转转,转转。(下)

赵书武 再看看吧,过一会儿,咱们搬迁队伍一上车,推土机就开过来了,这里,就彻底翻篇儿了,以后想看,也看不着喽——

李玉香 乡亲们来了,赶紧招呼一下。(妞妞和奶奶上,与李玉香互打招呼)

妞　妞 李阿姨,你看,我领上了新书包。

李玉香 太好了,到了新社区,那里的学校很大,教室很宽敞——

妞　妞 有舞蹈教室吗?

李玉香 有。

妞　妞 我可以学舞蹈了啊——(唱)

我是山沟沟里的一只小小鸟,
我也想飞到天外飞得高;
教室里的孩子去了外地,
只有我孤零零地一个人跳。
爸爸妈妈打工在外,
留下我和弟弟和姥姥,
我想跳,怎么跳也跳不高,
我想飞,怎么也飞不出飞不出深山坳。
搬到新学校我会有新同学,

我要大家一起跳跳跳，
让爸妈看看我学会的新舞蹈。

李玉香 好，妞妞的梦，马上就要实现了！

张怀亮 这大山里，人人都有梦，梦着想过好日子，梦着孩子长大，梦着儿女成家，梦着自己不再受穷。

奶　奶 玉香，谢谢你们了，在我闭眼之前，终于看到咱们这个村儿，挪出穷窝儿了——（唱）
笑水村笑里带忧，
笑水河贫困的日子那么久。
山口里风大坡上没有树，
河槽里洪水把庄稼冲走。
国家年年补救济，
难补乡亲心里愁。
潮湿的山坳多少人把病添，
挣下的钱全往医院丢；
风湿病让我走不了路，
孤寡人也断了致富的好念头。
如今咱搬出穷窝走新路，
乡亲们笑得合不上口，
真想再活它几十年，
梦里面也多了阳光多锦绣。

李玉香 奶奶，您说得太好了。（乡亲们隐下）

赵书武 怎么样？玉香书记？咱们的心血没白下吧？乡亲们劲头儿可高了，这次异地搬迁，我有几个没想到。

李玉香 什么没想到？

赵书武 玉香同志——（唱）
没想到全村人一致都搬迁，
没有上访没有人找麻烦；
没想到孙老汉全家都想通，
几十口人一点不添乱；
没想到搬迁仪式动静这么大，
市县领导都给我们点赞；
没想到今天马上就要搬出去，
胜利的旗帜在招展——
（众笑）

李玉香 好一个胜利的旗帜在招展！好了好了，别光顾了高兴，忘了正事儿呢。怀亮叔，你带上村两委的干部，我带上扶贫工作队的同志，咱们分头挨家挨户再检查一遍，看看谁家还有什么困难，争取准时出发。

张怀亮 好！

赵书武 哎呀——（一惊一乍地）

李玉香 又咋啦？

赵书武 乡里干部说今天市县领导要给乔迁新居的乡亲们敬酒，咱们得安排几个能喝的。

李玉香 好，你安排吧，咱们到那边看看（欲下，突然有人喊，爹——）

孙老大 （急冲冲上）爹——

李玉香 老大，怎么啦？

孙老大 俺爹不见了。

李玉香 刚才还在这里的呀。

孙老大 家里全准备好了，车也来了，就等他上车，人，跑哪里去了呢？爹——

赵书武 麻烦来啦——

张怀亮 老大，你别急，以我对大爹的了解，我知道他去哪里了。

众 去哪里？

张怀亮 山上，山上还有几间小土房，他心里放不下，肯定去那里了。

孙老大 好，我去找找——（下）

赵书武 坏了坏了坏了，麻烦来了，要出大事儿了。

李玉香 出什么大事儿？

赵书武 肯定要出事儿，出大事儿。

（电话铃响）

李玉香 我的电话，喂，我是李玉香，我听着呢，好好。

赵书武 乡里的电话？电话里怎么说——

李玉香 乡里说，如果准备好了，就出发吧，县里领导想提前看看乡亲们。

张怀亮 可是，孙老汉，还不知道在不在山上，万一找不到，怎么办？

赵书武 不管他，就他一个人，还能影响了咱们今天搬迁的大局？玉香书记，你发令吧！现在我就领着车，出发！

李玉香 要把孙老伯找回来，一起走。（孙老大走过来）老大，怎么样，在山上吗？

孙老大 （点头）在山上那间老土房子里……

赵书武 你咋不把他领下来，咱们马上就要出发了。

孙老大 玉香书记，对不起，俺爹，俺爹他，他不想搬了，他不搬……

李玉香 不搬了？

张怀亮 不搬了？

赵书武 不搬了？

孙老大 他不搬了。

赵书武 他不搬了？你们搬不搬？

孙老大 俺爹都八十五岁了，他不搬，做儿女的怎么能把他扔下不管？我们怎么能搬下去啊？

赵书武 嗨。点着了一炉灶的火，准备炸油糕啊，被他一盆水，全扑灭了。

李玉香 孙老伯有没有说为啥不搬了？

孙老大 他不说。

李玉香 怀亮叔，你是老支书，你了解孙老伯，你说会是因为什么呢？

张怀亮 我正想着呢。

李玉香 我们大家想一想，是不是我们哪些工作有疏漏，还有哪些问题没想到，让孙老伯心里有疙瘩？会不会是我们做错了什么事情，让老人不高兴了？

赵书武 哎呀（一惊一乍地）我想起来了——

李玉香 你快说——

赵书武 那山上还有几间房子，咱们登记的时候，他们说不住人了，当时就没有给算面积，也没给补助。孙老汉，他就专门等到这个节骨眼儿上，不搬了，拿咱们一把，这叫什么？

孙老大 啥意思？

赵书武 坑你没商量。

孙老大 赵队长，我的兄弟，你说的这都是什么呀？我爹是那样的人吗？

赵书武 那他为什么不搬？

孙老大 （愤懑地）你，你去问他！

赵书武 我不问了，搬迁不缺他一个，全村现在就出发。走，玉香，我带车走了。

李玉香 等等。怀亮叔，你是党支部书记，书武，你是村委会委员，来，咱们几个好好商议一下，怎么上山去和孙老伯谈。（其他人隐下）

赵书武 谈什么？时间不等人，领导们不会一家一户点数的，缺一两户，不妨事儿，那边正等着举行乔迁新居的仪式，我们不搬过去，仪式举行不了，怎么跟领导交代？谁负这个责？玉香，我们不能为了这一个老汉，给领导心里添堵，不要让这么重要的事情砸在我们自己的手里。

李玉香 都不想给领导心里添堵。可是，现在孙老伯他心里肯定堵着呢。做事情，不是给领导看的，易地搬迁，不在于什么仪式，而在于我们是不是真正地搬得出，搬得稳，还有将来会不会稳得住，是不是做到能脱贫。这个责任,我来负。走,上山,去找孙老伯。

赵书武 玉香书记——(唱)
为搬迁我一年没有清闲日,
每夜没有十二点前睡,
早晨不敢六点起;
梦里念叨的是检查,
吃饭时不忘做数据,
生怕出现半点闪失和差池。
如今搬迁迫在眉睫,
本以为高考卷上最后一道题,
没想到孙老汉又作梗,
让我们所有努力都废弃。
越思越想心作痛,
我这玻璃的小心心伤不起,伤不起。

李玉香 (唱)书武兄弟别心急,
更不要埋怨乡亲添难题。
扶贫不是做业绩,
搬迁不是一道题,
我们为何来扶贫,
扶贫究竟是为谁来做的?
莫去想个人得失多和少,
上山一起去解题。
走,上山——

赵书武 等等,玉香书记,你再好好想一想。我们村干部,还有你自己,吃苦受累不说,因为都是为了把事情做好。这次搬迁,你是立了军令状的,你看看,抖音、快手都在直播搬迁,到时间搬不过去,把那么多领导晾在那里,那些抖音、快手添油加醋一直播,你就成了网红,你考虑过自己和对大家的影响吗?

(锣鼓声响——)

你听,山外面欢迎我们的锣鼓已经敲响,正等着我们这个村,搬过去哪——

(电话铃响)

李玉香 喂,我是李玉香,是的,这里出了一点小问题,马上解决,稍等我们一下,好吗?知道了,知道了。

赵书武 听见了吧?领导们在催我们,是吗?玉香,一个老汉不搬,影响不了大局,我们不能因为一个倔老头,把自己栽在这山沟里。

张怀亮 不行，就让一部分乡亲们先走，孙大爹的事情，然后再说——不要因为他一个人，让你们受批评。

赵书武 这事儿，我做主了。（快步跑上山坡，大声喊）乡亲们——咱们准备出发！所有的人，上大轿车，拉家具的在后面，秧歌队准备，推土机，听好了，只要我们一启动，马上开始推，推，推！好，敲锣打鼓，放鞭炮，我们走——

李玉香 等等，等等，等等啊。

赵书武 玉香？

张怀亮 玉香——

李玉香 （白）怀亮叔，书武啊——（唱）
山外的锣鼓震天响，
乡里的电话催得忙，
大家心急我理解，
怀亮叔的好意暖我心肠。
孙老伯究竟是怎么想？
因何不搬需要细思量。
整体搬迁不能留尾巴，
搬迁不是为了做花样；
（白）一个人都不能掉队，
总书记的话儿响在耳旁。
（白）怀亮叔，书武兄弟——
跟我一起去山上。
孙老伯面前问端详——
（赵书武与张怀亮互视后）

赵书武 好吧。

张怀亮 走！（三人下）
（暗转）
（光起后，山上，有一间小屋占据舞台，孙铁牛在山坡上）

孙铁牛 （默默地）一户不留，全推倒，全拆了，一间不剩，（突然大声地）一户不留，全推倒，全拆了，一间不剩！——我的老祖宗，我的亲人们，我来看你们啊——（唱）
山岗上望土窑泪雨涟涟，
老汉我心绪乱一语难言；
榆树下多少事刻骨难忘，
有谁知我心里是苦是甜。
这土窑我住过多少年，

老爷爷曾经把我的小手牵；
父亲从这里去抗战，
盼儿归奶奶守在榆树前；
八路军曾在土窑里住，
一腔热血洒在平型关。
多少年我与这土窑来作伴，
掏心的话都和他们细细地谈。
这山上爷爷的印记在，
这土屋看得见奶奶的音容颜；
这树下有我老娘气息味儿，
这土地八路的热血洒在里面。
石头上，我摸出了他们的体温；
炕沿上，我天天和他们在作伴。
清明时，我长久地跪在那墓前；
立秋时，我端酒杯敬祖先；
冬日里，我在山上看他们冷不冷；
春节时，我要和他们共团圆。
多少年我从不分离走他乡，
多少日我与他们长交谈。
喊一声爷爷奶奶和祖宗，
再把爹爹老娘声声唤。
喊一声八路军同志你在吗？
老汉我怎么舍得把你们留在山里边？
不能拆，不能推，
不能走啊不能搬。
我的心啊贴在这里拆不散，
我的双腿挪不动半点点，
我的根就埋在这山里面。
谁能搬？怎能搬……
（孙磊磊　张小燕上）

孙磊磊　爷爷，时间不早了，大家都等着您一起搬家呢——

孙铁头　磊磊，我的孙儿，你们走吧，不要等爷爷，爷爷不走了。

孙磊磊　爷爷，您要不走，我们怎么能走呢？

张小燕　爷爷，我和磊磊将来在新村里办婚事，还等着给您敬酒呢……

孙铁头　燕子啊，那就把酒端到这里来，和祖宗们一起喝——

孙磊磊　（埋怨地）爷爷！

（在他们对话时，孙铁头儿女以及妞妞、奶奶、村民们渐渐上）

奶　奶　老叔啊，不是说得好好的，你咋就不搬了呢？

孙铁头　你这腿脚不好，你咋上来了呀？

奶　奶　老叔啊——（唱）

我一早就把糕面准备好，
就等着搬到新家炸油糕，
让全村的乡亲都吃上，
图的是今后的日子步步高。
您老八十多岁不搬走，
全村人谁能踏出一步脚？

妞　妞　爷爷，咱们下山吧，我还等着到新学校去跳舞呢，您不是，总叫我好好学习吗？

（李玉香、张怀亮、赵书武三人上）

李玉香　孙老伯——

孙铁头　小李书记，你来干什么？

李玉香　您老这么大岁数，一个人在山上，我们放心不下。

孙铁头　你们走吧，带着乡亲们搬走吧，不要管我！

李玉香　您老不挪窝，我们迈不动这双腿呀。老伯，您说，您有什么心里话，有什么要求都跟我说——

孙铁头　没什么。你们不知道，也不必知道了。你们搬走吧——我要一个人，没事的——

赵书武　孙大爹，您说您没事儿，可是我们有事儿啊，您要不走，全村人都不走，我们的搬迁活动就没法搞，县里领导还请您讲话，您这到底唱的是哪一出戏啊？

孙铁头　真对不住你们了，你们搬吧，不要管我，我就一个人，不妨你们的事，你们下山去吧。

赵书武　孙大爹，您说得轻巧，怎么“不妨你们的事”？李玉香，第一书记，这次搬迁是打了保票、立下军令状的，要是到时间咱们这个村儿搬不过去，她就要被免职，受处分，我们这些人就白忙活了！

李玉香　书武兄弟，不能这样跟孙老伯说话——

赵书武　说什么？几点了？孙大爹，你说你要什么条件，开个价吧？

孙铁头　你说什么？开个价？

李玉香　孙老伯，您别急，听我说，玉香有哪些地方没做好，您就直接说出来，您还有什么要求，就请告诉我——

孙铁头　玉香啊——（唱）

玉香的话语让我心疼，

我心里的话儿怎能说清。
玉香,叫声玉香对不起,
老汉我连累你多费心;
叫声玉香,我谢谢你,
几年的扶贫你送来党恩。
我看到你们一心向着乡亲们,
桩桩件件为脱贫。
县里的书记来我家,
亲自给我打扫卫生。
炕沿上拉家常,
给我们百姓指路程。
异地搬迁拔穷根,
乡亲们心里感谢不尽。
我老汉也盼着早脱贫,
儿女们兴兴旺旺过光景。
我只是不想离开我的小土屋,
我只想一个人看住自己的根——

李玉香 老伯有话您且讲,
不能留您独自在山上。
乡亲们搬迁进新村,
笑水村日子要变样,
我们一起奔小康。
一个人都不能掉队在路上,
这就是习总书记殷切希望。
我们需要和您在一起,
您的笑声应该出现在新居的楼房。
我不能把您留在山上,
乔迁路上您坐的汽车是第一辆——

群众甲 大爹呀,咱们搬吧(唱)。
咱们要马上搬进新居,
我还要学车河种有机。

群众乙 (唱)
我要像赵北人那样,
养出蚂蚱挣钱去。

群众丙 (唱)
我要去种羊肚菌,

塑料大棚已盖起。

妞　妞　(唱)

我要到新学校学跳舞，

视频发给爸妈看看去。

张怀亮　咱们两家要结亲，

孩子们马上要办婚礼。

就等着搬到新村迎亲朋，

欢天喜地办宴席。

孙老大　爹，咱们搬吧，再不搬，村里人都要骂死我们了。

孙铁头　老大，磊磊，怀亮，妞妞，乡亲们，玉香，我咋就不想搬啊，可是我不能搬，搬不了。

众　为什么？

孙铁头　别问了，你们走吧，就留我一个人在这里，我就和这个老土房子、老院子、老榆树在一起。你们走，我不能走，决不走。

李玉香　孙老伯——

赵书武　行啦，啥也别说了，咱们走，乡亲们，时间不等人，走！孙老汉，您要和这个老土房子、老院子、老榆树在一起是吗？我现在就叫推土机过来，把这里全铲平。推土机，开过来，开——

孙老大　爹，老二，老三，磊磊，咱们孙家子孙，都跪下，爹，求你了——

(孙老大、老二、老三、磊磊等跪下)

孙铁头　你们，你们这是做什么呀？我还没死啊，你们跪着干什么？

孙老大　爹，您要不搬，我们就一直跪着——

孙铁头　跪着吧，你们也该跪着了，跪着看看这膝下的地，抬起头，好好听爹，说几句——

老大，我问你，咱这院子左边这个房，是谁的？

孙老大　是杨成武将军住过的。

孙铁头　老二，你说，这老榆树当年谁在这里拴过马？

老　二　王震将军在这里拴过马。

孙铁头　老三，你说，这间窑洞，谁在这里救过俺——

老　三　八路军小叔叔……

孙铁头　你们搬啊，你们拆呀，你们推呀——(唱)

土窑里爹娘把我生养，

土窑里我长大迎娶婆娘，

土窑里一灶炉火养儿女，

土窑里挡风遮雨抵寒霜。

爹爹前线去杀敌，

热热的血啊洒在他乡。
八路军抗战来这里，
土窑里门开见太阳。
杨成武将军住东房，
天天和家人拉家常。
爹爹身死不能归，
王震将军亲自来探望……
八路军小叔叔教我学识字，
他让我永远不忘共产党——
(白)你们看,你们看看啊……
(轻轻拉开窑洞墙上的幔布,露出小黑板,黑板上写着繁体字:“共产党”“劳苦大众”“幸福生活”)
那一天,日本鬼子进了村，
全村的老少在枪下躺，
八路军小叔叔紧紧地护着我，
枪声下叔叔的热血淌……
八路军小叔叔才二十岁，
他用身体为我把子弹挡。
千呼万唤他不醒，
留下这血染的黑板在墙上。
几十年这黑板就在眼前，
他天天笑着站在我身旁。
小叔叔看着我长大成人，
小叔叔每天给我把道理讲——
我跟他说,一男二女,孩子已长大;
我跟他说,我的孙子在上学堂;
我跟他说,笑水村要脱贫挪出穷窝;
我跟他说,我要搬迁住新房。
我跟他说,党的恩情终身铭记;
我跟他说,奔上了好日子走向小康……
我和小叔叔共饮酒啊，
我和小叔叔一起走到山岗上。
谁不想让儿女过上好日子，
谁不想吃饱穿暖住新房!
谁不想孩子们个个都有好前程，
谁不想全村人家家都去奔小康?

孩子哪，乡亲们，
玉香啊，怀亮啊，
我离不开这个土窑洞，
我不能把小叔叔丢在山上。
我一走这里全拆光，
哪有窑房为他把风雨挡。
我一走这里都要被推平，
小叔叔的小黑板哪里安放？
我不搬，我不走，
我要守在小叔叔的身旁。
一毫一厘我不要，
我只要和英雄留在山岗上。
朝看日出晚看星星，
就像那榆树的根深深埋在这山岗上……

孙老大 爹——

众 孙大爹——

李玉香 孙老伯——

孙铁头 怀亮，玉香，乡亲们，我搬不了，我是忘不了，不能忘啊——（号啕大哭）

李玉香 孙老伯——（唱）
忘不了啊不能忘，
老伯的话儿让热泪淌；
忘不了啊不能忘，
一句句听来热血烫。
忘不了每一寸土地都金贵，
忘不了每一块石头都发烫，
忘不了每一条河流都动情，
忘不了每一处树木都闪光，
忘不了先辈烈士的心愿，
忘不了小黑板上写理想。
忘不了老区的基因深深厚厚，
忘不了我们的责任和希望。
不忘初心、牢记使命，
玉香我要铭刻心上。
（电话铃响）

赵书武 哎——呀！

李玉香 喂，我是李玉香，实在对不起，我们——什么？乡里领导都知道了？

赵书武 完了完了完了，完——了！

李玉香 好，知道了，我马上告诉乡亲们，告诉孙大伯，好，好，谢谢，谢谢理解，谢谢——（哭）。

赵书武 你怎么哭了？处分下来了？有我吗？

孙铁头 玉香，是不是因为我——

李玉香 孙老伯，乡亲们，刚才县里的领导在电话里说——

众 说什么？

李玉香 （唱）

挪穷窝，不是离开了山水情，
拔穷根，不能忘掉老区的本。
看得见青山，记得起乡愁，
脱贫路上不忘历史的魂。
易地搬迁更要把红色文化来传承，
老区的精神就是我们的根。
搬进新村守望家园，
用新的思维改变山村。

乡亲们，县委决定把咱们这个村，一家一户好好登记，把具有纪念价值的房子保护起来，山里的房子不但不拆，还要建，建成全国关心下一代党史国史教育基地，让我们的党员干部、群众、青年，还有我们的孩子，常来这里，铭记历史，缅怀先烈，感知奉献，不忘牺牲，传承精神。孙老伯您以后就可以天天和八路军小叔叔在一起了。县领导还告诉我们，这里要搞大型实景剧演出，演那平型关大捷，演那历史的壮丽，演咱老区的精神，孙老伯，咱们演出的故事，就由您从这个窑洞开始说起——

（暗转）

《朝阳花开》歌曲起——

朝阳盘盘开花朝阳盘盘艳，
朝阳盘盘开花朝着那平型关。

朝阳盘盘开花朝阳盘盘艳，
朝阳盘盘开花朝着那平型关。
平型关下英雄多，英雄多，
朝阳盘盘开在那平型关。

阳片片上山阳片片红，

阳片片照着那平型关。

平型关下英雄多，英雄多，
阳片片照着在那英雄关。

阳片片上山阳片片红，
阳片片照着那平型关。

在歌曲声的间奏过门中，八路战士于烟雾中冲过平台，其中一战士带着两个孩子上场，手里还拿着一块小黑板，黑板上写着繁体字："共产党""劳苦大众""幸福生活"。

在演唱《朝阳花开》歌曲过程中，完成下面演出程序：

八路军战士把小黑板传给孙铁头，孙铁头把黑板传给李玉香，李玉香传给妞妞，妞妞捧着黑板走到台前。张怀亮拿出酒坛给孙铁头倒酒，孙铁头把酒敬给八路军战士，八路军战士把酒端过头顶走向台口，向天幕上的平型关敬酒。

音乐转入《老百姓的好心情》，天幕上出现一个个移民新区。

伴着唢呐声，奶奶领着花轿出场，孙磊磊与张小燕办婚礼。

无数个乡亲奔涌而出，在欢腾的秧歌爆竹声中由舞台走向观众——

孙铁头 小叔叔，您看见了吗？您听见了吗？乡亲们没有忘记您，乡亲们来看您来啦——

天幕上打出字《平型关下》，

在《朝阳花开》歌曲中——

剧终。

第三篇　白马寺村·刀镞窗花·文化志愿者
——张永权说

灵丘县委党校办公室主任　张永权

张永权，灵丘县委党校办公室主任，赵北乡白马寺村驻村工作队原队长。白马寺村成为“脱贫成效村”，与他有极大关系。

宣传白马寺村

白马寺村拥有“白马刨石”传说。“白马刨石”是灵丘著名的“九景十八坳”景点之一，白马寺村因有白马寺而得名。白马寺藏于赵北乡东北山洼中，始创于汉代，历史上曾多次重修。20 世纪 60 年代遭到人为毁坏，现存建筑是 1997 年 4 月在旧址上重建起来的。寺院东西宽约 45 米，南北长约 73 米，占地面积约 3285 平方米。寺院北侧现存古井 1 口，这就是“白马刨石”所得泉眼。

相传汉文帝刘恒（公元前 179—前 163 年）在代王城（今河北蔚县）为王期间，有一次，他骑一匹白马，带一众随从，外出察看民情。过了三道坡、六道沟、九座山，一行人不知不觉到了昭阁境内（今灵丘县境内）赵北河东面的一座小山上。当时正是骄阳似火六月天，人马疲惫不堪，尤其是渴得要命。可那是不见人烟的境地，怎么办？在此关键时刻，只见刘恒的白马，先是仰天长啸几声，然后抬起前蹄在一块石板上“崩崩”地刨起来，不几下便刨出一个坑来，不一会儿便将石板刨透，一股清澈的甘泉冒了出来。众人欣喜万分，饱饮一顿，神清气爽。刘恒不禁说：“天助我也！”说罢，跪在清泉前朝天膜拜，众人也虔诚叩头。后人为纪念白马刨泉救主的事，就在甘泉旁盖了白马寺。原来这里有寺无村，后来，灵丘东窖村张氏兄弟 5 人迁来经营河湾淤地后，繁衍生息，天长日久，渐成村落，即白马寺村，它是名副其实的张姓“一家村”。

白马寺于 2010 年成为灵丘县重点文物保护单位，是灵丘县有名的旅游景点。游客受“白马刨石”传说的影响，纷纷从古井中舀水品尝，一瓢水渡人穿越 2000 年，尝一口感受浓厚的历史人文气息。白马寺村因此便具知名度，“一家村”民风始终纯朴友好。欢迎各位光临白马寺！欢迎与白马寺村合作发展！

白马寺遗址

抢救刀镞窗花

我为白马寺村作宣传是应该的。我还在抢救灵丘刀镞窗花。

镞,箭头,呈三角形状,狭刃,十分锋利。刀镞窗花,指用形状像镞一样的刀雕刻而成的窗花。

武灵镇弋坡村(也称弋家坡村)窗花有200多年历史,是灵丘刀镞窗花的代表,也是灵丘的一张美丽名片。清光绪年间,弋坡村走巷艺人刘清老先生开创了刀镞窗花工艺,至今已是5代传承。1949年后,弋坡村150多户人家,有三分之二的农户掌握了这门技艺。一到农闲季节,家家户户制作窗花,准备春节前出售。

弋坡窗花区别于普通剪纸,它是先用刀镞雕刻成型,然后染色而成。刀镞窗花,直观上,色彩艳丽醒目,形状细致逼真,一个题材总以四个画面表达。题材上,以戏剧人物为主,如取高平、下河东、八蜡庙、白蛇传等,兼有神话传说,如八仙过海、刘海戏金蟾、太子坐莲等;也有剪猴子担桃、狮子滚绣球等珍禽异兽吉祥如意内容的。遗憾的是,如此出彩的民间艺术奇葩,却早已远离人们的生活,逐渐走向消亡。拯救灵丘刀镞窗花民间艺术刻不容缓!为此,我做了一些努力。

从2018年9月开始,我奔波往返于各个有刀镞窗花传承的村落,从刀的制法,到宣纸的购买、浸水、压制、成型、熏影、上色、收纳、打包,我全程视频拍摄,记录工艺,并帮助宣传、销售。

对于以前已被评为县级物质文化遗产的项目,2020年,我开始积极联系文化部门和各级主管单位,为这项优秀民间艺术申报市级非物质文化遗产项目,以求永久传承,目前还没有结果。

我设法帮助艺人们传承发展。一方面,保持刀镞窗花的传统本色;另一方面,研究、创新:改变过去篇幅小、样子单一、装裱简单的模式,将它与灵丘本土元素相结合,与时代发展相结合,设计、制作出与市场需求相吻合的作品。比如展示在灵丘多个展览馆的两个大题材刀镞窗花:平型关大捷(长180厘米,宽95厘米)和车河有机社区(长260厘米,宽75厘米),场面宏大,人物传神,十分震撼人心,都是我组织老艺人精心制作的,已经被国内外多人收藏。

还有一件作品是刀镞窗花"五星出东方利中国",这是一件复原文物的扩大版,是我们的独创,全国仅此一家。1995年10月,中日尼雅遗址学术考察队在新疆和田地区民丰县尼雅遗址一处古墓中,发现一件出自汉代的蜀锦护膊,主体有祥云纹,穿插有瑞兽、星纹图样,还有汉隶文字:"五星出东方利中国"。五星,与中华人民共和国国旗——五星红旗暗合。挡也挡不住,坊间纷纷把此1800年前的文物当作一个神秘预言去猜测。难道,1800年前就有人知道今日中国?唯物主义者不相信这个,继续探究。专家决定先复原汉朝的织锦机,再复原"五星出东方利中国”织锦。经过10年的研究，这块织锦的秘密终于被揭开。原来“五星出东方利中国”确实还有下文。完整的织锦上绣的是：“五星出东方利中国，讨南羌，四夷服，单于降，与天无极！”讲的是汉朝讨伐南羌之事。这块小小的蜀锦耗费了诸多心力，意义非凡，是古代人生活方式的缩影和智慧的结晶。目前，它收藏于新疆博物馆，是中国的一级文物，不能出口。它既是故宫博物院特展《何以中国》的重磅展品，也是在国家大剧院公演的舞剧《五星出东方》的主题。

对这个五彩缤纷的国宝，我总觉得能为它做些什么。苦思冥想许久，终于，灵感来了。我组织老艺人，依照图片，用6层彩纸套色，复原了“五星出东方利中国”文物，并扩大4倍，成为长72厘米、宽48厘米的巨型刀镞窗花作品，目前作为收藏品被保存在多个展览馆和收藏人手里。越来越多的人能看到、摸到这件宝物，称奇声不绝于耳，正能量影响力随之扩大。一个窗花的背后有如此丰富深厚的背景，要说不爱容易吗？

甘做文化志愿者

灵丘刀镞窗花给了我无尽的灵感，我组织人员创作了《灵丘窗花谣》。

唐河十里响呀，猫山照巍尖。
平型关下英雄多哎，物华天宝有篇章。
苦荞产品走天下哎，灵丘窗花名远扬，
要看窗花哪里去哎，寻根溯源弋家坡。
北靠唐至山有鹰哎，南临猫山佑四方，
西傍泽水沾金福哎，东有井沟秀气爽。
人杰地灵文化多哎，就数山西刀镞艺术棒，
镞的窗花能出口，受到梅兰芳赞赏。
拿出窗花晒一晒呀，从古到今文化长。
看了新人回娘家，再看八五规划诱嫦娥。
古典文化都能镞哎，戏剧连本有回章。
四大名著镞上窗哎，花卉动物弄吉祥。
灵丘风景随手作哎，平型关大捷画卷长。
古代画师创刀镞，今朝艺人总理见呀，
艺术传承二百年，艺术传承二百年。
当代窗花纸换钱哎，窗扇一支半条街，
包纳窗花沿街卖呀，人人都称弋家坡，
真真假假谁能识哎，弋家坡产业传四乡。
东家买个鱼钻莲，西家买个菊花香，

俺娘喜爱《打金枝》，俺爹喜欢《长坂坡》。
新媳妇买了个《回娘家》哎，可是就是挤不上前。
猫和喜鹊都卖完呀，毛猴担水也找不见。
家家过年贴窗花哎，传统文化讲不完。
歌王能唱罗罗腔哎，文化遗产遍地见，
京西福地灵丘县，大美山水居神仙。

词是地道的灵丘味，可曲还没谱。曲还没谱有两个原因：一是会涉及钱——我没钱，我只是个志愿者，一直在做公益。二是谱曲者必须理解灵丘风土人情，否则，曲子不会地道。当然，我还是希望有人投资，或者有志愿者无偿谱曲，可能这个希望有点脱离实际？

我已经积累下1000多张灵丘刀镞窗花图片，并写下2万字解说词。然后，我与上级部门积极协调，通过灵丘县政协的一个项目，出一本书《弋坡窗花——山西刀镞第一花》，以文字、图片形式，定位史料性质，对灵丘刀镞窗花进行记载、传承。

开拓市场是最重要的文化传承手段。我把刀镞窗花推荐给一切可能接纳它的人和机构，力图把“灵丘刀镞窗花”这张名片打出去。2020年11月23日，我跑到太原，想通过第一书记群志愿者项目，把灵丘刀镞窗花推向更大市场，目前还没有眉目。

这不仅仅是我一个志愿者在努力，是灵丘民间艺术文化在努力！

第四篇　以石为醉

——韩军文说

韩军文，灵丘县奇石协会会长，灵丘县奇石馆馆长。协会办公室就设在奇石馆，每天徜徉在石头丛中，他有享不尽的陶醉与满足，今生今世只为石头来！

灵丘县奇石协会会长，灵丘县奇石馆馆长　韩军文

我深为自己的奇石骄傲。奇石馆这些石头，新近估值1亿元出头，但谁买都不会卖！这不是值多少钱的问题，而是精神寄托。

我的奇石馆，地上、架上、墙上、门上，都充满奇石。大如小山，小如一指，桩桩件件，奇特醒目；山川大地河流，虫鸟鱼虾人物，简直包罗万象……我经常陶醉其中。有一块青色五花肉石是我的得意宝贝，脂肪与肌肉，层次分明，造型逼真，质感十足。可惜是青色的，如果是红色，就十全十美了。但也没什么遗憾，这种青色五花肉，也许是天下少有，灵丘独占呢？镇馆之宝是那只逼真的乌龟，龟甲纹路清晰，甚至还有裙边呢。红丝砚上，红色与黄色泾渭分明，黄色的砚池，细腻光洁如镜，绵软高贵如缎；红色的池岸雕刻复杂，苍松遒劲，竹林青幽，文气、贵气、大气，绝不输于金丝砚。红丝砚原石就取自灵丘，极为珍贵。我没事就提起铲子往河道上跑，往山坡上爬，能不能遇到原石不打紧，以此为享受是真的。

奇石收藏业界有一串排比句很现实："一方石头和谐一个家庭，一方石头汇聚一批朋友，一方石头造福一方百姓，一方石头传承一种文化，一方石头弘扬一种精神，一方石头拓展一个产业。"想想还真是。奇石仿佛是有生命的，能释放出这么多的正能量。

因为爱石头，我跑遍灵丘的山川河流，从地理历史上研究灵丘，发现越多，陷得越深，不爱家乡是不可能的。我赏石、玩石、寻石，以石会友，为石交易，只觉得一天 25 小时都不够用，哪会把大好时光浪费到吃喝玩乐上！因为爱石头，我一不小心就练上了书法，颜体已经有点模样了。奇石艺术和书法艺术是相通的。

“有一个美丽的传说，精美的石头会唱歌”，这老歌词还记得不？它说的是大实话。不到近处看看、摸摸、想想，谁知道石头会唱歌？谁知道石头与有机农业建设是亲戚？事实是，和谐、汇聚、文化、造福、传承、爱、理解，奇石的这些意外功能，正是欣赏艺术与实用艺术的交织，正是奇石艺术与有机社会建设的交集。为什么这么说？从小局说，奇石陶冶了个人的性情，提高了个人的品位与鉴赏力；从中局说，它发展了一项经济，活跃了一方市场，致富了一个行业；从大局说，它为有机社会建设搭了一座桥——把人心引向大自然，也把大自然放到了人的心尖上。不是这样吗？

第五篇　以壶为命

——张高说

灵丘张高铁壶文化传播有限公司董事长　张高

张高，灵丘张高铁壶文化传播有限公司董事长。他深悟铁壶艺术，将身家性命与铁壶绑定，壶兴他兴，壶冷他冷。三十多岁的年纪，生机勃勃的状态，怎么看都与青脸铁壶不搭边。但他确有超越同龄人的一面，那是来自铁壶的气质——定力与深思。

我是灵丘县返乡创业青年张高，30 多岁，先在天津一家铁壶加工厂打工，专门从事日本铁壶制作，后赴日本学习，最后带着志同道合的妻子回到故土灵丘，在武灵镇庄头村东头的一处院落，潜心研发、制作养生铁壶。庄头村是唐末五代骁将李存孝(858—894 年)故里，院外广场上就是将军骑马挥枪威武战斗的雕塑。

习武之人，大抵都听说过“王不过项，将不过李”的盖棺论定。此处，“项”为项羽，“李”就是李存孝。李存孝姓安名敬思，从小力大无比，勇猛过人，为救姥爷的羊群，手撕猛虎，被晋王李克用撞见，当即收为麾下骁将、义子，人称“十三太保”。他随李克用南征北战，攻无不克，战无不胜，却受人陷害，终被李克用围攻，兵败出降，被处死于太原。在太原市西山风峪沟口的太山脚下，有一座墓，树有石碑一幢，上刻“李存孝之墓”。

故乡的英雄情结尚存，历史气息浓郁，我身处其中，创作灵感满满，出自我手的铁壶，线条悠然流畅，壶面光洁精致，尤其是铁青色中突然闪出一两簇带灵动仙气的银花镶嵌，情调与雅致顿生，说它们十分可爱都有点肤浅。我的铁壶本是实用养生茶具，但人们却舍不得它沾染凡尘茶垢，纷纷收藏把玩，于是它们附加值大增，一把壶动辄两三千元。按说，这样的光景求之不得，但是我心忐忑啊：一方面是爱故乡，返乡创业，没有错；另一方面是销路收紧，经济基础眼看就撑不起艺术天地了。不过，我不妥协，做起了双面人：一面执着于铁壶艺术，另一面拎起汗衫去承包修路工程，去为景区制作艺术垃圾箱，目的就是一个——增收！我必须为铁壶艺术觅食。

第六篇　文化是有机农业建设的重要力量

说到文化，首先想到什么？

文化是起因，也是归属。

还有上善若水。这是中华文化给予人们的第一印象。没有什么是文化不能浸染的，没有什么是文化不能滋润的，尤其是人性。

中华文化是温厚的，对于人性，它是这样教化的：欢天喜地，温文尔雅，学会生活，热爱生活，追求幸福，团结互助，努力向上——其滋润心田、陶冶情操、安神补心的功能显而易见，这在近 4 年的举国抗击新冠病毒战疫中，体现无遗，举世叹服。是呀，人要知道自己拥有幸福，才会感受到幸福；人要知道有人在爱你，才会爱身边的人；有了爱，人的生命质量、生命价值才会高层次体现。这就是伟大的文化力量。

对于社会，中华文化是推动其发展的一种巨大而持久的力量。文化是社会生产力的重要组成要素，在促进人与自然、人与社会、人与人和谐相处、平稳发展方面做出了杰出的贡献。而这恰巧就是有机社会建设的核心内容。所以文化与有机社会从出身、内涵上看，都是融合的。灵丘民间艺术文化在全域有机农业建设中起到的推动、提升作用，不可或缺。它通过上北泉村、车河村等建设主体，把这种作用发挥出来了，有目共睹。也许灵丘的民间艺术文化传承、发展还没到高潮，但是现阶段它的活跃度、民众参与度都难能可贵，令人刮目相看，它将在全域有机农业建设中发挥更大的作用。

中华民族精神从历史中走来，在文化中传承。朝代可以更迭，人物可以更换，但中华五千年文化却源远流长、绵延不绝、日益丰富。四大文明古国中，只有中国延续下来，就是因为中华文化基本没有发生过断层，至今依然充满生命力。为何中华文化不断层？因为其包容性十分了得——历史上一旦有外族侵入，中国不是灭亡，反是将版图再扩大一些，人口再增加若干。因为中华文化以自身强大的包容性和韧性，把少数民族的人及其文化包容、吸收，再丰富为自己的组成部分，于是它更加壮大了。这与消灭不同文化的思维正好相反。

在全域有机农业建设中，一定不能忽视文化建设部分，文化是其他什么都代替不了的。没有文化的有机社会建设，无法达成人心和谐；没有文化的旅游业是没有灵魂的，这可以在上北泉村发展方式中看到。同时，有机农业建设必须在当地文化的包容下进行，否则不可持续。

文化如此高大上，却不是孤芳自赏、不食人间烟火的。从某个角度看，它需要以产业形式存在，用产业承载文化发展，否则文化传承不下去，毕竟经济基础支撑上层建筑是规律。在灵丘，民间艺术文化已经在全域有机农业建设中成为一项产业，一边展示自己，一边熏陶大家，一边实现交易。

灵丘县对民间艺术文化尤为重视，挖掘、保护、传承、创新、经营，做得有板有眼，将原本弱势的民间艺术文化弘扬到五彩缤纷，光彩夺目。

2020 年 9 月 13 日，灵丘县第二届乡村文创艺术作品展在平型关酒店南大厅展出。其时正值第七届中国・大同车河国际有机农业论坛举办之际，观者如云。山西农业大学党委书记廖允成、中国生态农业产业技术创新战略联盟书记兼秘书长刘首文、中国农业大学教授胡跃高，以及灵丘县委县政府主要领导干部参加了开幕式，并共同为其剪彩。此次展出的作品主要出自灵丘县黍稷工艺品合作社、灵之韵民间工艺品合作社、云之梦编织合作社、灵丘县奇石协会、张高铁壶技艺工作室和兴国面塑工作室等，主要有草编、刀镞窗花、剪纸、铁壶、唐河红丝砚、麦秸画、面塑等。

不是所有县域都能将沉睡在村庄尘埃中的民间艺术文化充分挖掘并激活，如打树花；不是所有县域都能将民间艺术人才发动得如此广泛，从官方到民间，如李栓明、薛晋诞、张永权、李秀兰、韩军文、张高。所以，灵丘作为尤显珍贵，值得一说。

民间艺术文化具有永恒不变的底色，却不能独立存在，它一定是时代的产物，一定要随着时代变迁而变化。今天，灵丘民间艺术文化主动融入新时代乡村生态保护、高质量发展大潮中，融入脱贫致富、乡村振兴、全域有机农业建设中，因此具有更强生命力、传承力，还拥有了市场、经济基础。重要的是，它支撑起了民间艺术家们的身家性命和文化自信。

希望灵丘实力更强一些，对民间艺术文化支持力度更大一些！

第七篇　活跃的灵丘民间艺术文化

灵丘民间艺术文化究竟怎样地活跃？请看八则转自“灵丘宣传”平台的报道。

第一则。2018年5月初，县文化和旅游局组织全县的非遗保护项目——国家级罗罗腔、省级大涧道情剧团和红石塄秧歌及腰站秧歌剧团等单位，举办了多场“精准扶贫文化同行”送文艺走基层下乡村扶贫演出，展示了灵丘县非遗保护成果，弘扬了优秀传统文化和民族精神，以实际行动实施文化扶贫，并取得了显著成效。

第二则。灵丘龙狮共舞惊艳古城大同。2019年2月17日，农历正月十三，2019中国·大同古都灯会民俗文化大展演盛大开启。大同市人大常委会副主任、灵丘县委书记张强，县委副书记、县长罗永山，携全省脱贫攻坚创新奖获得者亮相，向全市人民拜年。紧接着，九条彩色巨龙腾飞，一众大小狮子狂舞，开启了民俗文化展演的“灵丘时间”。

灵丘县副县长张秀丽、县文化和旅游局局长李栓明带领沙嘴村的舞龙舞狮队，上、下北泉村的秧歌队，红石塄村的舞龙舞狮队、秧歌队，上寨村的竹龙队，腰站村的舞狮队，岸底村的舞龙舞狮队，下关村的舞龙队、牛斗虎队，青少年宫的武术队、舞狮队，激情登场，分别表演了精彩节目。

在县文化和旅游局的协调下，在导演薛晋诞的指导下，灵丘表演团队在节目编排、阵容协调、篇章衔接、音乐选择等方面做到了尽善尽美。参演人员以精湛的演技、饱满的热情，为全市人民呈现了一场精彩的灵丘民间文艺视觉盛宴。看吧，巨龙飞舞，雄狮奔腾，彩扇飘逸，长绸流动，牛虎争斗，健儿威武，真是美不过老区情怀，艳不过灵丘景致！

灵丘县上寨村的竹龙历史悠久，早在清朝光绪八年（公元1882年），上寨人就开始制作竹龙，并进行表演。上寨竹龙全长28米，龙头直径1.2米，全部采用老作坊的细腻麻纸、彩纸分层裱糊而成；龙身由9节组成，每一节都由竹篾制成的竹环连缀而成，轻盈灵活；龙尾是与龙身相连而又相对独立的一部分，用染绿的长长的青麻绑扎而成。上寨竹龙还有两个配套灯种：一个是绣球，起临场指挥作用；另一个是云彩组灯，龙欲动，云先行，是按照古人“龙从云”的思维设计的。竹龙驻足展演广场，威武吉祥；舞龙后生精神抖擞，跃跃欲试。祥云飘浮，竹龙狂

舞,时而摇头摆尾,时而穿插争先,舞出一派丰收的景象,舞出一片欢乐的海洋。

灵丘的舞狮队多次代表全县外出参加展演。灵丘舞狮表演时由两人前后配合,前者双手执道具戴在头上扮演狮头,后者俯身双手抓住前者腰部,披上用牛毛缀成的狮皮扮演狮身,两人合作扮成一只狮子。此外,还有一个由单个人扮演的小狮子调皮助兴。灵丘舞狮基本特征是外形夸张,狮头圆大,眼睛灵动,大嘴张合有度,既威武雄壮,又憨态可掬。表演时以雌雄成对出现,由武士手持绣球在前引领,狮子边追绣球,边做出扑、跌、翻、滚、跳跃、挠痒等动作。与此同时,锣鼓伴奏,节奏明快,起到"推波助澜"的作用。

牛斗虎是一种模拟动物形体习性动作的民间舞蹈，以牛虎争斗为内容，形象地刻画了老虎的凶猛威武，颂扬了老牛忠厚倔强、不畏强暴、英勇保护主人的献身精神。牛的表演气势磅礴，动作刚劲，粗犷剽悍，以进攻为主。虎的表演轻盈矫健，蹿、蹦、躲、闪，以防为主。灵丘的牛斗虎表演多在春节、元宵节、庙会等时节举行，流传至今已有上百年历史，在灵丘有着深厚的群众基础，成为传统文化中的经典艺术。

灵丘人尚武的传统源远流长，传承有序，绵绵不绝。唐末五代的“十三太保”、飞虎将军李存孝是灵丘县武灵镇庄头村人，清代道光十八年(公元 1838 年)的武状元李光金是武灵镇西关村人，所以武术在灵丘可谓前有古人星光灿灿，后有来者群英聚集。近年来，灵丘县武术队员们在竞技武术比赛中夺金摘银，立下赫赫战功，现有全国冠军 6 名，国家健将 12 名。灵丘武术健儿在大同古都灯会民俗文化展演活动上的精彩亮相，展示了唐河儿女的风采。正是：一人习武可强家，众人习武可强国！

带着唐河的欢歌笑语，带着平型关下革命老区人民的祝福，灵丘县民俗演出队奉礼献瑞，惊艳了大同古城，展示了灵丘风采。在县委县政府的正确领导下，灵丘县 2018 年决战决胜脱贫攻坚，老区人民拥有了崭新生活，移民新村里洋溢着乡亲们的欢乐；红色基因构建的美好村寨，让老区灵丘的新春格外喜气。全域旅游的构建，文旅产业的发展，让老区灵丘更具魅力。秀丽的太白巍山，俊美的唐河峡谷，威震华夏的平型关，宽广平坦的空中草原，国家珍宝非遗戏曲罗罗腔，山寨小唱道情秧歌……吸引着越来越多的人认识灵丘的美，滋生出对灵丘的爱。

第三则。2019 年 6 月 5 日，灵丘县文化和旅游局在县城唐河公园隆重举行了第十四个“文化和自然遗产日”非遗展示活动，局长李栓明、副局长刘敏、文化馆馆长王兴才、文化馆原馆长龙继莲等人出席。本次活动特别邀请国家二级演员、罗罗腔省级非遗传承人白玉文，灵丘黄烧饼制作技艺省级非遗传承人田志贵，国家级非物质文化遗产灵丘罗罗腔代表性传承人范增等出席。李栓明局长说，举行“文化和自然遗产日”宣传活动，是全县非物质文化遗产保护工作的一个崭新起点，灵丘县将继续坚持“保护为主、抢救第一、合理利用、传承发展”的工作方针，继续挖掘和保护更多的非物质文化遗产项目及传承人，并依法鼓励和支持非物质文化遗产项目代表性传承人建立传习所，开展传习活动，切实做好保护工作。他坚信，以文化、文物和旅游融合发展为契机，灵丘县的非物质文化遗产保护工作将迎来崭新的春天。在启动仪式现场，以图文方式展示了全县非遗项目，发放了宣传资料《非遗保护法》《传承人公示名单》，进行了国家级非遗保护项目灵丘罗罗腔表演，还进行了县级非遗保护项目毽球表演，以及合唱表演、威风锣鼓表演。现场吸引了5000余名群众观看，宣传效果十分显著。

第四则。2019年7月1日上午，灵丘县第十三届平型关文化旅游节开幕，主题是：绘就全域旅游蓝图，推进文旅融合发展。副县长张秀丽在致辞中说，文化是旅游的根与源，旅游是文化的形与体。近年来，灵丘县以创建国家全域旅游示范区为契机，打造四大旅游片区。东部以觉山寺、唐河湿地公园为重点，南部以平型关国家有机农业公园为龙头，西部以平型关大捷纪念馆为核心，北部以空中草原景区为主题，围绕“红、古、绿”三色资源进行深度开发，探索“生态旅游＋美丽乡村＋有机农业”的模式，推动灵丘转型发展、绿色崛起。

第五则。2020年2月5日，灵丘县文化和旅游局组织发动文旅系统党员干部职工以及文旅企业，为抗疫捐款。社会各界爱心人士纷纷捐款，用爱心传递温暖，以行动抗击疫情。灵丘县省级非物质文化遗产保护项目、灵丘黄烧饼制作技艺传承人田志贵向疫情指挥部捐款1万元，市级非物质文化遗产保护项目、灵丘苦荞凉粉制作技艺传承人王正平（别名：王安）向疫情指挥部捐款5000元。他们表示，疫情防控，共同战役，奉献爱心，人人有责！

第六则。2020年7月，红石塄乡车河村入选第二批全国乡村旅游重点村名单。近几年，灵丘县以保护为前提，打造文化旅游品牌，助推全县乡村旅游实现高质量发展：一是让文化遗产活起来。高标准实施石矾村八路军359旅旅部旧址、杨庄村白求恩特种外科医院旧址等4个修缮保护提升项目，精心谋划平型关红色旅游景区扩建、明代内长城维修保护等12个文旅融合项目；建设北泉非遗文化产业园区，开展国家级非遗罗罗腔剧种展演、打树花、打铁、打绳表演等活动，积极推动灵丘非遗项目展演走进景区。二是让村落记忆留下。高标准打造灵丘县旅游集散中心，以车河有机社区为引领，先后建成了城头会、边台、沙岭台、花塔、烟云崖等一批“望得见山、看得见水、记得住乡愁”的有机社区和田园综合体，建成树爱屋生态餐厅、北泉集装箱营地、青青民俗、追梦客栈等一批山水田园民宿。深入挖掘全县249个村庄的文化内涵，提炼地域文化元素，在吸引人、留住人、富裕人的产业上下功夫，走出一条独具灵丘特色的乡村振兴之路。三是让文化基因传承出去。在龙渠沟有机社区打造集教、医、养、游功能为一体的康养小镇，推出歌颂新生活的《龙渠沟的老百姓》实景剧演出。在独峪乡花塔村成功举办“艺术乡村·相约花塔”中国·大同首届乡村艺术节，发布了“一日游、二日游、三日游”25条旅游参考线路，以及“红色文化、休闲生态、有机康养、运动健康、古建宗教、非遗研学、长城揽胜、亲子互动"八大专题旅游参考线路。

第七则。2020 年 8 月 3 日，灵丘县文化和旅游局举办了山西省群众文化惠民工程灵丘县启动仪式暨小分队、乡村文化带头人、乡村文化能人艺人培训会。灵丘县文化和旅游局组织全县 45 支文艺小分队、23 位乡土文化能人和艺人、40 位乡村文化带头人参加启动仪式。启动仪式上，县文化和旅游局局长李栓明、副局长王秀权，县文化馆馆长王新才为小分队授旗。李栓明局长希望各支队伍进一步提高政治站位，切实担负起文化惠民工程主体责任，发挥主导作用。他要求群众文化惠民活动紧紧围绕脱贫攻坚、文旅融合等主题，创作一大批群众喜闻乐见的文艺精品，深入城乡进行广泛的文艺巡演，把党的声音传播到最基层，为建设美丽灵丘谱写文化新篇章。启动仪式后，县文化馆对群众文化惠民工程文艺小分队、乡村文化带头人、乡村文化能人艺人进行了培训。

第八则。2020 年 9 月 8 日，灵丘县文化和旅游局召开 2020 年非遗项目评审会。局长李栓明强调，今后要加大力度挖掘、整理和保护非遗项目，推动文旅融合工作，按照"严格把关，宁缺毋滥"的原则，做申报把关工作。此次评审的项目有：传统技艺（刘氏布贴画技艺、灵丘县苦荞茶技艺、庞家老号羊杂碎、庞家老号贼麻酱、上寨竹龙制作技艺、灵丘县草编技艺、孙氏麦秸画技艺、杨氏面塑技艺、张高铁壶技艺、张家錾刻技艺）、民俗（王家庄耍八仙、下关牛斗虎、黑龙河二月二）、传统舞蹈（南岭北村"耍故事"、腰站舞狮）、传统戏剧（焦沟秧歌）等几大门类。

第九部分

乡村是个广阔天地

你我皆为乡村之子，一言一行都书写着乡村的历史。

当你凝视自己时，也望见了乡村的天地。

第一篇　乡村之大

小学时熟背过一条伟人语录："农村是一个广阔的天地，在那里是可以大有作为的"。背不会，老师不让回家吃饭。

当初背语录，因为它是作业，鹦鹉学舌而已。20 岁时认为，"广阔的天地"就是天大地大。40 岁时，才理解出另一番深邃的内涵。

农村之大，无所不容。看得见摸得着的生物与非生物、大事与小情以及男女老少自不必说，它收纳了政治学、经济学、社会学、哲学、生物学、生态学等诸多学问，是不是很意外？它所承载的历史文化、风土人情、精神力量等文化内涵，是不是更显道行？

天大地大，不如农村的包容心大。放弃它进城打工者老而无力时可以回村；一贯与它二元制分家的城市，一如既往地给予它们粮食蔬菜；家电下乡、汽车进村、网络扎根，它都默许了；就连陌生的社会资本，也欢迎常驻。

广阔天地的大气魄，终于迎来了城市反哺农村的新时代，上山下乡潮流再一次到来！创业者、投资者、研究者、改革者、宣传者云集于农村，将工业品、技术、信息、人脉、渠道等几乎所有城市资源都带给农村，希望农村大地能将自己的资源转化为数倍当量的经济价值，以及乘方当量的个人价值——这时候，农村不再是农村，是乡村，它不只为农业存在，而是将各行各业的发展因素汇集到自己的大盘子里，归纳、分类、整合、协调、统筹、融合，助力自己发展——其发展不只属于乡村，还事关城市，事关国家。

广阔的乡村天地，也曾误收城市的化肥、垃圾、假冒伪劣商品，但请不要认为它永远好欺负，收容之后是过滤。现在，它已经学会过滤掉伤害自己的因素，学会了选择，选出与自己情投意合的人群与发展方式，比如，"一懂两爱"的生产者，比如有机农业生产方式。如此，创业者回村做事了，博士驻村种地了，企业家进村建社区了，教授进村讲课了，学生进村实践了……它允许他们帮助乡村打通内循环，建立外循环。

农村是个广阔天地，它的身家和身价已不可用数字表达。于是，21 世纪的人才上山下乡，不再是随波逐流，而是精心选择；不再是人生苦难，而是心向往之；

不再是激情闪过，而是寻找事业和情感的归属；不再是苦熬苦等，而是奋不顾身、大有作为。

那一条伟人语录，竟会涵盖60多年后的人与事?! 这不是传奇，只因它是远见，只因它是真理。

第二篇 哲学在灵丘

说来也怪，马克思主义哲学是中国学生的必修课，那些参加各种考试的年轻人，谁没背过8遍！但少不更事的年纪，谁不曾质问：学哲学有什么用?！那些刻板的概念、机械的原理，“白马非马论”“是心动不是旗动”等几十年不变的案例，根本没有出现在生活学习中！谁会不懂得那点道理？然而，随着岁月的流逝，又有太多的人在感叹：人生处处皆哲学，哲学时时为人生。在灵丘的有机农事上，哲学也没闲着。

1. 实践—理论—再实践—再理论

灵丘实践来自所有参与全域有机农业建设的人和组织机构，其中起决定性作用的有以下3组人。

主持者：灵丘县委县政府，尤其是县委书记。

倡导者：胡跃高、朱安妮、李波、贺建增、郑川五位规划核心专家及其他规划学者，他们基于灵丘实际从全国乃至全世界农事实践中，归纳、提炼出全域有机农业建设理论，贡献给灵丘，并陪伴指导灵丘实践。

实践者：所有投资、主导或参与有机农业建设的人、企业及其他组织机构。

此三者，一方面，从“三农”发展历程中获得知识与经验，并加以归纳、总结和提炼，形成规律性的知识体系，即理论；另一方面，从灵丘实践中总结认识、经验、需求，很快形成了“灵丘理论”，即全域有机农业建设“三驾马车”理论。至此，完成了实践—理论的第一次飞跃。

恐怕还有一个问题会浮上来：理论既然来源于实践，为啥灵丘先有理论？其实，“灵丘理论”仍然来自实践——全国“三农”建设实践，它是总结了无数个乡村系统发展案例提炼出来的理论，底盘很大、很厚重。全国实践，是全国涉乡村工作者的实践，其中有领导者、研究者、生产者、服务者、学习者，等等。灵丘县请全国多家机构的71位专家作有机农业园区规划，便是聚集了遍及国内外的实践者、研究者的“三农”道行，他们都保有数十年的国内外“三农”考察、研究、实践、积累与成果，所以“灵丘理论”具有广泛性、普适性；加上灵丘自己的现实需要，此理论又具有实用性。这仍然符合从实践到理论的规律。如果其他地区也想拿“灵丘理论”作指导，完全可行！也就是说，灵丘实践试点在灵丘，视野在全国、全世界。一个民族要走在时代前列，就一刻不能没有理论思维，一刻不能没有正确思想指引。

可以说，“灵丘理论”是一种理论创新，是一种着眼乡村全局的理论自觉，是一种整体解决乡村系统可持续发展问题的理论务实。从实践到理论的思维过程是：无论要解决粮食安全问题，还是要完成精准扶贫、乡村振兴战略任务，都必须要助力乡村系统全面改造、升级；否则，单方面发展不可持续。

比如，只发展乡村产业行不通，因为它身处乡村系统，一定受制于乡村系统的历史性、复杂性。举个例子，村庄要搞有机生产，全村101户村民中，100户同意，只有1户不同意并执意要打农药，100：1，看起来一定能成，但实际上是一夫当关万夫莫开——农药它会飞啊！如此以一敌百，整个村庄的有机生产都搞不成。再比如，新修一条村庄主干路，需要穿过一户村民门前，村民不允许，因为会破坏他家的“风水”，而这村民所在的整个家族成员也会群起反对，再绕路没那么多资金，那么道路建设就会停顿，最后不了了之，村庄面貌便几十年如一日无改变，村庄农产品要走进集贸市场就没那么容易。这些阻碍有机生产、有机社区建设的问题，不属于农业问题，而属于乡村社会建设问题。也就是说，产业问题的根源很多在产业之外，在整个乡村系统。

很多乡村的农业技术、生产力很落后，但中国的好技术有的是，躺在专利局睡大觉的多的是。一个怪圈便显而易见：一方需要技术，另一方拥有技术，两方却始终平行存在而不碰头。这是为什么？是乡村系统问题！其实就是人的问题。原山西省农业科学院的牛自勉研究员发现晋南地区的果树郁蔽严重，果小价低，果农着急，于是愿将果树阳光开心树形修剪技术送上门，但需要隔行间伐、隔株间伐，并将果树主干削除，只剩下三四个层次10多条侧枝。果农哪里舍得！这无异于剜心掏肺，绝对不干！没办法，这位执着的研究员苦口婆心地说服了一位合作社理事长，让他在地头留一棵玉露香梨树做试验。牛研究员亲自上树修剪，平时呵护有加，简直把树当成了新生儿。秋天到了，这棵梨树产果200多斤！个个直径80毫米以上，有的单个1斤还挂零，一个成人一口根本吃不完。再加上色泽、水气、口感诱人，这位理事长就被惊着了！那年秋天，他有事没事就站在地头上吆喝：“快来看哪！看我的高科技梨树！我想让它结多少果它就结多少！想让它在哪儿结果它就在哪儿结！”一家一户，来的都是带头人，阳光开心树形最终在晋南推广，晋南果业因此整体提档升级。看看，这个乡村系统里的人，他们才是果树产业前程好坏的机关所在。为什么？

在城乡二元结构体系里，把任何人放在偏僻的山村里，都会走出去得少、经历得少，不能预见新生事物的前景，不敢冒险，能做的就是拒绝。因为家底薄，经济承受力弱，所以做任何项目只能成功不能失败，失败与损失可能会让一个家庭10年翻不了身；因为习惯于跟从传统，所以不去费神谋改变；因为信奉枪打出头鸟的处世哲学，所以从众。但村里人信奉榜样，只要看到带头人做事能成，就会完全放下顾虑，一呼百应赤诚做事……这就是乡村社会的历史性、复杂性与系统性，绝对会给乡村产业创新、环境建设施加正面或负面的决定性影响。

要真正将乡村产业引上生态、安全、高质量、可持续发展的轨道，就必须解决整个乡村系统问题！而不是单一抓生产和发展经济。这是基于全国，包括灵丘实践的规律总结。于是，“灵丘理论”应运而生！它要同时解决乡村的农业生产、硬件环境、软件环境问题，它要建立一个让乡村全方位科学建设、科学运转的新系统。但它并不是要将乡村固有传统全部否定、铲除，而是在老乡村基础上，完善、升级、创新、融合，指导乡村走上精准扶贫、乡村振兴的金光大道。“灵丘理论”是乡村的刚需，它是务实的、与时俱进的。

“灵丘理论”基于全国，产生于灵丘。当它返回灵丘实践时，瞬间落地生根，没有水土不服，不用蹲苗，不用驯化，即行专业指导灵丘全域有机农业建设布局、推进，成绩有目共睹。事实上，它不只让有机农业建设受益，还让灵丘的生态扶贫、乡村振兴战略少走弯路。至此，灵丘完成了从理论到实践的第二次飞跃。

第二次飞跃比第一次飞跃意义更加伟大，它让全域有机农业建设的灵丘实践：目标明确，即建立三位一体的有机社会；路径明确，即先从一方面切入，然后全方位跟进；内容明确，即以有机社会建设为核心（把握方向），以有机生产建设为抓手（负责速度），以有机社区建设为基础（保持内力）。这三个明确，让灵丘县有机农业发展有序、有效、可持续。同时，灵丘实践也检验了“灵丘理论”的可靠性。当然，这个检验还没结束，全程实践才是检验理论的唯一标准。全程实践是指全部参与者的实践，是从始至终实践的总和。所以，灵丘需要从再实践到再理论，不断循环两个飞跃，让理论随着实践的发展而更加科学、深厚，让实践随着理论的上升而更具活力、更有前途，让全域有机农业建设事业助力完成乡村振兴战略任务。

2.事物是普遍联系的，解决矛盾要抓住事物的主要矛盾与矛盾的主要方面

在农业问题上，技术大多不是问题。生产问题其实出在生产之外，这在“灵丘理论”篇已经说明。这里起码蕴含了一个哲学原理：事物是普遍联系的。解决问题不能就事论事，而要看到最主要的影响因素。也就是说，要解决有机生产问题，就要先解决或同时解决乡村社区建设、社会建设问题。引申为，要解决产业发展问题，先解决乡村系统问题。

而灵丘，显然懂得这个哲学原理。

车河试点建设先从有机社区建设入手，解决了住房、道路、收入问题，就稳住了民心，赢得了村民的支持，紧接着顺利落实了有机生产计划。

有机社区建设主要解决住房问题，解决住房问题主要解决投资问题，而村里没钱怎么办？引进工商资本。

如果工商资本伤害了村庄资源、村民利益怎么办？成立股份制公司，村集体以股东身份，行使保护资源、为村民分红的权力。如果村庄过于保护资源，不顾工商资本利润怎么办？让村支书当企业副总经理，并签多重合同。如果村庄、企业意见不合，难以决断大事，怎么办？成立村庄-企业联合党总支。

就这样，在纷繁复杂的、普遍联系的乡村人与事网络中，灵丘把握住了主要矛盾与矛盾的主要方面，有效解决了要害问题。于是，车河试点经过 4 年建设，“三驾马车”全部到位，全域有机农业试点建设成功！“车河模式”就此诞生！它代表着目前中国、世界有机农业发展的最高级形式！灵丘成为目前世界有机农业发展的制高点，可谓前途远大。

不然呢？灵丘解决不了人的思想问题，得不到村民的支持，就去搞有机生产，他们明里不用化肥，晚上偷施也未可知，最终结果是有机生产不能落地，“三驾马车”不能到位。

全域有机农业建设这事，灵丘人做了，我们也看明白了，觉得不难，说：事情本来就该是这样的；可在灵丘没做之前，规律就摆在那里，却不是人人可以发现，处处可以运行的。这种隐秘的简单，最是不简单。所以说，灵丘人不简单。

第三篇　在系统中解决问题

在系统中解决问题，符合事物的普遍联系原理。让我们从乡村系统角度作一番赏析。

民国时期，具体是 1920—1940 年，有 4 位大家，他们曾经呕心沥血做过乡村建设事业，而且是创新性的。按时间顺序，他们是晏阳初、毛泽东、梁漱溟、费孝通。他们的切入点不同，做法不一，却有相通之处。

1. 晏阳初先生最终将平民教育放到了乡村建设系统中

晏阳初先生最初认为，中国的大患是民众的“贫、愚、弱、私”四大病。1923 年，他在全国发起了识字运动，并致力于乡村平民教育。但经过一段时间探索后，他又说：“不谋建设的教育，是会落空的，是无补于中国农村社会的。”于是，他又致力于乡村建设。之后，他重新确定乡村改造的目的：不只是使人们摆脱经济困境，增加生产，更是要努力提高人们的科学文化水平与生产技能，推动人们道德观念和社会认识方面的进步，提高人们的民主意识与自治能力。由此，他开拓了农村教育改革的新路子。晏阳初先生及时调整思路，把乡村教育放到乡村建设大盘子中去运行，是务实之举。

2. 青年毛泽东以土地革命引领乡村建设

1927 年 1—2 月，利用养病时间，历时 32 天，青年毛泽东对湖南湘潭、湘乡、衡山、醴陵、长沙五县的农民运动进行考察。之后，他发表了《湖南农民运动考察报告》。报告中，他所关注的 14 件大事，既是农民革命的内容，也是农村建设的重点。比如，通过农会将农民组织起来，建立农民武装，建设廉洁政府，破除迷信与神权，普及政治宣传，严禁牌、赌、鸦片，办农民学校，建立消费、贩卖、信用三种合作社，修道路、修塘坝……这些内容实际上针对的是农村的政治、经济、文化和社会的全方位建设。毛泽东以农会为组织，以农民革命为切入点，去重建农村权力框架，实现农村制度变革，改良农村社会风气，提升农民文化素养，促进农村全方位发展。这种思路，从 20 世纪 20 年代落地，一直延续到新中国成立之后，为旧中国乡村解放、新中国乡村建设打下牢固的基础。

3. 梁漱溟先生将乡村治理放到乡村建设系统中

1931 年前，梁漱溟先生的乡村治理探索被称为“乡治”和“村治”，后则被称为乡村建设。因为他认识到，单项治理行不通，需要在乡村教育、促进农民合作、构造新社会组织等方面同时发力进行建设。为此,他创设了棉花、林业等多种形式的合作社,不仅可以把农民组织起来,让他们增产增收,而且还训练了民众的自治习惯。他在山东邹平试验中竭力提倡用乡约来淳化乡风,为乡村社会组织构造奠定文化基础。他一再提醒乡村建设人员:单从经济上做功夫,是解决不了经济问题的;必须注意经济以外而与经济相关系那四周围一切的事情,而做功夫才行。这个功夫就是构造新的社会组织。这个构造并不仅仅是创办乡村学校、产业合作社等看得见摸得着的组织,还包含了礼俗等精神层面的建设。虽然,他主持的乡村建设运动以失败告终,但他这种解决问题的思维,是非常专业、非常科学的,影响至今。2004 年,北京梁漱溟乡村建设中心(下称梁中心)正式成立,它是中国人民大学乡村建设中心的分支机构,它以梁漱溟等前辈的乡村建设理论为基础,开展乡村建设试验和推进工作。我国著名"三农"专家温铁军先生曾任梁中心理事长,多个基金会施以援助,许多大学生参与其中,他们为中国乡村发展做出了贡献。灵丘农业农村局的徐鹏举就是其中一个。

4.费孝通先生将经济发展放到乡村建设系统中

20 世纪 30—40 年代,费孝通先生经过大量的实地调查后,将乡村建设问题的重心更多地放在经济发展问题上,他竭力提倡利用现代技术,同时建立一个和现代技术相配的社会结构。他认为,增加农民收入才是"最终解决中国土地问题的办法",而最根本的措施是要恢复和发展农村企业。他主张乡村走工业化道路,通过恢复和改良乡村企业,将农民从土地中解放出来,缓解人地紧张关系,增加农民收入,解决乡村问题,进而解决中国问题。新中国成立前后,他三访江村,最终,他看到一个个农村问题在得到解决。他曾指出,解决乡村问题的前提是,有一个为人民服务的政府!

4 位先驱持不同的乡村改造主张,却有一点是相通的:在乡村系统中解决单项问题!这对于现在的乡村振兴战略落地有效,意义重大。全域有机农业建设三位一体理论与此理相通。

不妨多品一品青年毛泽东的乡村改革之道。在系统中解决问题只是一方面,抓住主要矛盾、解决主要矛盾会最终起到决定作用。如果整个社会大环境不适合乡村发展,个人单方面再怎么用力,都扳不倒大现实。"革命不是请客吃饭,不是做文章,不是绘画绣花,不能那样雅致,那样从容不迫,文质彬彬,那样温良恭俭让。革命是暴动,是一个阶级推翻一个阶级的暴烈的行动。农村革命是农民阶级推翻封建地主阶级的权力的革命。农民若不用极大的力量,决不能推翻几千年根深蒂固的地主权力。"他显然看准、抓住了当时社会的主要矛盾——阶级矛盾,并领导农民大众进行阶级斗争和土地革命,推翻了旧社会枷锁,才最终取得胜利。

中国乡村在脱贫攻坚取得胜利之后,乡村振兴成了头等大事,"坚持农业农村优先发展"被 2019 年中央一号文件确定为当前"三农"工作的总方针。在新时代中国特色社会主义建设的大背景之下，全域有机农业建设可以不为大环境所累，它“牢牢把握新时代中国特色社会主义思想的世界观和方法论，牢牢把握以中国式现代化推进中华民族伟大复兴的使命任务，牢牢把握以伟大自我革命引领伟大社会革命的重要要求，牢牢把握团结奋斗的时代要求”，抓住乡村发展的主要矛盾及矛盾的主要方面，并放之于乡村系统建设中去解决即可。

灵丘确实是将有机生产放于乡村系统中去建设的。2013 年，灵丘县刚开始规划、运行的只是有机生产；但实践不久，迅速将全域有机农业作为建设目标，有机生产只是其中一项，即建设要达到有机生产、有机社区、有机社会三位一体的效果。这里的一体，便是整个乡村建设系统大局。也就是说，全域有机农业建设是对乡村生存空间、经济发展、食品安全、精神寄托、社会关系等全方位的系统性建设。

全域有机农业建设其实已经超越了农业范畴，是完整的乡村建设事业。它是灵丘县委县政府站在乡村整体发展高度上凝练成的宏伟构思，它的本质是实事求是、理论与实践相结合。它与一家一户的有机生产，与一县一乡的有机农业生产发展思路不同，它是系统性规划、系统性建设、系统性推进、系统性发展，它是一种新时代的创新思维。

当然，灵丘最初瞄准的有机生产，作为系统建设中的一员，已经顺利地落地、开花、结果，不仅自身成了网红，还引发了灵丘乡村旅游热潮、人才聚集潮流，等等，一举多得！

退一步说，就算不为乡村整体谋发展，就算只为发展有机生产，也需要匹配建立与之相适应的发展环境——有机社区、有机社会。不然，落地困难，推广困难，可持续发展也困难。

在系统中解决问题，终究是“灵丘理论”成功的关键。

第四篇　村书记是最优支点

在灵丘全域有机农业建设中，县、乡、村三级书记齐上阵，从而形成一条决策—推行—执行的严谨运行链条，责任到人，力量连贯。此“三书记布局”，不服不行。这里多说几句村庄党组织书记群体。

“乡村振兴各项政策，最终要靠农村基层党组织来落实。”习近平总书记这样说过。在当代大政策、大环境之下，村党组织书记是乡村发展的最关键要素！是撬动乡村整体发展的最优支点。请看看中国的名村，它们发展程度不同、方式不同、阶段不同，但有几点是相通或相同的，可以称之为规律。

①带头人强有力。

②土地集中使用。使用主体包括村集体、组集体、合作社、企业(公司)。

③产业多元。三产融合，一主多辅，农业为基，以工补农。

④机制科学。创立了适合本村发展的科学机制。这个机制，让人、组织、三产融合为一体，并高效协调运行。比如，让不同产业之间资源、资金互补，实现共赢；让不同组织之间互助、互促运行，彼此顺利；让村民融入相关产业、组织，并充分享受村庄发展成果，最终将全村融合为共同富裕的和谐整体；把村庄与外界社会联结起来，以促进开放的村庄与时俱进。

⑤以“村庄精神”凝聚人心、树立村庄形象。

在此，重点说第一条规律：带头人强有力。如果全域有机农业建设事业充分利用好这一条规律，大约可以成功一半。不妨先来分析认识一下村书记与乡村发展之间的密切关系。

四处张望一下，同一个乡镇的村庄，相差三五里，地理条件、风土人情、政策法规完全一样，为什么有的村庄强，有的村庄弱？村民的日子过得相差十万八千里？

区别就在于它们拥有完全不同的带头人！带头人有多种，村党组织书记、村委会主任、村民小组长、合作社理事长、企业主，等等。其中，绝大多数是村党组织书记，简称为村书记，他们大多兼任村委会主任。

山东省平邑县九间棚村党委书记刘嘉坤，浙江省兰溪市诸葛村党总支书记诸葛坤亨，河北省邢台市信都区浆水镇前南峪村原党委书记郭成志(已逝)，等等，这些强有力的村书记几乎决定了乡村发展的方方面面。

①村书记擅长什么,村庄就做什么产业。

②村书记见过多大世面,村庄产业就做多大。

③村书记的思路,决定村庄的发展方式。

④村书记的智慧见识,决定村庄的发展历程。

⑤村书记的个人经历,决定“村庄精神”的核心内容。

所以说,村书记强大,决定了村庄强大。优秀的村书记,就是撬动乡村发展的最优支点。那么,村书记与全域有机农业建设的关系是怎样的?

村书记是全域有机农业建设的执行者、协调者。下面分两种情况来分析。

第一种情况:如果村庄有企业。

①如果搞有机农业建设是村庄发展自身需求,那么村书记是计划者,他们会在村内自行协调资金、人才等要素。比如,将企业资金用于村庄有机农业建设上,以工补农,常态而已。毕竟,村党组织、村委会、村合作社、村企业常常是四块牌子一套人马,第一负责人又总是村书记。

②如果搞有机农业建设是县域统一推行,村企业可以是承办者。县里给政策,鼓励村企业投资,允许村企业受益。这时,村书记就是执行者。县里只要让村书记领会所有出发点和目标,只要出政策,其他就少操心了,只等验收成果吧,村书记自有办法。

第二种情况:如果村中没有企业。

村里没有企业意味着村庄自己不能投资。那么,村书记是不是没事了?恰恰相反,他们变成了万能钥匙。

①工商资本进村,否则整村资源变不成搞有机农业的资本。以灵丘县车河村为例。2013年,灵丘县决定搞有机生产建设,需要先找一个村庄做试点。当下车河村党支部书记王春得到这个消息时,县委书记张强及专家们已经去某邻村五六次了,其他可选择的村庄也有好几个。王春书记一直在寻找彻底改变村庄命运的机会,而机会只给有准备的人,当他意识到机会到来时,便急切地请县委书记进村看看。当村党支部书记与县委书记把手握在一起时,相见恨晚,互相成为想要的人。于是,车河村成为灵丘县全域有机农业建设第一个试点,成为中国第一个试点。得力的带头人比地理位置、自然禀赋更重要。此后,王春代表村集体与合作社谈村社合一,代表村集体与企业搞村企合作,代表县政府、企业与村民谈易地搬迁……车河村终于步入有机农业建设正轨,“车河模式”便从这里诞生,王春成为2020年全国脱贫攻坚先进个人、2022年党的二十大代表。

与其说选择了一个村,不如说选择了一个人。没有王春书记的胆识,试点项目落不到车河,工商资本进不了车河,进了也有可能待不住;没有王春书记的农村社会调处能力,有机社区建设不知会有多长历程;没有王春书记,纵然有章程、有合同,仍然不能保证村、企、社、民四方利益实现平衡,尤其是不能保证村企合作10年没有风浪掀起。王春书记常说:“车河必须没有大的失误,事关全局!”瞧瞧这境界！一个村书记的境界！事实上，灵丘的几位村书记们，常谈理想、信念、境界、文化，高素质常让人吃惊。

②没有工商资本进村，村庄自行搞全域有机农业建设。先选择条件成熟的一方面启动建设，然后其他两方面跟进。工商资本不进村，资金不充沛，全域有机农业建设可能慢，但也有好处，村庄可以按照自己的思路搞建设，先文化还是先农业，可以自己做主；同时还可以立项，向上申请多方资源、支持，争取社会多方参与，利益分成、进度快慢，村里说了算。这时候，村书记的意见很重要。上北泉村的发展状况，主要是郑海水书记的思维方式和带头能力决定的。

总之，无论村庄有无企业，村书记都是全域有机农业建设落地、可持续发展的关键之关键。所以，有机农业要进村，首先要找对村书记。其实，乡村振兴，如果以村书记为支点，以全域有机农业为杠杆，则可撬动整村五大振兴。

有机农业方兴未艾，充分利用“带头人强有力”第一条规律，让乡村带头人在有机农业建设事业中，在乡村振兴大业中释放最大能量，这是实现国家、地方、农村多方共赢的大智慧！

第五篇　万流归海

乡村文化是中华民族文化的本源。

《2020年全球有机农业发展报告》《世界有机农业发展简史》的叙述以欧美人的行为节奏作为世界有机农业动态的节点、标志。其实，中华民族祖先才是有机农业的鼻祖。

中国农业起源于距今9000年左右的新石器时代早期。那时候，神农氏遍尝百草，一日而遇七十毒，终于选出可供人们食用的谷物。接着又观察天时地利，创制斧斤耒耜，教导人们种植谷物，于是开启了人类农业的历史。到了两三千年前的奴隶社会，有了“锄草肥田”的记载。到了封建社会，更是农书频出，比如北魏末年的《齐民要术》、明朝的《农政全书》。这些农书详尽地记述了制作粪肥（即当今的有机肥）的多种技术，并形成粪肥养地、养地-用地相结合的耕作传统，这就是中国自然农业。后来，“化工农业”盛行，再后来，有机农业站出来，不仅回归有机肥养田，还将有机肥、菌肥、矿物肥等肥料按配方混搭使用，以保证产量与质量，兼顾预防病虫害。有一些高科技公司，比如山西中农国盛科技有限公司，甚至从人粪便、餐余垃圾中提取出多肽液体肥料，直接用于叶面肥，显著提高了农产品质量和品相，还间接改良了土壤。从以上历程看，当代有机农业其实是中国自然农业的升级版。

当大部分国家、地区还在一门心思抓有机生产独门功课时，灵丘已经在搞有机生产、有机社区、有机社会三位一体的全域有机农业系统建设！这是一个巨大的飞跃，是否定之否定之后的质的飞跃。这是一个集农学、经济学、社会学、生态学、哲学等多学科为统一体的综合工程，没受过深厚的中华文明熏陶，没有中国自然农业底蕴，万万想不到、做不到。

有些医疗体系，治病求本，标本同治，兼调整体平衡。比如，患者头痛，定要把脉寻根源，由感冒引起就治感冒，由高血压引起就降压，由神经病变引起则治神经。再比如，患者脚烂了，要察看是鞋子机械磨损，还是糖尿病加重使然，然后对症下药。有些医疗体系，头痛医头，吃止疼药；脚烂医脚，割肉算了。这种思想体系，折射到农业领域就是缺氮补氮、缺磷补磷；只管当年，不管日后；只管庄稼，不管田地；只管产量，不管健康；只管农业，不管生态。仿佛，人体主要需要碳水化合物、脂肪、蛋白质，每天只注射这几大营养物质就齐了，长期缺乏必需的微量元素，能健康吗？这种点状思维，最多升级为单向线性思路，不能成面，更不能成大局。这到底为了啥？究其根源：文化！利益！

历史的长河总是要故意拐几道弯，将历程拉长了，好让人们上下求索，真挺累人的；但不要恨它，因为它的总方向不变，目标不变——万流归海。文化就是那片大海。

后　记

本纪实报告以张建美老师的视角访问了参与灵丘脱贫攻坚及乡村振兴过程的一线人物，通过普通农民、科研人员、消费者等众多群体的语言展示了灵丘和中国农业大学10年共建中发生的事情。这其中，高校师生深入基层，政府制定配套政策，共同探索出一条乡村振兴的方法和道路。车河，一个小山村，从这里走出了国家脱贫攻坚的先进个人，走出了党的二十大代表，这里是全域有机农业理论和实践的诞生地。

我作为一名高校教师，跟随胡跃高教授进入灵丘开展工作，目睹了胡教授为灵丘倾注心血。胡老师为了实现理想，不停地探索这条荆棘之路，亲历了不断跌倒又不断爬起来的过程。胡老师比喻我们所做的工作是一场“攻坚战”，在作战过程中，我们要时刻保持清醒的头脑，站在农民的立场上思考问题，在农民和政府中间，我们作为传导者，不断从下而上又从上而下地开展工作。

这10年胡老师将灵丘的工作总结为“八个一”工程：

①一张蓝图：制定《山西灵丘有机农业园区实施规划(2013—2030)》。

②一面旗帜：创建全国第一个乡村有机社区标兵。

③一套技术：建立有机旱作农业技术体系及技术规程。

④一张网络：建立全域有机农业多样化合作网。

⑤一支团队：建立校地合作服务乡村振兴的科技团队，创建实践教学新模式。

⑥一个论坛：举办中国·大同车河国际有机农业论坛。

⑦一条道路：全域有机农业建设道路的理论探索。

⑧一项工程：发起县域乡村振兴的战略协同战役。

这“八个一”工程展示了乡村振兴这项21世纪中国最艰巨任务的依托点，展现每个依托点如何把工作做扎实，突出每个依托点的价值和闪光点。本纪实报告中并没有展现高大上的示范园，但所陈述的每一个依托点，是乡村振兴工作的重点：(技术)落地和农民认可。10年的工作，我们收获了灵丘脱贫攻坚胜利，我们也准备好了乡村振兴工作的开启。灵丘这片以赵武灵王为首的"改革家"生活的土地，必将在新的历史时期发挥重大的作用。

王小芬

2023.6.20 于北京